गाँधी
के
ब्रह्मचर्य-प्रयोग

गाँधी
के
ब्रह्मचर्य-प्रयोग

शंकर शरण

राजपाल

₹ 395

ISBN : 9789350640814

पहला संस्करण : 2012, पाँचवाँ संस्करण : 2024

GANDHI KE BRAHMCHARYA-PRAYOGA

by Shankar Sharan

मुद्रक : जी. एस. ऑफसेट, दिल्ली

राजपाल एण्ड सन्ज़

1590, मदरसा रोड, कश्मीरी गेट, दिल्ली-110006

फोन : 011-23869812, 23865483, 23867791

website : www.rajpalpublishing.com

e-mail : sales@rajpalpublishing.com

www.facebook.com/rajpalandsons

कवि अज्ञेय

की पावन स्मृति को

उन्होंने यह भी लिखा था :

"वास्तव में 'सत्यं' और 'शान्तमद्वैतं' दो अलग रास्ते हैं, सम्प्रदाय हैं।
सत्यं और शान्तं धर्मबीजों में कभी साथ नहीं आते,
दोनों साधनाएं अलग-अलग हैं।"

क्रम

हर आदमी में होते हैं, दस-बीस आदमी,
जिसको भी देखना हो, दो-चार बार देखिए।

—निदा फ़ाज़ली

संतों को सदैव अपराधी मानना चाहिए, जब तक कि वे निर्दोष न साबित हो जाएँ। लेकिन, निस्सन्देह, इसकी परख के तरीके हर एक मामले में एक जैसे नहीं हो सकते। गाँधी के मामले में जो प्रश्न पूछने का मन होता है : कि गाँधी किस हद तक अहंकार से चालित होते थे—यह सोचते हुए कि वे प्रार्थना की आसनी पर बैठे हुए एक विनम्र, केवल एक धोती पहने बूढ़े आदमी हैं जो अपनी आत्मिक शक्ति से साम्राज्य को हिला रहा है—और किस हद तक उन्होंने राजनीति में प्रवेश कर अपने ही सिद्धान्तों से समझौते किए, जो अपनी प्रकृति से ही दमन और धोखाधड़ी से जुड़ा हुआ कार्य है? इस का सुनिश्चित उत्तर देने के लिए किसी को गाँधी के कार्यों और लेखन का पूरे विस्तांर से अध्ययन करना होगा...

—जॉर्ज आर्वेल, *।रेफ्लेक्शन्स ऑन गाँधी, 1949*

मैं इसे कोई धार्मिक-विश्वास कतई नहीं मानता, बल्कि एक मानसिक विश्वास और जिसे वे आत्मिक-शक्ति कहते हैं, वह केवल मज़बूत प्राणिक इच्छा है जिसने एक धार्मिक रूप ले लिया है। वह भी, निस्सन्देह, कार्य करने के लिए ज़बरदस्त शक्ति हो सकती है, किन्तु दुर्भाग्य से गाँधी स्वयं को तर्क-विवेकी भी कहलाने की महत्त्वाकांक्षा से उसे बिगाड़ लेते हैं, जबकि उन में कोई तर्क-विवेक है ही नहीं, न पहले अपने जीवन के किसी क्षण में वे विवेकी रहे हैं और, मुझे लगता है, न कभी होंगे। इसके बदले उन में एक विशिष्ट प्रकार की अनायास सत्याभासी *(सोफिस्ट)* तर्कणा है। अब इस तरह का विवेक, यह आश्चर्यजनक रूप से सटीक गैर-भरोसेमंद तर्कणा क्या लाती है, इस के बारे में कभी कोई आश्वस्त नहीं हो सकता और, मुझे नहीं लगता, कि स्वयं गाँधी जानते हैं कि अगले ही क्षण वे क्या करेंगे। उन के पास न केवल दो दिमाग हैं, बल्कि तीन या चार, और सब कुछ इस पर निर्भर है किसी क्षण-विशेष में कौन दिमाग सब से ऊपर हो रहेगा और कैसे यह दूसरे से जुड़ेगा। इस से भी कोई हानि नहीं होती; बल्कि यह सब लाभकारी हो सकता था यदि उन (गाँधी) के लिए कहीं कोई केन्द्रीय (दैवी) प्रकाश यह तय कर रहा होता और कार्य की आवश्यकता के अनुसार निर्णय को रूप देता। वह (गाँधी) सोचते हैं कि वह (प्रकाश) है, जिसे वे ईश्वर कहते हैं—किन्तु मुझे सदैव लगता रहा है कि उन का अपना दिमाग ही निर्णय करता है और ज़्यादातर गलत निर्णय करता है।

—श्री अरविन्द, 31 जुलाई, 1932

प्रस्तावना

जोसेफ लेलीवेल्ड की पुस्तक *'ग्रेट सोल : महात्मा गाँधी एंड हिज़ स्ट्रगल विद इंडिया* (2011) पर भारत के एक प्रान्त में प्रतिबन्ध लगने की घटना से प्रेरित होकर यह अध्ययन आरम्भ हुआ। उस घटना के बाद एक समाचार आया कि 'राष्ट्रीय सम्मान कानून, 1971' को संशोधित करने के लिए सुझाव माँगे गए हैं। ताकि गाँधीजी को राष्ट्र-ध्वज और राष्ट्रीय संविधान की तरह सम्मान का राष्ट्रीय प्रतीक बना दिया जाए। सत्ताधारी हल्कों से लम्बे समय से यह सचेत प्रयास रहा है कि गाँधीजी और जवाहरलाल नेहरू की महानता निरन्तर प्रचारित हो। यहाँ तक तो सहा जाता रहा, यद्यपि इस में दूसरे अनेक समकालीन महापुरुषों के प्रति घोर अन्याय निहित है।

किन्तु यदि गाँधीजी के बारे में 'असम्मानजनक' बातें कहने के विरुद्ध कानून बनाने तक की बात हो, तब इसके पीछे तुच्छ राजनीतिक उद्देश्य ही है। गाँधी-नेहरू के प्रति आदर को यहाँ एक राजकीय मज़हब बना देना पहले से ही अनुचित है। इसने हमारी नई पीढ़ियों को राजनीतिक, सामाजिक ज्ञानार्जन के सम्बन्ध में जिज्ञासु और गतिशील होने के बजाय अन्ध-विश्वासी और पंगु बनाया है। यह कुछ-कुछ वैसा ही है, यदि भौतिकी के विद्यार्थियों को किसी वैज्ञानिक विशेष के प्रति अनालोचनात्मक श्रद्धा रखने के लिए बाध्य किया जाए।

लेलीवेल्ड की पुस्तक में गाँधीजी के निजी जीवन के बारे में कुछ विवादास्पद बातें ज़रूर हैं। बल्कि कुछ तथ्यों की विवादास्पद व्याख्या। यह प्रसंग सन् 1904-13 के बीच का है, जब गाँधीजी की दोस्ती हरमन कलेनबाख (1871-1945) से हुई। कलेनबाख जर्मन मूल के यहूदी और दक्षिण अफ्रीका के अत्यन्त धनी आर्किटेक्ट थे। कलेनबाख गाँधीजी के मित्र-सहयोगी थे, और उन पर गाँधी का भारी प्रभाव

था। उन्होंने ही गाँधी के टॉल्स्टॉय फॉर्म के लिए ग्यारह सौ एकड़ ज़मीन भी दी थी। कलेनबाख का व्यक्तित्व आकर्षक था और वह खेलों के शौकीन भी थे। चार वर्ष तक दोनों ही घर में रहे। गाँधी के उनसे ऐसे प्रगाढ़ सम्बन्ध हो गए कि गाँधी उन्हें अपना अन्तरंग आत्मीय कहते थे। कलेनबाख ने भी अपने भाई को लिखे पत्र में गाँधी से अपने अनोखे सम्बन्ध का उल्लेख किया है। गाँधीजी ने अपनी आत्मकथा में कलेनबाख का उल्लेख कई स्थलों पर किया है, और भारत आने के बाद भी उन दोनों के सम्बन्ध बने रहे। उनकी मैत्री ताउम्र चली।

अपनी मैत्री के प्रारम्भिक दौर में, दक्षिण अफ्रीका में गाँधी और कलेनबाख एक-दूसरे को 'अपर हाऊस' और 'लोअर हाऊस' कहते थे। इसका कोई स्पष्ट अर्थ नहीं मिलता। तब तक लम्बी अवधि तक गाँधी ने अपने कमरे में मैंटलपीस पर मात्र कलेनबाख की तस्वीर लगा रखी थी। ऐसे विविध तथ्यों के आधार पर लेलीवेल्ड ने दोनों के बीच किसी विशिष्ट सम्बन्ध का अनुमान लगाया है। उन्होंने कहा है कि गाँधी ने जैसे प्रेम-पूर्ण पत्र कलेनबाख को लिखे, वैसे अपने किसी अन्य सहयोगी को कभी नहीं लिखे। निस्संदेह, लेलीवेल्ड ने इस प्रसंग पर कोई निश्चित बात नहीं कही, किन्तु उनका अनुमान सही नहीं लगता।

वैसे भी, लेलीवेल्ड की पुस्तक गाँधीजी के निजी जीवन पर केन्द्रित नहीं है। कुल 425 पृष्ठ की इस पुस्तक में कलेनबाख-गाँधी सम्बन्ध पर बमुश्किल बारह पृष्ठ हैं। पुस्तक की भूमिका पढ़कर भी स्पष्ट हो जाता है कि पुस्तक का कैनवास बहुत बड़ा है। फिर, 74 वर्षीय लेलीवेल्ड एक गंभीर लेखक रहे हैं जो सनसनी फैलाने के उद्देश्य से नहीं लिखते। वह *न्यूयार्क टाइम्स* के पूर्व सम्पादक, अन्तर्राष्ट्रीय ख्याति के पत्रकार तथा भारत और दक्षिण अफ्रीका पर चार दशक से भी अधिक समय से लेखन-अध्ययन करते रहे हैं। कलेनबाख के पत्रों को लेलीवेल्ड ने दूसरे कारणों से महत्त्वपूर्ण माना है। जिस तरह पश्चिमी मीडिया ने उसे प्रस्तुत किया, पुस्तक में वैसा कोई पक्का निष्कर्ष भी नहीं है। पूरी पुस्तक गाँधी के प्रति सहानुभूतिपूर्वक लिखी गई है। लेखक ने उन्हें महात्मा ही माना है जो सधा, पक्का राजनीतिकर्मी न होने के कारण अपनी कमज़ोरियाँ छिपाता नहीं था।

इसीलिए ब्रिटिश विद्वान लॉर्ड मेघनाद देसाई के अनुसार लेलीवेल्ड की पुस्तक पर प्रतिबन्ध दिखाता है कि "भारत अभी राजनीतिक रूप से भीरू है जो कठिन प्रश्नों एवं आलोचनाओं का सामना करने की ताब नहीं रखता"। देसाई की यह

टिप्पणी लेलीवेल्ड की बजाय हम भारतीयों को ही कठघरे में खड़ा कर देती है। यही हमारी गाँधी-चर्चा का प्रसंग बनता है। हमें देसाई की चुनौती स्वीकार करनी चाहिए, और गाँधी-नेहरू की महानता का मानवीय और खुला मूल्यांकन करने के लिए तैयार होना चाहिए। उस से यदि किसी की गढ़ी गई मूर्ति टूटती है, तो टूटे। पर यह कहने में संकोच नहीं होना चाहिए कि एक व्यक्ति किसी क्षेत्र में महान हो सकता है, तो दूसरे क्षेत्र में साधारण बल्कि उससे भी कम हो सकता है। वह निजी जीवन में कहीं दुर्बल, अथवा कई निर्णयों में मोहग्रस्त, गलत भी हो सकता है। डॉ. राममनोहर लोहिया ने अपने महत्त्वपूर्ण लेख 'गाँधीजी के **दोष'** में यह कहा भी था। अतः गाँधीजी के बारे में असुविधाजनक सच कहना उनका निरादर करना नहीं है। बल्कि 'सत्य' को सामने रखना गाँधी के ही सिद्धान्त का सम्मान है।

गाँधीजी के बारे में असुविधाजनक सचाइयों की संख्या छोटी नहीं। यह उनके निजी व्यवहार ही नहीं, बल्कि वैचारिक, राजनीतिक दुर्बलताएँ, तथा दार्शनिक अन्तर्विरोधों के क्षेत्र में भी हैं। इन पर स्वयं गाँधी के सहयोगियों, समकालीनों ने कई बार बड़ी कठोर बातें कही हैं। भारत की नई पीढ़ियों को उनसे अवगत होना चाहिए। तभी उनका बौद्धिक, दार्शनिक, राजनीतिक विकास होता रह सकता है। जड़, तैयार निष्कर्षों को दुहराने से वे सोवियत नागरिकों की तरह मानसिक अपंग बने रहेंगे।

गाँधीजी से जुड़ी वैसी सचाइयों में व्यक्तिगत राग-द्वेष रखने से लेकर, राजनीतिक निर्णयों का राग-द्वेष, क्रोध-मोह से प्रभावित होने; सत्य व अहिंसा पर दोहरे-तिहरे तथा अन्तर्विरोध मानदंड अपनाने, जब चाहे हज़ारों-लाखों दूसरे लोगों को निरीह मर जाने की सलाह दे डालने (ज़रा इस पर सोचिए!!); असहमत व्यक्तियों के प्रति कटु, अनुचित भाषा का प्रयोग करने; विभिन्न धर्मों तथा तत्त्वदर्शन सम्बन्धी बिन्दुओं पर मनमाने निर्णय देने; अपने आश्रितों, अनुयायियों पर उनके निजी जीवन, तथा रहन-सहन, खान-पान आदि रोज़मर्रा बातों में भी तरह-तरह की ज़बर्दस्ती, स्वयं अपने ही शब्द में 'तानाशाही' करने; अपनी भर्त्सना, भूल स्वीकारने आदि में नाटकीयता या अहंकार की गंध होने; भिन्न मत रखने वाले शक्तिशाली व्यक्तियों के प्रति नकली सम्मान दिखाने, जो शिष्टाचार से भिन्न चीज़ है; आदि तक कई विषय हैं जहाँ सच गाँधी की छवि पर धब्बा लगाता है। यह विशेष ध्यान देने योग्य है कि इनमें से कई बातें स्वयं गाँधी के सहयोगियों और समकालीन महापुरुषों

ने कही हैं। इन सचाइयों को दबाकर ही गाँधी की वह छवि बनाई गई है, जो वास्तविक नहीं।

गाँधीजी का ब्रह्मचर्य सिद्धान्त और व्यवहार भी उन असुविधाजनक विषयों में से एक है। गाँधी काम-भावना की दुर्दम्य शक्ति से जीवनपर्यंत आक्रान्त रहे। उन्होंने ब्रह्मचर्य व्रत, अर्थात पत्नी के साथ शारीरिक सम्बन्ध का त्याग सन् 1906 में ही ले लिया था। पर वे स्त्री-पुरुष सम्बन्ध के आकर्षण से कभी मुक्त नहीं हो सके। जिसे गाँधीजी ने जीवन के उत्तरार्ध में 'ब्रह्मचर्य प्रयोग' कहा, उस के गम्भीर अध्ययन के बाद वह मोह और आकर्षण ही लगता है। स्वयं गाँधीजी ने अपनी आत्मकथा लिखने में तथा उस के बारह वर्ष बाद भी स्वीकार किया है कि वे 'इन्द्रिय नियन्त्रण' रखने में कठिनाई महसूस करते हैं। अर्थात् 57 और 69 वर्ष की आयु में भी उनका ब्रह्मचर्य एक सचेत प्रयत्न था, सहजावस्था नहीं। गाँधीजी ने यह छिपाया नहीं, यह उनकी महानता थी। किन्तु उन प्रयोगों में कोई महानता नहीं थी। बौद्धिक दृष्टि से भी उनका मूल्य शून्यप्राय ही है।

आखिर, लगभग सत्तर वर्ष का कोई संत-पुरुष भी किसी अल्प-वयस्क लड़की के साथ शय्या पर ब्रह्मचर्य का प्रयोग करने की इच्छा रखे, और बार-बार रखे, क्या यह सहज या संत-तुल्य बात है? ऐसा प्रस्ताव पाकर कौन लड़की नहीं सहमेगी, चाहे महान व्यक्तित्व के दबाव में प्रस्ताव स्वीकार भी कर ले? (वह सभी तस्वीरें ध्यान से देखें जिनमें गाँधी किन्हीं दो युवतियों के कंधों पर एक-एक हाथ रखे हुए चले आ रहे हैं। मुख-मुद्राएँ हमेशा कुछ कहती हैं।) फिर, कौन परिवार अपनी लड़की के साथ ऐसे प्रयोग करने की अनुमति स्वेच्छा से देगा? क्या गाँधी के बेटों ने भी यह अनुमति दी थी? यदि नहीं दी, तो क्या कहकर नहीं दी थी? फिर भी गाँधी किस अधिकार से वैसा करते थे? यदि गाँधी के लिए अहिंसा और ब्रह्मचर्य अविभाज्य थे; तो क्या कारण है कि गाँधीजी की अहिंसा पर तो सैंकड़ों पुस्तकें और हज़ारों लेख मिलते हैं, किन्तु उनके ब्रह्मचर्य पर शायद ही कोई विस्तृत अध्ययन मिलता है?

ऐसे प्रश्नों का उत्तर अप्राप्य नहीं है। वास्तव में इन उत्तरों को छिपा लिया गया है। इस सम्बन्ध में कई अविश्वसनीय लगने वाले तथा धक्का पहुँचाने वाले तथ्य स्वयं गाँधी के लेखन में मिल जाते हैं। किन्तु उन्हें उद्धृत करने, और विचार के लिए सामने रखने से आपत्ति की जाती है। मानो उसे सामने रखने मात्र में किसी की कुटिलता स्वयं-सिद्ध हो। दूसरी ओर, स्वयं गाँधी द्वारा अपने ऐसे कुछ

कार्यों (या 'प्रयोगों') का उल्लेख करते रहने से यह स्वयं-सिद्ध मान लिया जाता है कि उसमें कुछ गलत न था। ऐसा मानने वाले मानव मनोविज्ञान और काम-भावना की सामान्य सचाइयों को जाने-अनजाने अनदेखा करते हैं।

ध्यान रहे, गाँधीजी ने ब्रह्मचर्य व्रत केवल सुविधा की दृष्टि से आरम्भ किया था। उन्हें पत्नी के साथ संसर्ग अपने समाज-सेवा कार्य के लिए बाधा लगता था। इसमें सन्देह नहीं कि समाज सेवा गाँधीजी का पहला और अन्तिम प्रेम था। किसी भी दुर्बल, असहाय बीमार की सेवा करने में उन्हें अद्‌भुत रस मिलता था। इसके लिए गाँधी अपने प्राणों तक की परवाह नहीं करते थे। इसी सेवा को निष्कंटक चलाने के लिए उन्होंने ब्रह्मचर्य व्रत लिया, और पत्नी के साथ सह-शय्या त्याग दी। किन्तु ब्रह्मचर्य-सम्बन्धी उनका सारा चिन्तन, टीका-टिप्पणियाँ प्रायः अपने मन की तरंगें ही रहीं। इस विषय का उन्होंने कोई शास्त्रीय या विधिवत् अध्ययन किया हो, इसका उल्लेख उनके वाङ्मय में नहीं है। अन्नाहार सम्बन्धी यूरोपीय पुस्तकों, पुस्तिकाओं का गाँधीजी ने विशेष अध्ययन किया था। उसी से जुड़े निष्कर्षों से वह अपने ब्रह्मचर्य विचारों को भी पुष्ट करते थे।

गाँधी जी ने किसी भारतीय गुरु से किसी धर्म-चिन्तन या दर्शन की शिक्षा कभी नहीं ली। उनकी सारी स्व-शिक्षा भी इंग्लैंड और दक्षिण-अफ्रीका में हुई। उनका सारा धार्मिक और तत्व-दर्शन विमर्श केवल ईसाई मिशनरियों तथा ईसाई समाज के बीच हुआ। इस तरह, जब वह अन्ततः भारत आए तब 46 वर्ष के परिपक्व, स्थायी विचारों-आदतों वाले व्यक्ति, एक बना-बनाया व्यक्तित्व बन कर लौटे थे। इसमें भारतीय दर्शन, धर्म, चिन्तन की किसी व्यवस्थित या संसर्गात्मक शिक्षा का कोई योगदान न था। उनकी आत्मकथा भी इसका प्रामाणिक विवरण देती है। यह तथ्य सदैव स्मरणीय है कि गाँधी की वैचारिक उदात्तता में पश्चिमी-यूरोपीय तत्व ही प्रधान हैं। गाँधी की भारतीय वैचारिकता में अपनी माता से मिले संस्कार तथा शेष प्रायः सहज-बुद्धि की सामान्य बातें हैं। सत्यनिष्ठा के प्रति जन्मजात लगाव तथा जन-हित की सदैव चिन्ता भी कोई भारतीयता से जुड़ी चीज़ नहीं है। यह दोनों गुण विश्व के किसी भी व्यक्ति में हो सकते हैं, होते रहे हैं। लेकिन दार्शनिक आधारों पर गाँधी विचार प्रायः यूरोपीय, ईसाई मान्यताओं के करीब पड़ते हैं—यह एक महत्त्वपूर्ण बात है जिसकी उपेक्षा से गाँधी को समझने में भारी भूलें होती रही हैं। महानता यूरोपीय विचारों, व्यक्तित्वों में भी होती रही है। अतः यह तथ्य गाँधी की महानता के विरुद्ध नहीं रखा जा रहा। बल्कि उसकी प्रकृति

पर ध्यान देने के लिए कहा जा रहा है। गाँधी के ब्रह्मचर्य प्रयोग भी यह देखने-परखने का एक अवसर है। अहिंसा विषय पर तो यह है ही।

भारत के एक ही व्यक्ति, गोपालकृष्ण गोखले को गाँधीजी ने अपना गुरु कहा था, मगर कितनी दूर तक, यह स्पष्ट नहीं। क्योंकि गोखले ने ही गाँधी लिखित *हिन्द स्वराज* (1909) को एकदम हल्की, फूहड़ रचना कहा था। यदि गोखले गुरु रहे होते, तो फिर उस पुस्तिका को फेंक देना या आमूल सुधारना ज़रूरी था। वह गाँधी ने नहीं किया। गीता या रामायण पर भी गाँधी ने अपने ही विचारों को सर्वोपरि माना। बल्कि अधिक सही यह प्रतीत होता है कि गाँधी अपने विचारों की पुष्टि मात्र के लिए ही गीता, रामायण आदि का भी उपयोग करते थे। जहाँ उनके विचार गीता या रामायण के विरुद्ध पड़ते थे, वहाँ गाँधी गीता की सीख को सदैव उपेक्षित करते थे।

यह एक प्रामाणिक तथ्य है कि चाहे कितने ही महान भारतीय विद्वानों, मनीषियों के विचार और अन्य शास्त्रीय प्रसंग गाँधी के कुछ विचारों के विरुद्ध पड़ते हों, गाँधी अपने मत के अलावा किसी को महत्त्व नहीं देते थे। यहाँ तक कि उस मत-वैभिन्य पर गंभीर चर्चा तक से बचते थे। इसीलिए ध्यान रखना चाहिए कि सामान्यतः गीता या रामायण का उपयोग गाँधी अपने विचारों की पुष्टि के लिए करते थे। अतः यह तथ्य महत्त्वपूर्ण है कि कुल मिला कर गाँधी जी की शिक्षा तथा स्व-शिक्षा में यूरोपीय तत्व अधिक है, भारतीय कम। उन्होंने स्वयं अपने रायचंद भाई जैसे एकाध निकट बन्धुओं के सिवा अपना घोषित गुरु जॉन रस्किन या लेव टॉल्स्टॉय को ही बताया है। उन्होंने दक्षिण अफ्रीका में अपने आश्रम का नाम 'फीनिक्स' तथा सामूहिक सहजीवन के एक उपक्रम का नाम 'टॉल्स्टॉय फार्म' रखा था।

किन्तु ब्रह्मचर्य विषय पर गाँधी टॉल्स्टॉय के विचारों की भी उपेक्षा करते हैं। इसी से लगता है कि अन्ततः किसी भी विषय पर गाँधी के विचारों को उनकी अपनी तरंग समझना ही अधिक सही है। वस्तुतः गाँधी का कोई गुरु नहीं था। क्योंकि टॉल्स्टॉय ने अहिंसा और काम-सम्बन्ध, दोनों पर ध्यान से लिखा है। किन्तु तुलना करने पर गाँधी के विचार टॉल्स्टॉय की कसौटी पर भी खरे नहीं उतरते। टॉल्स्टॉय के दो उपन्यास *अन्ना कारेनिना* तथा *पुनरुत्थान* स्त्री-पुरुष सम्बन्धों में असंयम, भटकाव तथा सम्बन्धित सामाजिक समस्या से सीधे जुड़े हुए हैं। इस के अतिरिक्त उन की तीन महत्त्वपूर्ण लम्बी कहानियाँ या लघु-उपन्यास हैं—'क्रूजर

सोनाटा' (1889), 'द डेविल' (1889), और 'फादर सेर्जियस' (1898)। तीनों ही स्त्री-पुरुष सम्बन्धों में काम-ग्रस्तता और कामदेव की दुर्दम्य शक्ति पर ही लिखी गई हैं। पहली कथा में नायक एक आधुनिक, चिन्तनशील शहरी, दूसरी में एक सज्जन ग्रामीण कुलीन और तीसरी में एक महान, प्रसिद्ध सन्त है। यह सन्त, फादर सेर्जियस, लम्बे समय तक तपस्या करके भी, एकाधिक बार स्त्री की मोहिनी शक्ति से विकट संघर्ष कर जीत कर भी, अन्ततः एक बार भ्रष्ट हो जाता है। जिन्हें गाँधीजी के एकान्त ब्रह्मचर्य प्रयोगों के भोलेपन, भूल या आसक्ति को समझना हो, उन्हें 'फादर सेर्जियस' का मारिया प्रसंग पढ़ लेना चाहिए। भ्रष्ट हो जाने के बाद सेर्जियस चुपचाप अपना सन्त-स्थान छोड़कर चला जाता है। तब सेर्जियस को एक साधारण बुजुर्ग गृहस्थ महिला पाशेन्का (प्रस्कोव्या मिखाइलोवना) के कठिन, पर सामान्य जीवन के अवलोकन से वह ज्ञान प्राप्त होता है, जिसे वह अब तक समझ नहीं पाया था। अन्ततः वह एक सेवा-धर्मी जीवन अपना लेता है और दूर साइबेरिया पहुँचकर एक किसान के घर में अनाम नौकर जैसा रहते हुए शेष जीवन बिताता है। वस्तुतः यह तीनों ही टॉल्स्टॉय की अत्यन्त मार्मिक और प्रभावशाली रचनाएँ हैं। टॉल्स्टॉय की महानतम रचना *'युद्ध और शान्ति* में भी उस का प्रमुख नायक पियरे काम-भाव की शक्ति से डरता है, इस पर वह कभी आश्वस्त नहीं होता। टॉल्स्टॉय ने अपनी रचनाओं में इस समस्या की विविध, जटिल, किन्तु यथार्थपरक प्रस्तुति की है। किन्तु 'ब्रह्मचर्य' पर गाँधी जो चिन्तन, चिन्ता और त्रास दिखाते रहे हैं, उस में कहीं टॉल्स्टॉय की दूर से भी झलक नहीं दिखती। क्या गाँधीजी ने वह सब पढ़ा भी था, जो उन के गुरु ने लिखा था? या कि टॉल्स्टॉय की एकाध उपदेशात्मक पुस्तिकाओं से अपने पसन्द की बात निकाल कर रह गए थे? यह प्रश्न भी महत्त्वहीन नहीं हैं।

गाँधी अपनी आत्मकथा, अपने लेखों तथा हज़ारों पत्रों में अपने रोज़मर्रा से जुड़ी छोटी-छोटी तफसीलों, घटनाओं, लिखने-पढ़ने, मिलने-जुलने, आदि हर तरह की चीज़ों का उल्लेख करते रहते थे। उनमें गाँधी अनेक स्थलों पर पुस्तक-पुस्तिकाओं का हवाला देते नज़र आते हैं। उनकी सूची बनाएँ, तो गाँधीजी की पाठ्य-रुचि, तथा सीमाओं का भी पता चलता है। निस्सन्देह, दैवी-प्रतिभा सम्पन्न तत्त्वदर्शियों की बात दूसरी है—किन्तु तब भी ध्यान रहे कि वे प्रायः तत्त्व-दर्शन और वास्तविक अवलोकन के क्षेत्र में ही रचते-बोलते रहे हैं। जैसे—आदि शंकर, गौतम बुद्ध या सन्त कबीर। किन्तु इतिहास, राजनीति, साहित्य, जीवनी-आख्यान, आदि तथ्यपरक

क्षेत्रों में केवल अपनी बुद्धि-कल्पना, सुनी-सुनाई या अवलोकन मात्र से सभी ज्ञान नहीं हो सकता। न अखिल विश्व में ऐसा कोई उदाहरण है।

अतः कोई राजनीति-कर्मी या समाज-सेवी, चाहे वह कितना ही प्रतिष्ठित क्यों न हो, अपने प्रत्यक्ष अवलोकन क्षेत्र से बाहर किसी विषय पर टीका-टिप्पणी करता है, तो यह एक अनिवार्य प्रश्न है : उस की जानकारी के स्रोत क्या हैं? उसके विचारों का आधार क्या है? वेद-उपनिषद, सनातन धर्म, भारत का इतिहास, गुरु गोविन्द सिंह अथवा छत्रपति शिवाजी का जीवन और समय, लेनिन, स्तालिन या हिटलर का शासनतन्त्र, अन्तर्राष्ट्रीय राजनीति, अरब-इस्लाम, अथवा ब्रह्मचर्य मीमांसा—यह ऐसे विषय नहीं हैं जिन पर केवल भावना, कल्पना से कोई ढंग की बात कही जा सकती हो। विज्ञान, उद्योग, तकनीक, खेल, फिल्म, आदि किसी भी क्षेत्र की महान प्रतिभाएँ इस सामान्य सत्य को अच्छी तरह समझती हैं। यह सत्य कि उनके ज्ञान की सीमा क्या है। क्या समाज-सेवी गाँधी (जो वे दक्षिण अफ्रीका में थे) और राजनेता गाँधी (जो वे भारत में बने) यह समझते थे?

ऐसे प्रश्नों पर भी विचार करना आवश्यक है, ताकि विविध विषयों पर गाँधीजी की टिप्पणियों का समुचित मूल्यांकन हो सके। अन्यथा वही भूल दुहरायी जाती रहेगी, जो लेनिन के सम्बन्ध में सोवियत सत्ताधारियों और सारी दुनिया के कम्युनिस्टों ने दशकों तक की। जिस तरह अमिताभ बच्चन, सचिन तेंदुलकर, नारायणमूर्ति, सुनील मित्तल जैसी हस्तियों की अपने-अपने क्षेत्र में निर्विवाद उपलब्धि के बावजूद उनसे हम इतिहास, दर्शन, नैतिकता या खगोल-शास्त्र का ज्ञान पाने की आशा नहीं रखते, वही बात किसी बड़े राजनीति-कर्मी के लिए भी सही है। गाँधी एक महान मानवतावादी थे, इसमें सन्देह नहीं। किन्तु यह भी उतना ही सच है कि वे भौतिकी ही नहीं, बल्कि इतिहास, दर्शन और भारतीय साहित्य के भी अच्छे जानकार नहीं थे।

गाँधीजी तो अपने समकालीन भारतीय साहित्यकारों, दार्शनिकों तक को नहीं जानते थे। हिन्दी के अन्यतम कवि महाप्राण निराला से ही गाँधी की चर्चा को उदाहरण रूप में ले सकते हैं। गाँधी ने निराला को दो बातें करने लायक तक नहीं समझा था, और अपमानजनक-सा व्यवहार किया था। जबकि महत्त्वपूर्ण व्यक्तियों के साथ कैसे व्यवहार करना चाहिए, यह गाँधी आदतन जानते थे। अतः विविध विषयों पर गाँधी की टिप्पणियों को महत्त्व देने में बड़ी सावधानी

बरतनी चाहिए। चाहे अपनी ओर से गाँधी कितने ही भरोसे से वे टिप्पणियाँ क्यों न करते रहे हों।

यह बिन्दु—किसी विशिष्ट विषय पर गाँधी की समझ पर सन्देह—नाजुक लग सकता है। किन्तु सामाजिक विषयों के अध्येताओं के लिए विवशता है। विशेषकर इसलिए, क्योंकि ज्ञान की लालसा गाँधी में कभी नहीं रही। वे कर्म-प्रेमी थे। व्यवहार में आजीवन आत्म-केन्द्रित, तथा चिन्तन में नितान्त आत्म-तुष्ट। सदैव अपने विचारों में मग्न, उनके अपने ही शब्दों में 'अपनी तरंग में बहने' वाला। यह उनके सम्पूर्ण वाङ्मय से आइने की तरह साफ झलकता है। कुछ बातें तो मोटे तौर पर सामने हैं। प्रथम, जब सन् 1888 में, उन्नीस वर्ष की आयु में गाँधी इंग्लैंड जा रहे थे तो वह लगभग अशिक्षित थे। न केवल स्कूल, कॉलेज वाली पढ़ाई में साधारण, बल्कि दूसरी कोई चीज़ें भी उन्होंने नहीं पढ़ी थीं। यहाँ तक कि उन्होंने कभी अखबार तक नहीं पढ़ा था। जिन चीज़ों में उनका ध्यान था, जैसी संगति और परिवेश था, वह सब पारदर्शी रूप में उनकी आत्मकथा में है। उन्हें इंग्लैंड जाकर कानून की पढ़ाई करने की सलाह इसीलिए मिली थी कि वहाँ कानून की परीक्षा आसानी से पास करने के लिए कुख्यात थी! यानी, कमज़ोर छात्र भी वहाँ से कानून का स्नातक होकर आ सकता था। गाँधी को इस का भान था, जब वे इंग्लैंड जाने को उत्सुक हुए।

दूसरे, तीन वर्ष (1888-91) इंग्लैंड में कानून की पढ़ाई के सिवा गाँधी की सारी मानसिक, सामाजिक रुचि एक इंग्लिशमैन का ऊपरी सांस्कृतिक अनुकरण करने, तथा साथ ही अपनी माता को दिए शाकाहार व संयम वाले तीन वचनों का ध्यान रखने तक केन्द्रित रही। उनकी आत्मकथा बेहतरीन दिखाती है कि इंग्लैंड में रहकर भी वह पूरी तरह आत्म-केन्द्रित रहे। उसमें तरह-तरह की अपने रोज़मर्रा की मामूली बातें तक हैं, किन्तु ब्रिटिश समाज, साहित्य, राजनीति आदि कुछ भी नोट तक नहीं किया गया है। उस पर सोच-विचार तो दूर रहा। सारी सामाजिक सक्रियता भी अन्नाहार और स्वास्थ्य सम्बन्धी विषयों पर केन्द्रित रही। तीसरा तथ्य, कि 1891 में गाँधी भारत लौटे, और दो वर्ष लगभग निरर्थक बिताकर, पुनः 1893 में वकालत करने दक्षिण अफ्रीका चले गए, और बीस वर्ष रहे। आत्मकथा बताती है कि यह बीस वर्ष भी गाँधी वही आत्मकेन्द्रित, हठी हिन्दू रहे जो वह सदैव थे। उनके लिखित विवरणों, पत्रों आदि से कोई झलक नहीं मिलती कि इस बीच भी उन्होंने अपनी सामाजिक सक्रियता के सिवा कोई विशेष,

व्यवस्थित अध्ययन किया। बल्कि जितना भी गाँधी का बौद्धिक उद्दीपन हुआ, वह ईसाई मिशनरियों के संसर्ग में ही हुआ।

इस प्रकार, सन् 1915 में भारत आकर राजनीति में पैर रखने वाले मोहनदास गाँधी के पास ब्रिटिश कानून के अध्ययन के अतिरिक्त किसी विषय का कोई ज्ञान शायद ही था। इतिहास में तो वे इतने कोरे थे कि उनका मार्गदर्शन करने वाले एक वरिष्ठ बैरिस्टर ने उनकी वकालत करने की क्षमता पर ही सन्देह व्यक्त किया था। यह बात गाँधीजी की आत्मकथा में है। फिर भी गाँधीजी ने इतिहास का अध्ययन नहीं ही किया। चाहे व्यस्तता, चाहे गैर-ज़रूरी समझकर, या दोनों ही कारणों से। इस प्रकार, उनकी औपचारिक शिक्षा और स्वाध्याय की स्थिति 46 वर्ष की आयु तक सीमित ही रही। वयस्क जीवन का अनुभव भी था तो सम्पूर्णतः दक्षिण अफ्रीका का। 24 वर्षीय गाँधी से 46 वर्षीय गाँधी तक का यह पूरा काल सामाजिक गतिविधियों में जितना बीता हो, उसका भारतीय समाज, इसके इतिहास, राजनीति, दर्शन अथवा किसी विशिष्ट विषय का व्यवस्थित ज्ञान होने से कोई सम्बन्ध न था। अतः यह तथ्य महत्त्वपूर्ण हो जाता है कि कई विषयों में गाँधीजी की जानकारी स्थायी रूप से एकांगी, ठहरी हुई ही रही थी।

गाँधी का सम्पूर्ण लेखन इसका सर्वोत्तम प्रमाण है। किसी भी विषय पर बौद्धिक रुचि वाले पाठक को उसमें नगण्य ही सामग्री मिलेगी। उपदेशात्मक, आदेशात्मक, आग्रही, विखंडित, शिकायती, दुहरावपूर्ण और आत्म-निमग्न—प्रमुखतः यही स्वर गाँधी-लेखन, वाचन में आद्योपांत व्याप्त है। जिन वैचारिक बिन्दुओं पर गाँधी का भरपूर आग्रह है, उन पर भी गाँधी का कोई सुसंगत, विचारशील लेख खोज पाना एक दुष्कर कार्य है। ज्यादातर सामान्य बुद्धि की दलीलें हैं, वह भी दस पंक्तियों तक भी तारतम्य नहीं रख पातीं। कई बार अधिक दलीलें देने का उत्साह अन्तर्विरोधी, अप्रासंगिक, यहाँ तक कि अनर्गल बातों की ओर तक चला जाता है (*हिन्द स्वराज* की अहिंसा सम्बन्धी दलीलें इसका सुन्दर उदाहरण हैं)। यह सब प्रकारान्तर यही दिखाता है कि लेखक या वक्ता ने उस पर स्वयं कितना कम अध्ययन या मनन किया है। तथा अपनी मान्यताओं को जाँचने-परखने, किसी कसौटी पर कसने आदि की कितनी कम कोशिश की है।

इसलिए किसी विषय पर गाँधी के विचारों का मूल्यांकन करने में सावधानी बरतनी ज़रूरी है। प्रायः उन में अपने हठी मत के दुहराव के सिवा कुछ नहीं मिलता। चाहे वह अहिंसा हो या ब्रह्मचर्य या किसी राजनीतिक समस्या पर युक्ति।

किसी वैचारिक बिन्दु पर गाँधी के तर्क या तथ्यों में वर्षों, दशकों बाद भी कोई नयापन या सुसंगति नहीं मिलती। यह अन्य बातों के अलावा गाँधी के अत्यन्त सीमित अध्ययन, सीमित चिन्तन-मनन, अवलोकन का भी संकेत है। साथ ही उन की अनन्य हठी मनोवृत्ति का भी।

कहा जा सकता है कि किसी राजनीतिक नेता के लिए गम्भीर अध्येता होना अनिवार्य नहीं है। किन्तु तब क्या किसी शास्त्र या विषय को बिना पढ़े-जाने भी उस पर की गई टिप्पणियों को गम्भीरता से लिया जाना चाहिए? इसीलिए, वर्तमान प्रसंग में उल्लेखनीय है कि गाँधीजी के ब्रह्मचर्य-'प्रयोग', अथवा काम-भावना सम्बन्धी विचार, उनके गुरु टॉल्स्टॉय द्वारा *द डेविल* या *फादर सेर्जियस* में दी गई शिक्षाओं से भी मेल नहीं खाते। न ही गाँधी कहीं उनका उल्लेख करते हैं।

दूसरी ओर, ब्रह्मचर्य का गाँधी ने जो अर्थ किया है, वह भारतीय शास्त्रों से भी पूरी तरह अलग, यहाँ तक कि विपरीत है। यह संयोग नहीं कि गाँधी ने अहिंसा या ब्रह्मचर्य पर 'मेरी परिभाषा' वाला जुमला प्रायः दुहराया है। उन्हें आभास था कि *उनकी* परिभाषा लोक या शास्त्र-सम्मत नहीं है। इसीलिए, जानकार व्यक्तियों से वे कभी अपने विचारों पर अधिक चर्चा नहीं करते थे। विशेषकर गाँधी के विचारों पर असहमति या आपत्ति उठने पर। यह कहते हुए कि 'मैं दलील नहीं करता'। जबकि अपने प्रभामंडल में रहने वाले शिष्यों, भक्तों से उन्हीं विचारों पर अन्तहीन चर्चा करने में भी उन्हें कभी थकावट या ऊब नहीं होती थी। प्रस्तुत विषय पर भी हम इसे प्रामाणिक रूप से देखेंगे। पर गाँधी वैसे लोगों से चर्चा से सदैव बचते थे जो विचार-विमर्श में उनके 'महात्मा' प्रभाव से अप्रभावित रहकर विचार करने वाले हों। अस्तु।

जैसा अहिंसा विषय पर, वैसे ही ब्रह्मचर्य विषय में भी गाँधी प्रत्येक व्यक्ति को गुण-भाव-प्रवृत्ति में समान मान कर चलते हैं। मानो सबको एक जैसा अस्त्र-शस्त्र वितृष्ण या समरूप ब्रह्मचारी बनाया जा सकता हो। यह समझ सेमेटिक विचार-परम्परा के अनुरूप है, जबकि हिन्दू ज्ञान-परम्परा से एकदम दूर है। योग-चिन्तन, बल्कि सम्पूर्ण भारतीय शिक्षण परम्परा ही किसी विद्यार्थी में उसके गुणों, प्रवृत्तियों को देख-पहचान कर ही उसके लिए उपयुक्त शिक्षण, प्रशिक्षण की अनुशंसा करती रही है। किसी गुरु के आश्रम में प्रवेश के लिए विद्यार्थी में पहले से कुछ योग्यता और प्रवृत्ति की अपेक्षा की जाती थी।

योग-चिन्तन ब्रह्मचर्य के लिए भी भिन्न प्रकार के व्यक्तियों के लिए भिन्न प्रावधान करता है। कुछ व्यक्तियों में काम-भावना निष्क्रिय होती है, दूसरों में सक्रिय। दोनों के लिए ब्रह्मचर्य का मार्ग एक जैसा नहीं हो सकता। सच्चे योगी पहले को सीधे ब्रह्मचर्य में दीक्षित कर उचित चर्या में लेंगे, जबकि दूसरे को विवाह कर उनकी सक्रिय काम-प्रवृत्ति को पहले सामान्य, सन्तुष्ट अवस्था तक पहुँचने की सलाह देंगे। सक्रिय काम-प्रवृत्ति वाले व्यक्ति को उसी अवस्था में ब्रह्मचर्य में दीक्षित करने से वह दमित काम-भाव से ग्रस्त होकर एक प्रकार के रोगी में बदलेगा। गाँधी के ब्रह्मचर्य-चिन्तन में इस तथ्य को लगभग नज़रअन्दाज़ किया गया है। 'सब धान बाइस पसेरी' वाले सेमेटिक अन्दाज़ में वह सभी मनुष्यों को एक जैसा मानकर एक जैसी दवा पिलाने की कोशिश करते हैं। उनकी आत्मकथा, और ब्रह्मचर्य-सम्बन्धी विविध टिप्पणियों को पढ़कर तो सन्देह होता है कि 1906 में गाँधी द्वारा 'ब्रह्मचर्य व्रत' लिया जाना स्वयं उनकी अपनी ही प्रवृत्ति के लिए उपयुक्त न था।

ब्रह्मचर्य व्रत ले लेने के बाद भी वर्षों, दशकों, बल्कि लगभग जीवन-पर्यंत ब्रह्मचर्य की 'जाँच' करते रहने की आखिर कैफियत क्या है? गाँधी के अनुसार उनके प्रयोग यह देखने के लिए होते थे कि ब्रह्मचर्य में वह एकदम दोषरहित, सम्पूर्ण ('परफेक्ट') हो गए हैं या नहीं। पहले तो यह सीधे काम-विकार से ग्रस्त होने और बने रहने की स्वीकृति है। दूसरे, तब तो उनके अन्य व्रतों—सत्य, अहिंसा—के लिए भी यह मानना ही होगा कि वह भी दोषपूर्ण, अपूर्ण रहे थे। स्वयं गाँधी ने भी, चाहे दलील की रौ में, अपने निकटस्थ व्यक्तियों को कई बार कहा भी था कि उनके 'इम्परफेक्ट', दोषपूर्ण ब्रह्मचर्य से भी अहिंसात्मक आन्दोलन को बल मिला है। मगर यह बात किसी और ने कही हो, उनके किसी शिष्य ने भी, इसका कोई उदाहरण नहीं मिलता। अपनी प्रशंसा स्वयं करते गाँधी को असंख्य बार उनके वाङ्मय में देखा जा सकता है। न केवल ब्रह्मचर्य प्रसंग में, वरन अहिंसा व राजनीति विषयक प्रसंगों में भी। ध्यातव्य यह भी है।

यह भी कि गाँधी अहिंसा और ब्रह्मचर्य को अन्तर्सम्बन्धित मानते थे। लेकिन हिंसक व्यक्तियों, विचारधाराओं पर अहिंसा की शक्ति आज़माने का कोई भी प्रयोग गाँधी ने किया हो, अथवा इसकी चिन्ता की हो, ऐसा कुछ उनके जीवन-कर्म में नहीं मिलता। अहिंसा पर गाँधी प्रायः घोषणाएँ करते, निरे फतवे देते ही पाए जाते हैं। उनकी अहिंसा कितनी प्रभावी या 'परफेक्ट' है, इसका प्रयोग या जाँच

गाँधी ने कभी नहीं की। जैसा लड़कियों के साथ अपने ब्रह्मचर्य की परीक्षा करते रहते थे, किसी हिंसक व्यक्ति के साथ अहिंसा का नाजुक प्रयोग या 'जाँच' करते गाँधी का उदाहरण नहीं मिलता। यह सब कहना गाँधी का निरादर नहीं है। केवल यह समझने का प्रयत्न है कि यदि दो सिद्धान्त समान रूप से महत्त्वपूर्ण, और अन्तःसम्बन्धित हैं, तो एक पर सतत प्रयोग करना तथा दूसरे को बिना प्रयोग के रहने देने के पीछे एक गहरी विसंगति थी।

यदि निरादर के भय से तथ्यों, विश्लेषणों, विवरणों को प्रतिबन्धित करना पड़े तब तो गाँधीजी के पौत्र राजमोहन गाँधी द्वारा लिखित *मोहनदास* (2007) पर भी प्रतिबन्ध लग जाना चाहिए। निजी जीवन, तथा कामदेव के प्रभाव सम्बन्धी कई टिप्पणियाँ राजमोहन गाँधी की पुस्तक में भी हैं। इसके पृ. 213-18 पर सरलादेवी चौधरानी और गाँधीजी के प्रेम-सम्बन्ध बनने से लेकर टूटने तक वर्षों की कहानी है। रवीन्द्रनाथ टैगोर की भतीजी सरलादेवी विवाहिता थीं, जब गाँधीजी उन पर लट्टू हो गए। यह सन् 1919-20 की बात है, जब गाँधीजी लाहौर गए थे और सरलादेवी के घर पर टिके। उस समय उनके पति कांग्रेस नेता रामभज दत्त जेल में थे। गाँधी और सरलादेवी अनेक कार्यक्रमों में साथ-साथ गए। बाद में गाँधी ने उन्हें मधुर पत्र लिखे। राजमोहन के अनुसार वह दो वर्ष गाँधीजी की पत्नी कस्तूरबा के लिए अत्यन्त यन्त्रणा भरे थे। गाँधीजी ने इसे सरलादेवी के साथ अपना ''आध्यात्मिक विवाह' बताया जिसमें 'दो-स्त्री पुरुष के बीच ऐसी सहभागिता है जहाँ शरीरी तत्त्व का कोई स्थान न था''। यद्यपि, यह 'विवाह' शब्द ही चुगली कर देता है कि गाँधीजी एक विशिष्ट सम्बन्ध में ही आसक्त हुए थे। स्वयं राजमोहन गाँधी ने भी 'आध्यात्मिक विवाह' जैसे मुहावरे का अर्थ देने से छुट्टी ले ली है, यह कह कर कि 'इसका जो भी अर्थ हो'। गाँधी-सरलादेवी सम्बन्ध पर चारों तरफ से उँगलियाँ उठी थीं।

राजमोहन गाँधी ने लिखा है, ''सन् 1920 वाले दशक के उन कुछ आरम्भिक महीनों में गाँधी सरलादेवी पर भारी तौर से मुग्ध हो गए थे। हालाँकि (अंततः) उन्होंनें सम्बन्ध तोड़ लिया। उस सम्बन्ध में सौन्दर्यबोध का तत्त्व था और यहाँ तक कि हल्का सा कामुक तत्त्व भी। उस सम्बन्ध में भावनात्मक तत्त्व भी था। किन्तु गाँधी द्वारा स्वयं उस पर पुनर्विचार, अपने बेटे (मेरे पिता) और सचिव महादेव की कड़ी बातें तथा अपने भावी समधी सी. राजगोपालाचारी द्वारा लिखे एक कड़े पत्र से गाँधी ने महसूस किया कि वे गलत राह पर हैं। उन्होंने सम्बन्ध तोड़ लिया।''

अन्ततः, गाँधीजी पर दबाव डालकर सरलादेवी से सम्बन्ध तोड़ने में उनके बेटे देवदास, कस्तूरबा तथा राजगोपालाचारी जैसे कई निकट सहयोगियों द्वारा किए गए समवेत प्रयास का योगदान था। बाद में गाँधी ने इसे स्वीकार किया, और इसके लिए बेटों को धन्यवाद भी दिया। इस प्रसंग के समय गाँधीजी 51 वर्ष के थे। गाँधीजी ने अपनी आत्मकथा में इस प्रसंग का कोई उल्लेख नहीं किया।

राजमोहन के लिखे हुए वह छह पृष्ठ गाँधी के कथित ब्रह्मचर्य व्रत की स्थायी समस्या भी दिखाते हैं। गाँधीजी के पूरे जीवन पर विहंगम दृष्टि डालें तो सन् 1906 से लेकर जीवन के लगभग अन्त तक, निरन्तर 'ब्रह्मचर्य' व्रत धारण किए रखने और साथ ही साथ स्त्रियों, लड़कियों के साथ विविध, अन्तरंग प्रयोग करते रहने के प्रति उन की आसक्ति की कोई आसान व्याख्या नहीं हो सकती। किसी भी हाल में यह काम-भाव के प्रति गाँधीजी की भावनात्मक दुर्बलता का ही संकेत अधिक है। जैसा इस अध्ययन में देखा जा सकता है, अप्रैल से जून 1938 के बीच प्यारेलाल, मीरा बेन, सुशीला नायर, अमृत कौर, बलवन्त सिन्हा और अनेक लोगों को लिखे अपने पत्रों और लेख में गाँधी ने इसे स्वयं स्वीकार किया है। बल्कि कई बार ऐसे शब्दों में स्वीकार किया है कि भक्त गाँधीवादियों को बड़ा धक्का लग सकता है।

इसीलिए राजमोहन गाँधी की पुस्तक भी गाँधी के निजी जीवन पर लिखी बातों के कारण ही चर्चित हुई थी। चाहे उसे प्रतिबन्धित नहीं किया गया। पर उसमें गाँधी एक क्रूर, तानाशाह पति, लापरवाह, जिद्दी पिता और विवाहेतर प्रेम-सम्बन्धों में पड़ने वाले व्यक्ति के रूप में भी दिखाए गए हैं। गाँधी ने कभी भरपूर कामुकता से पत्नी के साथ व्यवहार किया, तो कभी एकतरफा रूप से शारीरिक-सम्बन्ध विहीन दाम्पत्य रखा। फिर कभी दूसरी स्त्रियों के साथ रागात्मक सम्बन्ध बनाते रहे। अथवा कुँवारी लड़कियों के साथ अपने ब्रह्मचर्य सम्बन्धी विवादास्पद प्रयोग करते रहे। यह सब गाँधीजी के जीवन-पर्यंत चला।

यह बातें गाँधी युग के अनेक समकालीन जानते थे, चाहे इस का उल्लेख कम होता था। गाँधी के प्रति सम्मान, संकोच के साथ-साथ उनकी राजनीतिक प्रतिष्ठा बनाए रखने की ज़रूरत भी सब को चुप रखती थी। क्योंकि ब्रिटिश राज के विरुद्ध संघर्ष में गाँधी का मान-सम्मान बनाए रखना भी ज़रूरी था। फिर, आखिर कहें तो क्या कहें? गाँधी के ब्रह्मचर्य प्रयोगों पर समर्थन में कहने के लिए सिद्धान्त या व्यवहार, दोनों में कुछ नहीं मिलता। स्वयं गाँधी के पास भी कहने

के लिए कुछ विशेष न था। इसीलिए, ऐसे प्रसंगों पर राजमोहन ने ठीक ही कहा कि वह गाँधीजी को मनुष्य के रूप में प्रस्तुत कर रहे हैं, किसी अवतारी देवता के रूप में नहीं। घुमा-फिराकर कही इस बात का अर्थ यही हुआ कि 'मोहनदास' में भी कई कमज़ोरियाँ थीं। ब्रिटिश विद्वान मेघनाद देसाई ने भी गाँधीजी के बारे में कहा है कि "उन पर संत का तमगा थोपा गया है, और अपनी कमियों के बारे में वह स्वयं अवगत थे और निरन्तर उससे उबरने का यत्न करते रहे थे।"

यह सब कहना गाँधीजी का चरित्र-हनन नहीं है। इस अध्ययन को भी इसी रूप में लेना चाहिए। गाँधी जी के काम-भाव सम्बन्धी विषय में दिलचस्पी, प्रयोग और विविध स्त्रियों के साथ रागात्मक सम्बन्धों पर थोड़ा-बहुत अनेक विद्वानों द्वारा लिखा गया है। न केवल राजमोहन गाँधी, बल्कि निर्मल कुमार बोस *(माई डेज़ विद गाँधी,* 1953, अब ओरिएंट लाँगमैन द्वारा प्रकाशित), एरिक एरिकसन *(गाँधीजी'ज़ ट्रुथ, डब्ल्यू डब्ल्यू नॉर्टन,* 1969), लैपियर और कॉलिन्स *(फ्रीडम एट मिडनाइट,* साइमन एंड शूस्टर, 1975), वेद मेहता *(महात्मा गाँधी एंड हिज़ एपोस्टल्स, वाइकिंग,* 1976), सुधीर कक्कड़ *(मीरा एंड द महात्मा, पेंग्विन,* 2004), ज़ैड एडम्स *(गाँधी : नेकेड एम्बीशन,* क्वेरकस, 2010) आदि ने गाँधी जी की भावनाओं, प्रयोगों, सम्बन्धों पर लिखा है। इन लेखकों में एरिकसन, लैपियर कॉलिन्स, बोस, मेहता तथा कक्कड़ अन्तर्राष्ट्रीय ख्याति के विद्वान रहे हैं। इनमें से किसी को दूर से भी सनसनीखेज, बाज़ारू या क्षुद्र लेखक नहीं कहा जा सकता।

गाँधीजी के उन प्रयोगों के सिलसिले में सरलादेवी के अलावा सुशीला नायर, सुचेता कृपलानी, प्रभावती, अमतुस सलाम, लीलावती, सरोजिनी नायडू, मनु, आभा, वीणा, आदि कई नाम आते हैं। युवा लड़कियों और स्त्रियों को गाँधीजी अपने साथ तरह-तरह के प्रयोग करने के लिए तैयार करते थे। जैसे, बिना एक-दूसरे को छुए निर्वस्त्र होकर साथ सोना या नहाना। घोषित रूप से कभी इसका उद्देश्य होता था 'प्राकृतिक चिकित्सा' तो कभी 'ब्रह्मचर्य-शक्ति बढ़ाने' का प्रयास। सुशीला नायर के अनुसार, पहले तो ऐसे सभी कार्यों को प्राकृतिक चिकित्सा मात्र ही कहा जाता था। बाद में, सम्भवतः जब बार-बार आवाज़ें उठने लगीं, तो ब्रह्मचर्य प्रयोग कहकर आलोचनाओं को चुप किया गया। हालाँकि, नायर ने उन प्रयोगों में कुछ गलत नहीं कहा है। इन बातों पर गाँधीजी की दलीलें कई बार विचित्र, सनकी, हल्की और अन्तर्विरोधी भी होती थीं। अतः गाँधीजी के ब्रह्मचर्य-सम्बन्धी चिन्तन

को यथावत जानने, समझने के लिए उनकी लिखी सभी बातें सामने रखना आवश्यक है। इस अध्ययन में यही किया गया है।

इन सभी बातों का सम्पूर्ण विवरण रखकर उनकी कोई ऐसी व्याख्या देना सम्भव नहीं, जिससे महात्मा की छवि यथावत् रह सके। हर हाल में, ब्रह्मचर्य की जो व्याख्या या प्रयोग गाँधी करते रहे, वह भारतीय शास्त्र और लोक-परम्परा में दूर-दूर तक नहीं मिलती। अघोरपंथ या तन्त्र में भले कुछ वैसे प्रयोग होते रहे हों, किन्तु उसे ब्रह्मचर्य तो कभी नहीं कहा गया। न ही टॉल्स्टॉय जैसे ईसाई चिन्तक की धारणाओं से उस का कोई मेल था।

अपनी आत्मकथा में भी गाँधीजी ने 'ब्रह्मचर्य' पर दो अध्याय लिखे हैं। अन्य कई अध्यायों में भी इस विषय को जहाँ-तहाँ स्थान दिया है। इसमें वे पति-पत्नी के बीच शारीरिक सम्बन्ध को सन्तानोत्पत्ति की ज़रूरत के सिवा अनुचित मानते हैं। इसी अध्याय में यह जानकारी मिलती है कि 1906 ई. में गाँधी ने ब्रह्मचर्य का व्रत बहुत विचार-विमर्श के बाद लिया था। फिर, वहीं यह भी लिखा मिलता है कि इस विषय से सम्बन्धित कई विचारों पर अन्तिम निष्कर्ष पर पहुँचने में 'अभी देर' है, तथा यह भी कि 'जननेन्द्रिय' पर सम्पूर्ण नियन्त्रण करने में 'आज भी' कठिनाई होती है। यह 1926 के लगभग लिखा गया था।

यहाँ ध्यान देने की बात है कि ब्रह्मचर्य व्रत लेते समय के व्यवहार में पत्नी के साथ 'सह-शय्या' का त्याग गाँधीजी ने ज़रूरी माना था। किन्तु यह लिखने के लगभग दस-बारह वर्ष बाद गाँधीजी द्वारा ब्रह्मचर्य की व्याख्या में सह-शय्या त्यागने वाली बात कुछ बदल जाती है। तब अपने विभिन्न ब्रह्मचर्य प्रयोगों पर गाँधी कहते हैं कि लड़कियों, स्त्रियों के साथ सोने में कोई हर्ज़ नहीं। बशर्ते मन में कोई विकार न पैदा हो। फिर आगे चल कर, वह इसे एक ज़रूरी शर्त-सी बना लेते हैं कि उनका ब्रह्मचर्य तभी पक्का होगा जब वह स्त्रियों के साथ सोने से परहेज़ न करें। ब्रह्मचर्य-सम्बन्धी गाँधीजी की इन विविध बातों में क्या कोई अन्तर्विरोध है, अथवा क्या यह गाँधी के विचारों का विकास है? या फिर वही मन की तरंग, जो गाँधी को एक अराजक चिन्तक में बदल देती है, जिसमें किसी विषय पर सुसंगत चिन्तन खोज पाना कठिन हो जाता है।

इस अध्ययन में ब्रह्मचर्य पर गाँधीजी के विविध विचारों को दो बड़े प्रसंगों के सहारे एकत्र करने का यत्न किया गया है। पहला प्रकरण वर्ष 1938 का है, तथा दूसरा 1946-47 का। दोनों मूलतः दो भिन्न प्रकार की परिघटनाएँ हैं। किन्तु

दोनों में गाँधीजी के स्त्री-संसर्ग से उपजे विवाद हैं। उनके सन्दर्भ में स्वयं गाँधीजी ने जो भी लिखा, विचारा, उन्हीं के सहारे यह अध्ययन किया गया है। दिखता है कि गाँधी स्वयं अपने ब्रह्मचर्य और व्यवहार पर तरह-तरह की शंकाएँ करते हैं। 1938 में गाँधीजी ने 'ब्रह्मचर्य' पर एक अनुभवजन्य लेख भी लिखा था। इसे उनके अनुयायियों ने दबाव डाल कर छपने नहीं दिया। सम्भवतः इसीलिए क्योंकि उसमें लिखी बातें गाँधीजी की छवि को बिगाड़तीं। उसमें 7 अप्रैल को देखा गया कोई 'खराब स्वप्न' तथा '14 अप्रैल' की घटना, जब गाँधी का दिन में, जगे हुए ही वीर्य-स्खलन हो गया था, इन दो घटनाओं पर गाँधी बहुत हाय-तौबा मचाते हैं। बार-बार, अनेक लोगों से अनेक पत्रों में महीनों उसकी चर्चा करते हैं। यह शंका भी व्यक्त करते हैं कि स्त्रियों के संसर्ग में रहने, उनसे अंतरंग सेवाएँ लेने आदि कारण से ही तो ऐसा नहीं हुआ? यहाँ तक कि कांग्रेस में बढ़ते भ्रष्टाचार को न रोक पाने में भी अपनी इस ब्रह्मचर्य वाली कमी को जोड़ते हैं कि चूँकि गाँधी ब्रह्मचर्य का पालन करने में कदाचित् सफल नहीं रहे, इसलिए कांग्रेस का भी पतन हो रहा है, आदि-आदि। उनकी दृष्टि में हर कार्य के लिए अहिंसा ही एकमात्र बल था, और अहिंसा तथा ब्रह्मचर्य अविभाज्य थे।

इस तरह की बातें सरसरी तौर पर विचित्र ही लगती हैं। गाँधी के सहयोगियों ने ऐसे लेख को छपने से रोका, तो कहना चाहिए कि उनका विवेक गाँधी से अधिक जाग्रत था। ज़ैड एडम्स ने अपनी पुस्तक में लिखा है कि गाँधी के देहान्त के बाद उनके द्वारा लिखे ऐसे कई पत्रों को नष्ट कर दिया गया, जिस में ब्रह्मचर्य सम्बन्धी उनके अपने तथा सम्बन्धित व्यक्तियों के कार्यों, निर्देशों की चर्चा की गई थी। स्वयं गाँधी ने मीराबेन, सुशीला नायर, प्यारेलाल आदि कई लोगों को लिखे अपने पत्रों में लिखा है कि पढ़कर 'फाड़ देना' और 'नष्ट' कर देना। प्रख्यात गाँधीवादी विद्वान धर्मपाल ने भी अपनी पुस्तक *'गाँधी को समझें'* में लिखा है कि वह 1938 वाला लेख, तथा उसके बारे में लिखी गाँधी के सहयोगी एक आश्रमवासी की पुस्तिका भी अब नष्ट हो चुकी है। धर्मपाल ने वर्धा आश्रम में किसी आश्रमवासी की पुस्तिका से उस लेख की नकल उतार ली थी, और उसका लम्बा उद्धरण अपनी पुस्तक में दिया है। अजीब बात यह है कि ब्रह्मचर्य पर गाँधी का बचाव करते हुए, उसकी 'सही और विस्तृत व्याख्या' की ज़रूरत बताकर भी, स्वयं धर्मपाल ने भी उसकी कोई व्याख्या नहीं दी।

सभी दृष्टान्तों से दिखता है कि काम-भाव की समस्या से गाँधी आजीवन

आक्रान्त-से रहे। जीवन के लगभग अन्तिम वर्ष, 1946-47 में नोआखली में साम्प्रदायिक हिंसा का शमन करने के विकट कार्य में लगे हुए भी गाँधी अपनी दूर के रिश्ते की पौत्री मनु को अपने साथ निर्वस्त्र सुलाने जैसे कार्य करते रहे।[1] इस के अलावा भी स्त्री-सम्बन्धी अन्य प्रसंगों में गाँधी के कई निकटवर्ती सहयोगी तथा परिवारजन उनसे दुःखी थे। कम से कम दो निकट सेवकों, प्रो. निर्मल कुमार बोस और परशुराम, ने क्षुब्ध होकर गाँधी की सेवा से स्वयं को अलग कर लिया। उनके बेटों देवदास एवं जयसुखलाल के अलावा सरदार पटेल, विनोबा भावे, जी. डी. बिड़ला, किशोर मश्रुबाला, प्यारेलाल, सुशीला नायर, आदि अनेकानेक गम्भीर लोगों ने कड़ाई से इस पर प्रश्न उठाया। गाँधी के पास कोई उत्तर, कोई व्याख्या न थी, कि बेचारी मनु के साथ ऐसा व्यवहार वह क्यों कर रहे हैं। 1946-47 का यह प्रसंग भी विस्तार से इस अध्ययन में लिया गया है।

गाँधीजी के निकट सहयोगी, सम्बन्धी और विद्वान सी. राजगोपालाचारी ने लेखक वेद मेहता से कहा भी था कि, ''अब कहा जाता है कि गाँधी ऐसे जन्मजात पवित्र थे कि उनमें ब्रह्मचर्य के प्रति सहज झुकाव था। पर वास्तव में वह काम-भाव से बहुत उलझे हुए थे।'' इसकी पुष्टि इस से भी होती है कि 1946-47 के दौर में अपने लगभग उन्हीं कामों को गाँधी ने कई बार 'निजी जीवन' की बातों की संज्ञा दी, जिसे 1938 में वह सदैव ब्रह्मचर्य प्रयोग कहा करते थे। अपने व्यवहार की सफाई देते हुए निकटस्थ लोगों को जो कुछ भी गाँधी ने कहा, वही स्पष्ट कर देता है कि इस विषय पर इतने लम्बे समय तक सोच-विचार और प्रयोग करते रहने पर भी गाँधीजी को कुछ हासिल नहीं हो सका। जो कुछ गाँधीजी ने इन विवादों और अनुभवों पर कहा, उन सबको इस अध्ययन में सिलसिलेवार यथावत् रखा गया है। ताकि उसके वैचारिक या दार्शनिक मूल्य का कोई आकलन हो सके।

जनवरी-फरवरी 1947 में किए जा रहे अपने विवादास्पद कार्यों को गाँधीजी अपने निकट के लोगों को भी 'ब्रह्मचर्य प्रयोग' नहीं कह सके थे। केवल इक्के-दुक्के स्थलों पर यह संज्ञा आई है। कई स्थलों पर गाँधी ने एकाधिक बार कहा कि यह 'सबके अनुकरण के लिए नहीं है'। अर्थात् ब्रह्मचर्य-प्रयोग-सम्बन्धी गाँधी के क्रिया-कलाप अनुकरणीय नहीं थे। जबकि गाँधी के अनुसार ब्रह्मचर्य और अहिंसा अविभाज्य है। अतः स्वयं गाँधी के तर्क से निष्कर्ष यही निकलता है कि गाँधी की अहिंसा भी अनुकरणीय नहीं है! गाँधी के अन्ध-भक्तों को इस पर विचार करना चाहिए।

ब्रह्मचर्य-सम्बन्धी अपने कथित प्रयोगों पर गाँधी ने कभी व्यवस्थित रूप से कुछ नहीं कहा। यहाँ तक कि कोई रूप-रेखा भी नहीं दी कि यह प्रयोग था क्या! केवल जब-तब ऐसे प्रसंगों के उल्लेख में 'प्रयोग' शब्द का प्रयोग मिलता है! इस प्रकार, 37 वर्ष की आयु में ब्रह्मचर्य व्रत लेने के चालीस वर्ष बाद भी सेक्स-सम्बन्धी विषय उनके मानस ही नहीं, बल्कि व्यावहारिक, सक्रिय प्रयोगों से बाहर नहीं हो सके थे। इन सभी बिन्दुओं पर खुली दृष्टि से विचार करना चाहिए। इन्हें रफा-दफा करना, या अनुमान से कोई सुविधाजनक व्याख्या देकर छुट्टी करना ठीक नहीं।

एक प्रश्न यह है कि क्या महापुरुषों द्वारा किए जाने वाले प्रयोगों, विचारों, व्यवहारों आदि की केवल एक ही व्याख्या होनी चाहिए? गाँधीजी द्वारा अल्पवयस्क लड़कियों को अपने ब्रह्मचर्य प्रयोगों का साधन बनाना कहाँ तक उचित था? उन लड़कियों, स्त्रियों पर उसका क्या प्रभाव पड़ा, जो गाँधी के प्रयोगों का साधन-भर हुईं? उन लड़कियों ने तो कहीं नहीं कहा कि उन्हें भी कोई प्रयोग करना था। तब उनका क्या हुआ? सुशीला नायर, अमतुस सलाम या मनु के जीवन का क्या बना? क्या ऐसी बातों पर दूसरी टिप्पणियों, प्रश्नों और तथ्यों तक को प्रतिबन्धित कर दिया जाना चाहिए? यदि वही करना हो, तब स्वयं गाँधीजी के लेखन के कई अंश हटाने-छिपाने होंगे। जैसा किसी ने कहा है, "यदि 'गाँधी और सैक्स' जैसे विषय पर लिखी बातों को प्रतिबन्धित करना हो तब तो बड़ी मात्रा में गाँधी के अपने लेखन को, जो भारत सरकार द्वारा ही छापी गई है, भी जाना होगा।"

उस अन्दाज़ में तो पामेला एंडरसन की पुस्तक *'इंडिया रिमेम्बर्ड : ए पर्सनल एकाउंट ऑफ द माउंटबेटंस ड्यूरिंग द ट्रांसफर ऑफ पावर* (2007) पर भी प्रतिबन्ध लगना था। जिस में लेखिका ने अपनी माता एडविना माउंटबेटन के जवाहरलाल नेहरू के साथ प्रेम-सम्बन्धों के सन्दर्भ में लिखा है कि उस प्रभाव में नेहरू द्वारा कई राजनीतिक निर्णय लिए गए। इस कार्य में लॉर्ड माउंटबेटन द्वारा जान-बूझ कर एडविना का उपयोग किए जाने की भी चर्चा है। पामेला के शब्दों में : If things were particularly tricky my father would say to my mother, 'Do try to get Jawaharlal to see that this is terribly important...'। कुछ इसी भाव की बात मौलाना अबुल कलाम आज़ाद ने भी अपनी प्रसिद्ध पुस्तक *'इंडिया विन्स फ्रीडम'* में भी लिखी थी कि नेहरू द्वारा देश का विभाजन स्वीकार करने में एडविना का प्रभाव उत्तरदायी था।

पामेला लिखती हैं कि नेहरू और एडविना एक-दूसरे पर बेतरह अनुरक्त थे। यहाँ तक कि दोनों के बीच एकान्त में वे पामेला तक की उपस्थिति को पसन्द नहीं करते थे। यद्यपि पामेला ने दोनों के बीच शारीरिक सम्बन्ध नहीं बताया है, किन्तु रेखांकित किया कि इस से उन दोनों के बीच सम्बन्धों की शक्ति को कम करके नहीं देखना चाहिए। यह जीवन-पर्यंत चला। नेहरू 1957 में एडविना को एक पत्र में लिखते हैं, "मैंने यकायक महसूस किया और सम्भवतः तुमने भी किया हो कि हम दोनों के बीच कोई अदम्य शक्ति है, जिससे मैं पहले कम ही अवगत था, जो हमें एक-दूसरे के करीब लाई है।" एडविना के देहान्त (1960) के बाद उनके सिरहाने नेहरू के पत्रों का बंडल मिला था। उनकी अन्त्येष्टि में नेहरूजी ने भारतीय नौसेना का एक फ्रिगेट जहाज़ सम्मान स्वरूप भेजा था। यहाँ यह तथ्य भी तुलनीय है कि गाँधी को छोड़कर अपने किसी कांग्रेस सहयोगी से, बल्कि किसी भी भारतीय से नेहरू के निकट-सम्बन्ध या मैत्री-सम्बन्ध नहीं थे।

इन बातों पर विचार करना इसलिए आवश्यक है कि स्वतन्त्र भारत में गाँधी-नेहरू के बारे में एकदम आरम्भ से ही एक देवतुल्य छवि देने की गलत परम्परा बनाई गई है। गाँधीजी की हत्या के कारण देश को लगे धक्के से ऐसा करना बड़ा आसान हो गया। क्योंकि उससे पहले तक गाँधीजी, और उनके विविध राजनीतिक, गैर-राजनीतिक, निजी कार्यों के प्रति आलोचना के स्वर प्रायः खुलकर सुने जाते थे। यह स्वर उनके निकट सहयोगियों से लेकर बड़े-बड़े मनीषियों के भी थे। गाँधीजी की हत्या से उपजी सहानुभूति में इन स्वरों का अनायास लोप हो गया। उस वातावरण का लाभ उठाकर व्यवस्थित प्रचार और बौद्धिक कारसाज़ी ने आने वाली पीढ़ियों के लिए गाँधी-नेहरू की एक रेडीमेड छवि बनाई। यह कुछ तो स्वतः और कुछ जान-बूझकर भी होता रहा। कुछ-कुछ सोवियत संघ के पूर्वार्द्ध दौर (1921-55) के 'लेनिन-स्तालिन' जैसी, जिसमें लेनिन की अतुलित आभा बनाकर फिर उसका अंश स्तालिन को भी दिया जाता रहा। उसी तरह 'बापू के उत्तराधिकारी' के रूप में नेहरू का आभामंडल भी नेहरू के प्रधानमन्त्री काल में बना। सत्ताधारी दल ने इसका अपने हित में कई तरह से राजनीतिक उपयोग भी किया और आज भी कर रहा है। न केवल अपने प्रतिद्वन्दियों को अपदस्थ करने में, बल्कि अपनी संकीर्ण, यहाँ तक कि हानिकारक नीतियों को भी वैधता देने, एवं महिमामंडित करने के लिए भी।

तदनुरूप गाँधी-नेहरू का नाम लेकर किसी दोषपूर्ण या झूठे वैचारिक दावे

को भी मज़बूत बनाया जाता है। यानी, फलाँ बात इसलिए उपयुक्त और अनुकरणीय है क्योंकि गाँधी ने यह कहा था अथवा नेहरू ने यह लिखा था। शिक्षा, विशेषकर इतिहास की शिक्षा में तो नेहरू को ही मानो सबसे मानक इतिहासकार जैसा बना दिया गया है। जबकि वास्तविकता यह है कि भारतीय इतिहास-सम्बन्धी नेहरूजी की अधिकांश बातें बचकानी, पूर्वाग्रहग्रस्त और साधारण यूरोपीय लेखकों का दुहराव थीं। फिर भी ऐसी किसी बात को एकदम मानक तथ्य तभी बताया जा सकता है जब गाँधी-नेहरू की स्थिति को हर हाल में प्रश्नों के घेरे से मुक्त रखा जाए। यह प्रमुख कारण है कि स्वतन्त्र भारत में गाँधी-नेहरू के बारे में तथ्यों, विवरणों, प्रसंगों की अघोषित सेंसरशिप चलती रही है। जो बात उनकी छवि पर बट्टा लगा सकती हो, उसे प्रतिबन्धित या वैसा लिखने-बोलने वाले को लांछित किया जाता है। इस के पीछे सीधे-सीधे राजनीतिक उद्देश्य रहे हैं, जो देश की नई पीढ़ियों के शैक्षिक, बौद्धिक विकास के लिए अत्यन्त हानिकारक सिद्ध हुआ है। प्रस्तुत अध्ययन एक प्रयास है ताकि हम प्रत्येक विषय पर पूर्वाग्रहरहित होकर जानकारी प्राप्त करने तथा सोचने-विचारने के प्रति सचेत हों।

सन्दर्भ स्रोत

1. 'लेटर टु प्यारेलाल', 30 दिसम्बर 1946, *द कलेक्टेड वर्क्स ऑफ महात्मा गाँधी,* वॉल्यूम 93, (नई दिल्ली : पब्लिकेशन्ज़ डिवीज़न, गवर्नमेंट ऑफ इंडिया, 2001), द्वितीय संशोधित संस्करण, पृष्ठ 213, तथा आगे अनेक स्थलों पर एवं प्रसंगों में

सीता, गाँधी और आभा

गाँधी के बेटे हरिलाल, रामदास, देवदास और मणिलाल
अपनी माता कस्तूरबा के साथ

महादेव भाई और गाँधी

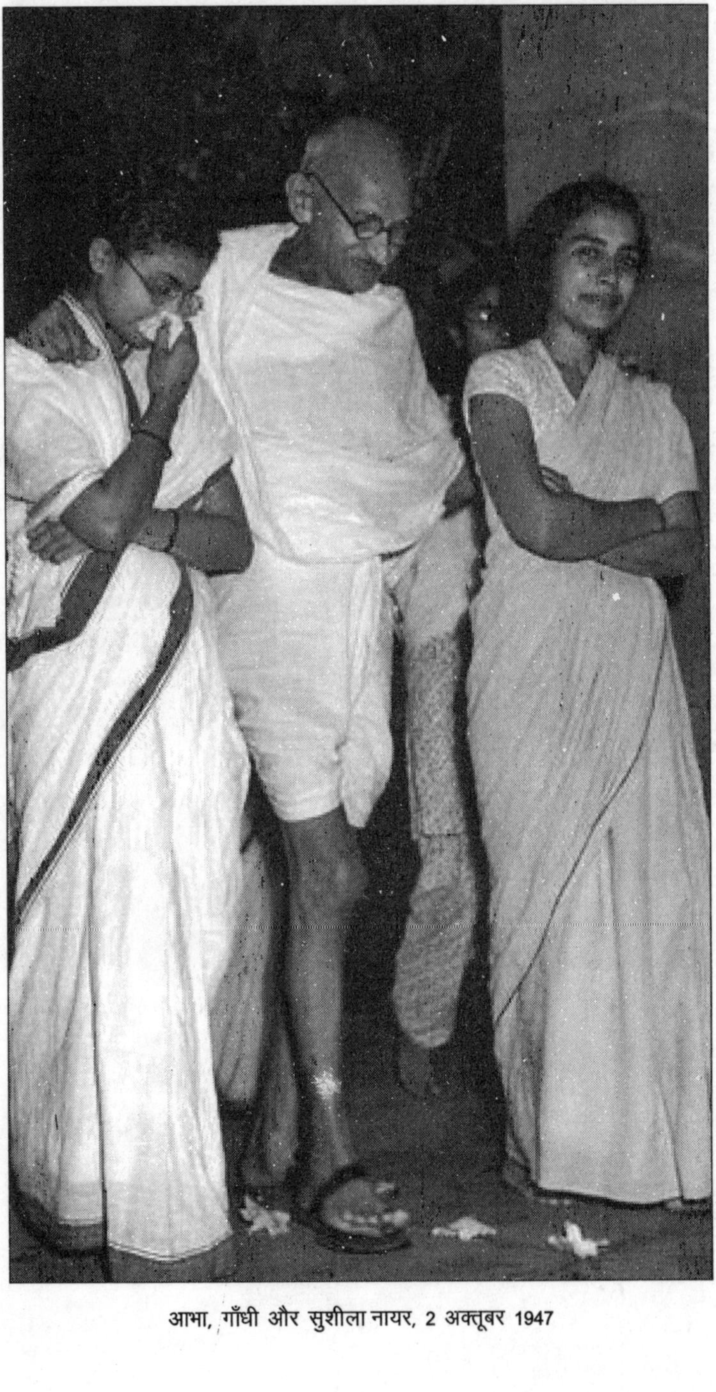

आभा, गाँधी और सुशीला नायर, 2 अक्तूबर 1947

गाँधी जी के पीछे खड़े प्यारेलाल और सुशीला

गाँधी और राजकुमारी अमृतकौर

मनु, गाँधी और राजकुमारी अमृतकौर

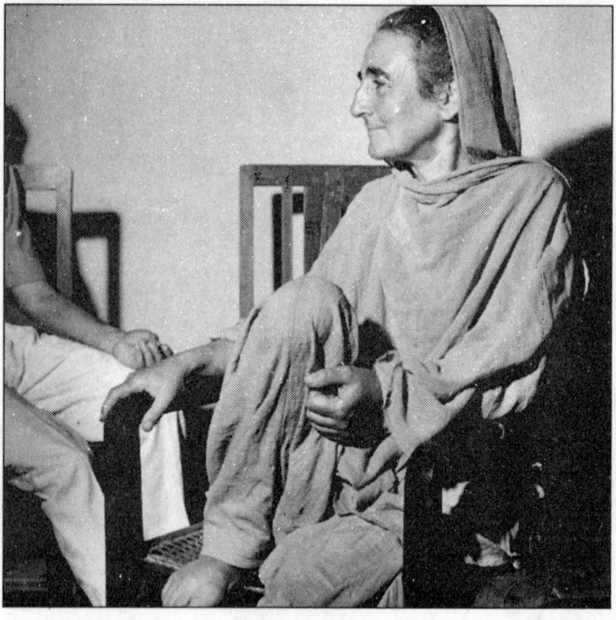

मीरा बेन

गाँधी और मनु

अमतुस सलाम और गाँधी, नोआखली में नवम्बर 1946

प्रसंग-1 (1938)

गाँधीजी ने इसे असंख्य बार दुहराया है कि उनके लिए अहिंसा और ब्रह्मचर्य जुड़े हुए हैं—कि ब्रह्मचर्य के बिना अहिंसा का व्यवहार सफल नहीं हो सकता। इसलिए भी ब्रह्मचर्य के सिद्धान्त और व्यवहार पर गाँधी की स्थिति का आकलन ज़रूरी हो जाता है। जैसा सत्य, अहिंसा, स्वराज्य आदि बिन्दुओं पर है, ब्रह्मचर्य पर भी गाँधी वाङ्मय में आरम्भ से ही कुछ-न-कुछ स्फुट विचार, टिप्पणी, घोषणाएँ मिलती रहती हैं। व्यवस्थित रूप से ब्रह्मचर्य पर भी गाँधी का कोई विशेष लेखन नहीं मिलता। इसलिए भी 14 अप्रैल, 1938 की घटना और उस पर गाँधीजी की महीनों चली माथापच्ची, विमर्श, निर्णय, घोषणा इत्यादि एक महत्त्वपूर्ण प्रसंग बन जाता है। विशेषकर तब, जब स्वयं गाँधी ने उसे एक सन्दर्भ-बिन्दु बना दिया है। उस घटना से कम-से-कम तीन महीनों तक गाँधीजी ने अपने निकटस्थ लोगों को लिखे पत्रों, आश्रमवासियों से चर्चा, तथा एकाध उद्‌बोधनों में '14 अप्रैल की घटना' का लगातार उल्लेख किया है। उनकी संकलित रचनाओं के 73वें खंड, *द कलेक्टेड वर्क्स ऑफ महात्मा गाँधी,* द्वितीय संशोधित संस्करण, पब्लिकेशन्ज़ डिवीज़न, गवर्नमेंट ऑफ इंडिया, नई दिल्ली (2000) के पृष्ठ 107 से 332 तक अनगिनत पत्रों में यह देखा जा सकता है। आगे दिए गए लगभग सभी उद्धरण इसी से लिए गए हैं। (जहाँ किसी और खंड से गाँधीजी का उद्धरण लिया गया, तथा जहाँ से आगे के खंडों के उद्धरण हैं, वहाँ उनका उल्लेख कर दिया गया है।)

यह नहीं लगना चाहिए कि इस लेखक ने विशेषकर किसी प्रसंग का अनुचित चुनाव कर लिया है। चूँकि इस घटना के इर्द-गिर्द दो-तीन सम्बन्धित घटनाएँ और हैं, जिन्हें गाँधी स्वयं जोड़कर देखते हैं, तथा यह गाँधी 69 वर्ष के परिपक्व गाँधी हैं, जिन्हें ब्रह्मचर्य व्रत लिए हुए लगभग चालीस वर्ष हो चुके हैं—इसलिए यह उनके

वाङ्मय में ब्रह्मचर्य-चर्चा का इतने विस्तार, व्यग्रता और निरन्तरता से चला एक बड़ा प्रसंग है। अर्थात्, 14 अप्रैल की घटना वाले सम्पूर्ण प्रकरण पर गाँधी जो सोचते, बोलते तथा करते हैं, वह सब ब्रह्मचर्य पर उनके सिद्धान्त-व्यवहार को समझने के लिए एक उपयोगी सामग्री हो जाती है। पाठक अपने निष्कर्ष स्वयं निकाल सकते हैं, किन्तु सारी प्रस्तुति को पढ़ लेने के बाद ही ऐसा करना वांछनीय होगा।

सुशीला नायर और गाँधीजी

आगे जितनी बातें उद्धृत हैं, वह सब गाँधी के अपने शब्दों में हैं। इस प्रसंग पर गाँधी ने तथा गाँधी से सर्वाधिक चर्चा सुशीला नायर, प्यारेलाल, महादेव भाई, अमृत कौर, मीरा बेन तथा दो-तीन और लोगों ने की हैं। इसके अलावा एकाध नोट और लेख हैं जो गाँधीजी ने आश्रमवासियों को सम्बोधन तथा सार्वजनिक वक्तव्य के रूप में तैयार किये थे। यह सब उक्त खंड के पृ. 107-332 के बीच सम्पूर्ण रूप में देखा जा सकता है। उतने पृष्ठ आद्योपांत पढ़कर जो भी बातें, विचार, टिप्पणियाँ ब्रह्मचर्य प्रसंग पर गाँधीजी की स्थिति को समझने के लिए आवश्यक लगीं, उन्हें यहाँ एकत्र किया गया है। हो सकता है कि वाङ्मय में आगे भी उस घटना के सन्दर्भ में कोई चर्चा या टीका-टिप्पणी हो, पर इस लेखक ने वहीं पर आगे देखना रोक दिया जहाँ यह प्रसंग समाप्तप्राय होता लगा।

उस समय सुशीला नायर (1914-2000) गाँधीजी की सेवा में डॉक्टर के रूप में थीं। तब वह 24 वर्षीया अविवाहिता लड़की थी। उन के बड़े भाई प्यारेलाल (1899-1982) भी गाँधीजी की सेवा में थे। साथ ही महादेव भाई (1892-1943) तब गाँधीजी के सचिव थे।

दिनांक 16 अप्रैल 1938 को गाँधीजी सुशीला नायर को पत्र में लिखते हैं, "तुम इधर कुछ समय से मेरे सपनों में आने लगी हो। इसे लगाव कहूँ या प्रेम? यह चाहे जो भी हो, तुम मेरे लिए एक बड़ा प्रश्न-चिह्न बन गई हो।"[1] पत्र में गाँधी स्वयं को पिता तथा सुशीला को पुत्री कहते हैं। किन्तु पूरी भाषा अतिशय भावुक है। रहस्यात्मक भी, तथा उसमें कई तरह की असम्बद्ध बातें मिलती हैं। आगे कई पत्रों को पढ़कर यह पता चलता है कि दोनों भाई-बहन अब गाँधीजी के साथ नहीं रहना चाहते हैं। इसके पीछे कुछ गलतफहमियाँ तथा कुछ आरोप-प्रत्यारोप भी हैं। मामले में महादेव भाई भी शामिल हैं। इतना सन्दर्भ यहीं दे देना इसलिए आवश्यक है, ताकि काल-क्रमानुसार लिए गए इन पत्र-उद्धरणों का मन्तव्य समझने

में पाठकों को सुविधा हो। (स्वयं आकलन करने के लिए पाठक उन पत्रों को मूल वाङ्मय में लगातार, सम्पूर्ण पढ़कर देख-समझ सकते हैं।)

उसी दिन प्यारेलाल को भी लिखे अपने पत्र में गाँधी कहते हैं, "यदि मेरी अहिंसा तुम्हारा हृदय पिघलाने में सक्षम नहीं, तो वह स्वराज जीतने में कैसे मददगार हो सकेगी? तुम मेरे अंग बन गए हो। यदि मैं तुम्हें साथ नहीं रख सका, तो मैं बेकार हूँ। (तुम्हारी) माता के शब्द किसी अज्ञानी महिला के शब्द नहीं थे। उनके बेबाक शब्द उनके हृदय की पीड़ा से निकले थे। वे सीधे मेरे हृदय तक पहुँचे, और उन्हें वह सब कहने का पूरा अधिकार था।"[2] इस से झलकता है कि प्यारेलाल और सुशीला की माता जी ने गाँधीजी को कुछ कठोर वचन सुनाए थे।

18 अप्रैल को पुनः गाँधीजी सुशीला को पत्र में लिखते हैं, "प्यारेलाल ने मुझे बताया कि तुम रोती रही थीं और मेरा हृदय रो पड़ा। एक दुष्ट आदमी सभी को दुष्ट समझता है। क्या मैं भी उसी श्रेणी में हूँ? मैं कैसा विकृतमानस रहा होऊँगा जिस ने क्षण भर के लिए भी तुम्हारे जैसी शुद्ध हृदय लड़की में दूषितभाव होने की कल्पना की।"[3] इसी पत्र में आगे है, "यह बिलकुल सच है कि मैंने प्यारेलाल जैसे संत समान व्यक्ति का जीवन नष्ट कर दिया। क्या उतना काफी न था? मैं तुम्हारा धर्मपिता हूँ या ठीक उल्टा?" 24 अप्रैल 1938 को सुशीला को लिखे एक नोट में गाँधी लिखते हैं, 'अब, क्या किया जाए। (तुम्हारी) माताजी कहती हैं तुम (मेरे पास) नहीं जा सकतीं। हाँ, यह स्वास्थ्य का मामला है। सब इससे सहमत होंगे।...मीराबेन दूसरा कारण देती है। मैंने उसे एक पत्र लिखा है कि वह दूसरों से तुम्हारे और मेरे बारे में बातें करके ज़हर फैला रही है। और इसलिए, वह दूसरों से तुम्हारे और मेरे बारे में बातें न करे। उसे यह बड़ी कठोर शर्त लगी। इसीलिए वह चुप है। निस्सन्देह यह अच्छा ही है।"[4]

14 अप्रैल की घटना

इसके बाद 2 मई 1938 को अमृतलाल नानावटी को लिखे पत्र में गाँधी पहली बार उस घटना की चर्चा करते दिखते हैं, जो आगे चल कर '14 अप्रैल की घटना' के नाम से बार-बार आती है। गाँधी अमृतलाल को, "तुम सदा अठारह या बाईस वर्ष के नौजवान बने रहो। वह अब मेरी स्थिति कैसे हो सकती है? तुम काम-भावना को नहीं जानते, मगर मैं तो तीस वर्ष तक उसका गुलाम रहा और उसे सन्तुष्ट करने की कोशिश करता रहा। मगर इधर मैंने पाया कि मैं उसे जीतने में बिलकुल

सफल नहीं हुआ हूँ। मुझे याद नहीं कि पिछले पचास वर्षों में कभी जाग्रत अवस्था में मेरा वीर्य-स्खलन हुआ हो। मैं यहाँ सपने में, या जो विषय-कामना से होता है, उस स्खलन की बात नहीं कर रहा हूँ। मगर मैं ऐसी घटिया और दयनीय स्थिति में था कि मेरे भरपूर प्रयत्न के बावजूद मैं अपना स्खलन रोक नहीं सका, जबकि मैं पूरी तरह जगा हुआ था।...उसके बाद से मेरी बेचैनी बयान से बाहर है। मैं कहाँ हूँ, मेरी जगह कौन सी है, और काम-भावना से भरा हुआ कोई व्यक्ति कैसे अहिंसा और सत्य का प्रतिनिधित्व कर सकता है?''[5]

उसी विषय पर 3 मई 1938 को मीराबेन को लिखे पत्र में गाँधी लिखते हैं, ''समस्या इतनी सरल नहीं है जैसा तुम बता रही हो।...अगले पत्र में तुम ठोस रूप से बताओ कि तुम्हारे विचार में सही उतरने के लिए मैं किस तरह के निश्चित परिर्वतन करूँ। क्या मैं सुशीला से कोई भी सेवा लेना बन्द कर दूँ? क्या मैं, उदाहरण के लिए, लीलावती या अमतुस सलाम (गाँधीजी एक परिचारिका) से मालिश करवाना बन्द कर दूँ? या क्या तुम यह चाहती हो कि आगे से मैं लड़कियों के कन्धों पर झुकना बन्द कर दूँ? कहने की ज़रूरत नहीं कि तुम्हारे खुल कर कहने से मुझे कोई कष्ट नहीं होगा कि इस दुरअवस्था से निकलने के लिए मैं क्या करूँ।''[6]

इतना कहने के बाद गाँधी मीराबेन को कुछ चेतावनी-सी देते हुए, एक चीज़ ध्यान रखने के लिए कहते हैं। वह यह है, ''(मगर) मेरा मार्गदर्शन करते हुए यह याद रखना कि तुम जो (मना करते हुए) कह सकती हो, वह मैं अपनी पूरी ज़िन्दगी करता रहा हूँ। और मेरा ब्रह्मचर्य दृढ़तर और प्रज्ञावान होता गया है। निश्चय ही मैं एकदम परफेक्ट होने से बहुत दूर हूँ। लेकिन मुझे लगता है कि मैं प्रगति कर रहा हूँ। उस 14 अप्रैल वाले हीन, गन्दे, कष्टदायी अनुभव ने मुझे हिला कर रख दिया है और मुझे लगा कि ईश्वर ने मुझे किसी काल्पनिक स्वर्ग से बाहर फेंक दिया है जहाँ मैं अपनी गन्दगी के साथ रहने का अधिकारी नहीं था।''[7] यहाँ गाँधी बढ़ी उम्र में काम-भावना के सामान्य ह्रास को नोट नहीं करते, और पूरी स्थिति को अपनी 'दृढ़ता' और 'प्रज्ञा' से जोड़ते हैं। आदि शंकर ने लिखा था, ''वयसि गते, कः काम-विकारः...'' अतः यदि गाँधी स्त्रियों के साथ अनावश्यक स्पर्श की अपनी उक्त, विवादास्पद आदतों के साथ ब्रह्मचर्य पर टिके रहे हैं, तो इस में अपने आयु-वार्धक्य को भी आकलन में लेना चाहिए था। मगर गाँधी वैसा नहीं करते।

फिर 7 मई को गाँधी राजकुमारी अमृत कौर को लिखते हैं। अमृत कौर को लिखे उन के लगभग सभी पत्रों में एक अनोखा सम्बोधन मिलता है, 'मेरी प्यारी मूर्ख' (मूल अंग्रेज़ी में *'माई डियर ईडीयट'*), साथ ही पत्र के अंत में भी अपने लिए वैसा ही दूसरा अनोखा नाम है 'डाकू' *(रॉबर)*। राजकुमारी को लिखे कई पत्रों में अपने लिए 'रॉबर' की जगह 'तानाशाह' *(टायरेंट)* भी लिखा मिलता है। यह निस्सन्देह विशिष्ट आत्मीयता और लगाव का संकेत है। ऐसी और भी लड़कियाँ हैं जिन्हें पत्र लिखते हुए गाँधी ऐसे आकर्षक सम्बोधनों, जिसे अंग्रेज़ी में *कलरफुल* कहा जाएगा, का उपयोग करते हैं। गाँधी द्वारा ऐसे अनोखे सम्बोधन केवल लड़कियों, स्त्रियों को लिखे पत्रों में ही मिलते हैं। बहरहाल, इस पत्र में गाँधी लिखते हैं, ''तुम्हारा विश्लेषण अच्छा है। निस्सन्देह, वह अनुभव मेरी 'कमज़ोरी, विश्वास में कमी' के कारण हुआ। हम आशा करें कि मैं निराशा के कुएँ से और मज़बूत और शुद्ध होकर निकलूँगा। अभी तक तो संकट के खत्म होने का कोई संकेत नहीं है। अभी भी अँधेरा है।...सेक्स के अर्थ में तो मेरे मामले में काबू पाना कठिन है। यह एक निरन्तर संघर्ष रहा है। यह चमत्कार ही है कि मैं कैसे बचा रहा। अभी जो संघर्ष चल रहा है, वह सम्भवतः, मेरा अन्तिम संघर्ष होना चाहिए, प्यारा!–डाकू''[8]

इसके बाद मीरा बेन को, 8 मई को पेशावर से गाँधी लिखते हैं, ''मेरे कटु अनुभव पर लिखे तुम्हारे पत्र के उत्तर में मेरा लिखा पत्र तुम्हें मिला होगा। मेरी खोज जारी है।...मुझे इसकी चिन्ता नहीं कि इस खोज से क्या निकल कर आता है। लेकिन तुम मुझे चेतावनी देती रहो जब तुम्हें लगे कि मैं अपनी गतिविधियों में भटक रहा हूँ।''[9]

सुशीला और महादेव भाई

फिर 10 मई को सुशीला नायर को गाँधी लिखते हैं, ''मूर्ख लड़की! तुम सचमुच मूर्ख हो। इसीलिए मैं तुम्हें और भी प्यार करता हूँ। तुम्हारी ज़िद मुझे चोट नहीं पहुँचाती। मैं तुम्हें सदा मूर्ख नहीं रहने दूँगा। तुम कोई देवी नहीं हो, न ही महादेव (देसाई) कोई देवता है। भविष्य प्रकाशमान है यदि यह भ्रम दूर हो जाए। मैं तुम दोनों को सरल-हृदय मानता हूँ। अन्तर केवल इतना है कि तुमने कामेच्छा का अनुभव नहीं किया है। महादेव ने इसे भरपूर अनुभव किया है। आखिरकार वह एक शादीशुदा आदमी है। लेकिन प्रेम का देवता सूक्ष्म होता है। तुम दोनों ही

उस के आक्रमण से बेखबर थे। तुम बेकार अपने को दोष दे रही हो। काम-भावना ने निश्चय ही तुम पर अधिकार कर लिया था। लेकिन तुम इससे अवगत नहीं थीं।...मैं तुम्हारा पत्र महादेव को लौटा रहा हूँ। बाकी पत्रों को मैं फाड़ दूँगा। मेरे हृदय में मंथन चल रहा है। मैं प्रसन्न हूँ। भगवान ही जानता है कि परिणाम क्या आएगा। मालिश वगैरह बन्द हो गई है। (अब) मैं अकेले नहाता हूँ।''[10]

इन अन्तिम दो पंक्तियों का पूरा सन्दर्भ यह है कि लड़कियों, स्त्री परिचारिकाओं से गाँधी नियमित मालिश करवाते थे, तथा नहाते समय एक या दो परिचारिकाएँ उनके साथ रहती थीं। स्वयं पूरी तरह निर्वस्त्र होकर नहाते समय भी वह स्त्री परिचारिकाओं को साथ रखते थे, क्योंकि 'कोई ज़रूरत पड़ सकती है'। 14 अप्रैल की घटना के बाद गाँधी अपनी इन्हीं आदतों पर लगी रोक की बात बता रहे हैं। हालाँकि, बाद के कई पत्रों से स्पष्ट पता चलता है कि यह रोक गाँधीजी ने अस्थायी तौर पर, तथा अनिच्छा से लगाई थी। सम्भवतः मीराबेन तथा कई आश्रम वासियों द्वारा दबाव डालने पर। यह बातें आगे विविध पत्रों से झलकती हैं।

सुशीला नायर को 11 मई को एक संक्षिप्त पत्र में गाँधी लिखते हैं, ''तुम्हारे क्या हाल-चाल हैं? तुम कब शान्त होगी? 9 मई हमारे लिए एक शुभ दिन था, जैसे 14 अप्रैल। 9 मई में विशेष शान्ति थी। 14 अप्रैल को मैं बहुत उद्विग्न था। 9 को मैं बहुत दुःखी, मगर शान्त था। कैसा अच्छा रहे यदि तुम भी अपने हृदय में यह समझ लो।'' सम्पूर्ण पत्र इतना ही है। गाँधी वाङ्मय में यहाँ 14 अप्रैल वाले शब्द पर नीचे फुट-नोट में लिखा है कि यह वही वीर्य-स्खलन वाली घटना का उल्लेख है जिसका जिक्र गाँधी अमृतलाल नानावटी, मीराबेन तथा अमृत कौर को हाल में लिखे पत्रों में कर चुके हैं।[11]

9 मई वाली घटना यह है (जिसका स्पष्टीकरण आगे 18 मई को सुशीला नायर को लिखे गाँधी के पत्र से होता है),[12] कि उस रात सुशीला और महादेव एक-दूसरे के साथ निकट होकर बैठे थे। या एक-दूसरे का हाथ पकड़े हुए थे, जिसे गाँधीजी ने देख लिया। उस के बाद गाँधी ने दोनों पर तरह-तरह के आरोप लगाकर खरी-खोटी सुनाई। लेकिन आगे के पत्रों से अन्ततः पता चलता है कि वस्तुतः गाँधी ने गलत सोच लिया था, जिसे उन्होंने स्वीकार भी किया। फिर दोनों से अपने-अपने तरीके से क्षमा भी माँगी। किन्तु अभी वह दौर चल रहा है जिस में गाँधी दोनों का 'अपराध' मानकर चल रहे हैं। जिस तरह गाँधी 14 अप्रैल को शुभ बता रहे हैं जब वह दुखीः, उद्विग्न थे, और मात्र इस घटना पर

इतनी बात कहने के लिए सुशीला को लिख रहे हैं, वह अपने आप में विचारणीय है। एक चौबीस वर्षीया 'सरल हृदय' कुँवारी लड़की को जिसने 'काम भावना' का अनुभव नहीं किया है, उसे अनावश्यक यह सब लिखने का मतलब क्या है? यह प्रश्न उठता ही है, चाहे इसका कोई संतोषजनक उत्तर न मिल सके।

दूसरे ही दिन, 12 मई को मीराबेन को गाँधी लिखते हैं, जो सम्भवतः मीरा बेन की कड़ी फटकार या ताकीद आदि के उत्तर में लिखा गया है, "तुम्हारे अनुभव ने मेरी स्थिति ठीक कर दी है। मैं अपने तरीके ज़रूर बदल दूँगा। तुम्हारे सुझावों पर पर्याप्त ध्यान दिया जाएगा। मैं अपने आगे के कदमों पर रोज़ स्वयं से जूझ रहा हूँ। मुझे मालूम नहीं यह बदलाव क्या रूप लेंगे। लीलावती के बारे में मुझे तो ऐसा कुछ स्मरण नहीं जो तुमने लिखा है। मगर एक बार ज़रूर मुझे अनुभव हुआ कि मैंने अपनी बाँह उसके गले पर रख दी थी। मैंने सुबह उससे पूछा। उसने कहा कि उसे मेरे स्पर्श का कोई स्मरण नहीं है। फिर भी उस दिन के बाद मैंने उससे कहा कि वह मुझसे उचित दूरी पर सोया करे। मुझे उस घटना का और विवरण दो जो तुम कह रही हो। तुम्हारे मन में जो भी सुझाव आए, मुझे देती रहो। मैं अपना प्रयोग रोकना नहीं चाहता, लेकिन उसमें संशोधन की गुंजाइश तो है ही। मेरी समस्या यह है : 'क्या 14 अप्रैल वाला दूषित अनुभव इस तरह के स्पर्शों से सम्बन्ध रखता है या इसका कोई और अर्थ है?' प्यार! (बड़ी जल्दबाज़ी में)—बापू'।[13]

ढुलमुल गाँधी

इस पत्र में कूटनीतिक किस्म के कथन की झलक मिलती है। मीरा बेन के आरोपों को स्वीकार करते हुए भी गाँधी वस्तुतः उसे अस्वीकार करने का मन बनाए हुए दिखते हैं। इसलिए वे हर तरह की बात लिख रहे हैं, ताकि एक ओर आरोप लगाने वाले को सन्तुष्ट करें, तो दूसरी ओर समय के साथ अपनी ही चलाने का मार्ग खुला रखें। (यह अवलोकन जल्दबाज़ी में, या किसी एक पत्र या घटना से नहीं दिया जा रहा है)। एक दिन पहले सुशीला को गाँधी लिखते हैं कि 14 अप्रैल एक 'शुभ' दिन था, दूसरे दिन मीराबेन को कहते हैं कि वह 'दूषित' अनुभव था। स्त्रियों के साथ सोने, छूने, नहाने आदि पर मीराबेन की कठोर टिप्पणियों को न ठुकराते हुए भी वह मीरा द्वारा ही कोई समझने की भूल हुई होने का संकेत कर रहे हैं। लीलावती को साथ में सुलाने की अपनी आदत रोकने की

उनकी कोई इच्छा नहीं है, बावजूद इसके कि रात में नींद में हाथ यहाँ-वहाँ पड़ जाता है। और बावजूद यह मानने के कि उस तरह के संसर्गों का कोई सम्बन्ध '14 अप्रैल की घटना' से हो सकता है।

यद्यपि अभी या आगे-पीछे कहीं भी गाँधी अपने किसी 'प्रयोग' का स्पष्ट विवरण या जानकारी नहीं देते हैं। किन्तु यहाँ मीराबेन को आश्वस्त करने के लिए वे किसी 'प्रयोग' का इस तरह संकेत करते हैं मानो स्त्रियों के साथ इस तरह के व्यवहार का उनके किसी प्रयोग से सम्बन्ध है। यानी ऐसे व्यवहार में कोई गलत आचरण नहीं है, क्योंकि गाँधी प्रयोग कर रहे हैं। किन्तु यह प्रयोग क्या है, इसमें किस उद्देश्य से क्या-क्या किया जा रहा है, इसका कहीं कोई सुव्यवस्थित ब्योरा न गाँधी कहीं लिखते हैं, न दूसरों को बताते हैं। इसीलिए यह पत्र एक लाक्षणिक उदाहरण बन जाता है। गाँधी स्त्रियों के साथ अपने विचित्र संसर्गों पर निकटस्थ लोगों की आपत्तियों को किसी तरह शान्त करने के लिए तरह-तरह की बातें करते हैं जो न आपत्तिकर्ताओं को सन्तुष्ट करती हैं, न जिन बातों में कोई संगति है। केवल एक ही चीज़ स्पष्ट झलकती है कि गाँधी स्त्रियों, लड़कियों से तरह-तरह की अन्तरंग सेवाएँ लेने के प्रति कटिबद्ध या आसक्त हैं। यदि कोई तथाकथित प्रयोग हो भी रहा है, तो वह गाँधी कर रहे हैं। वह लड़कियाँ, स्त्रियाँ तो नहीं कर रही हैं! वे केवल उस प्रयोग का साधन बन रही हैं जो किसी-न-किसी रूप में सेक्स से सम्बन्धित है। तो क्या वे गाँधी के लिए प्रयोग-वस्तु हैं?

दूसरों को सलाह

संयोगवश दो ही दिन बाद यानी 14 मई 1938 को गाँधी मुन्नालाल शाह को ब्रह्मचर्य-सम्बन्धी अपनी सलाह देते दिखाई देते हैं। "तुम्हें और कंचन को इस प्रकार रहना चाहिए : तुम दोनों कभी अकेले न मिलो, न एक-दूसरे को छुओ। यदि तुम दोनों में एक-दूसरे की उपस्थिति में काम-भावना जाग्रत होती है, और यदि तुम अभी ब्रह्मचर्य का पालन करना चाहते हो, तो तुम दोनों एक-दूसरे से दूर रहो। कामेच्छा को बलपूर्वक न दबाओ। यदि तुम हृदय की गहराई से ब्रह्मचर्य का पालन करना चाहते हो, तो निश्चय ही तुम काम-भाव पर काबू करने में सफल होओगे।"[14] इस पत्र में उल्लखित स्त्री कंचन मुन्नालाल की पत्नी हैं, जिस के साथ सम्पर्क के मामले में गाँधी उसके पति को यह सब सलाहें दे रहे हैं।

यह पत्र यह तो दिखाता ही है कि स्त्री के साथ अकेले मिलने, छूने आदि

के प्रभाव की संभावनाओं का गाँधीजी को खूब पता है। लेकिन यह मानते हुए भी कि, गाँधी स्वयं काम-भावना को 'जीतने में बिलकुल सफल नहीं' हुए हैं (पहले दो मई को नानावटी को लिखा पत्र) तथा 'सेक्स के अर्थ में तो मेरे मामले में काबू पाना कठिन है' (मात्र एक सप्ताह पहले अमृत कौर को लिखा पत्र), गाँधी अपने ऊपर ऐसा कोई प्रतिबन्ध नहीं लगाना चाहते जो मुन्नालाल पर लगा रहे हैं। वह भी पराई, कुँवारी, तथा किसी भी स्त्री के साथ सम्बन्ध में। बल्कि इसे कई बार 'चालीस साल पुरानी आदत' कहते हुए गाँधी अपना सहज अधिकार तक बता डालते हैं।

यहाँ क्या यह प्रश्न उपयुक्त नहीं, कि जो भाव पुरुष-स्पर्श से बेचारी कंचन में उठ सकता है, वह लीलावती, अमतुस सलाम, सुशीला, आदि में क्यों नहीं जग सकता? यदि यह 'प्रयोग' गाँधी का है तो इसमें विविध लड़कियों, स्त्रियों को क्या वे प्रयोग की निर्जीव वस्तु समझ रहे हैं या उनकी भावनाओं के साथ प्रयोग कर रहे हैं? यह प्रश्न गाँधी के प्रति कड़वा लग सकता है, किन्तु बिलकुल गलत नहीं है। विशेषकर जब यह ध्यान रखें कि स्वयं गाँधी के निकटस्थ मीराबेन, अमृत कौर, नानावती, ठक्कर बापा, सरदार पटेल, विनोबा भावे तथा गाँधी के पुत्र देवदास आदि कई लोग ठीक यही बातें उन्हें किसी-न-किसी रूप में कहते रहे थे। जहाँ तक उस कथित प्रयोग की बात है, तो कहीं गाँधी ने उस का कोई परिणाम या अध्ययन-स्थिति आदि नहीं बताई है।

स्मरण रहे, यह सब गाँधी के निधन के मात्र 9 वर्ष पहले चल रहा है जब गाँधी 69 वर्ष के हो चुके थे। विचित्र बात यह है कि कुछ ही आगे गाँधी स्वयं आश्रमवासियों को एक सम्बोधन में खुल कर स्वीकार करते हैं कि स्त्रियों को छूने, एकान्त में मिलने आदि सम्बन्धी जो अधिकार उन्होंने आश्रमवासियों को नहीं दिए, यहाँ तक कि पति-पत्नियों तक को वर्जित किया, वह अधिकार हर स्त्री के लिए स्वयं रखे रहना उनकी भूल थी। किन्तु, पुनः आगे चल कर पता चलता है कि इस भूल-स्वीकार के बावजूद गाँधी न अपने विचार बदलते हैं, न स्त्री-स्पर्श सम्बन्धी अपनी विविध आदतें। ऐसे सम्बोधन व स्वीकारोक्तियाँ तथा उन्हीं आदतों का जारी रहना, दोनों में एक तो ज़रूर गलत है। विशेषकर जब दिखता है कि यह एक-दो बार की बात नहीं, बल्कि गाँधीजी के यह अन्तर्विरोधी कार्य वर्षों तक, जीवन के अन्त तक चलते रहे। इसलिए गाँधी के यह सभी पत्र और इनमें मिलती बातें विशेष विचारणीय हो जाती हैं। अस्तु।

सुशीला के लिए ज़िद

14 मई को ही प्यारेलाल को गाँधी लिखते हैं, "मैं यह दूरी बर्दाश्त कर सकता हूँ क्योंकि सुशीला के साथ तुम हो। यदि वह दिल्ली में अकेली होती तो मैं यह बर्दाश्त नहीं कर सकता था। मैंने उसकी तुलना एक कोमल पौधे से की है और यह तुलना बड़ी उपयुक्त है।...सुशीला ने बेसुधी में कार्य किया है। एक टॉयलेट जाने को छोड़कर उसके द्वारा किया गया हर कार्य मेरी राय में एक झूठ है। यदि हम यह बेसुधी वाली बात मान लें, तब उसे किसी गलत आचरण का दोषी ठहराना अनावश्यक है। उस रात (9 मई) की घटना इस बात को समर्थन देती है। इस का और कोई महत्त्व नहीं है। सुशीला अपने आप से व्यर्थ दुखित है। उसे अलग से लिखने का समय नहीं मिलेगा। इसलिए मेरी ओर से उससे बातचीत करो और समझाओ। क्या वह प्रसन्न है? क्या वह हँसती है? यदि वह हँस नहीं रही है तो वह मूर्ख कैसे हो सकती है? यदि वह यह विशेषण स्वीकार करती है जो मैंने उसके लिए प्रयोग किया, तो वह अपनी नाखुशी भूल जाए और अपनी मूर्खता साबित करे। क्या मूर्खों और बुद्धिमानों में कोई चीज़ समान नहीं होती? यदि 14 अप्रैल और 9 मई वाली घटनाओं पर तुम्हारी समझ भिन्न है, तो इस में तुम्हारे लिए काँपने या नाखुश होने की क्या बात है? क्या मैं सर्वज्ञ हूँ? मेरी समझ सदा सही नहीं रही है। और इस अवसर पर मैं देख रहा हूँ कि मैं परेशान और सठिया गया हूँ, तब इसमें क्या आश्चर्य कि मैंने पीलियाग्रस्त रूप से सब चीज़ को पीला देख लिया?...अभी मैं मामले पर अपनी दृष्टि के बजाय दूसरे पक्ष की दृष्टि को अधिक महत्त्व दे रहा हूँ। कृपया इस प्रसंग पर अपनी समझ से मुझे अवगत कराओ। यदि मैं इसे स्वीकार्य समूझँगा, तो मुझे अपनी दृष्टि बदलने में देर नहीं लगेगी।"[15]

यह सब सुशीला-महादेव प्रसंग पर। इस में गाँधी का ट्रेडमार्क अहंकार भी झलकता है कि जिस मामले में वह स्वयं भी एक अभियोगी, और अभियुक्त भी हैं, उस में भी वे स्वयं को ही जज भी मानकर चलते हैं : यदि मैं स्वीकार्य समझूँगा...' सुशीला, महादेव तथा सुशीला के भाई प्यारेलाल, तीनों सुशीला तथा महादेव पर गाँधी द्वारा गन्दा आक्षेप लगाए जाने से दुखी और क्षुब्ध हैं। मगर गाँधी अपनी राय बदलने को तैयार नहीं। इस पर अत्यन्त दुःखी होकर दोनों भाई-बहन गाँधी जी का साथ बिलकुल त्याग देने का निश्चय कर चुके हैं। उनकी माँ भी इससे सहमत हैं। पर गाँधी हर हाल में दोनों को अपनी सेवा में रखना चाहते हैं। इस बिन्दु पर गाँधी की ज़िद और आसक्ति दोनों ही कई बार झलकती है।

दोनों भाई-बहन को अपने मत पर अडिग देख कर तथा सम्भवतः स्वयं पुनर्विचार आदि करके गाँधी को अब लगा है कि शायद उन्होंने गलत आरोप दिया था। तब भी वे प्यारेलाल से घटना पर उसकी समझ की जानकारी चाहते हुए भी कहते हैं, 'यदि मैंने उसे स्वीकार्य पाया...'। यह किस प्रकार की दृष्टि है? न केवल अपने निकटस्थ, सर्वाधिक विश्वस्त, समर्पित सहयोगियों की बातों पर अविश्वास, बल्कि उन्हें कटु वचन सुनाना, और फिर उन की इच्छा के विरुद्ध उन्हें अपने साथ काम करने के लिए मजबूर करना। यह सब अकारण अविश्वास, अहंकार और तानाशाही के उदाहरण हैं।

इस प्रकरण में गाँधी की स्थिति तब और खराब दिखती है जब पाते हैं कि दोनों भाई-बहन को अपने पास बुलाने में गाँधी हर तरह के दाँव का प्रयोग करते हैं। दार्शनिक निराशा, आत्म-दैन्य, सफाई देना, गलती स्वीकार, विनय, चापलूसी, पराजय मानकर दया उपजाने का प्रयत्न, उपालम्भ, धमकी, ताना आदि हर तरह की चीज़ गाँधी के पत्रों में एक के बाद एक मिलती जाती है। इन सब अलग-अलग भावों के प्रदर्शन के साथ केवल एक चीज़ समान है कि गाँधी हर हाल में सुशीला और प्यारेलाल को पुनः अपने पास बुलाना चाहते हैं। जबकि वे दोनों इतने खिन्न हो चुके हैं कि वापस नहीं आना चाहते। वे गाँधी के कई पत्रों का उत्तर तक नहीं देते, जबकि गाँधी कई बार एक ही दिन में दोनों को दो-दो पत्र लिख रहे हैं।

दोनों को अपने पास बुलाने की ज़िद का क्लाइमेक्स तब होता है जब गाँधी अपनी वह सब मुद्रा त्याग कर दोनों को सीधा आदेश देते हैं कि लौटो, तुरंत आओ। अन्ततः वे दोनों आ भी जाते हैं, सम्भवतः अगस्त 1938 के आरम्भ तक। किन्तु अप्रैल-जुलाई के बीच वह सभी पत्र जो सुशीला-महादेव प्रकरण पर गाँधी के आरोप और अन्ततः सुशीला तथा प्यारेलाल को आदेश देकर बुलाने तक सम्बन्धित हैं, गाँधी के हठी और अहंकारी स्वभाव का पर्याप्त प्रमाण दे जाते हैं। इस बात का भी कि कई बार दूसरों के प्रति गाँधी के सम्मानपूर्ण, विनीत, दार्शनिक निष्कर्षों से भरी बातों के पीछे कोई वास्तविक भाव नहीं होता था। अथवा यदि होता हो, तो दूसरे ही दिन गाँधी उन सब को भूल कर ठीक विपरीत बातें कहते दिखाई पड़ते हैं।

यह सुशीला-महादेव तथा प्यारेलाल प्रसंग सीधे ब्रह्मचर्य विषयक अथवा 14 अप्रैल की घटना से सम्बन्ध नहीं रखते हुए भी सम्बन्धित हो जाता है। एक तो

इसलिए कि स्वयं गाँधी कई बार '14 अप्रैल' और '9 मई' को साथ-साथ याद करते हैं। दूसरे, सुशीला नायर उनके कथित ब्रह्मचर्य प्रयोगों में कई बार आती रही हैं। अभी और बाद के वर्षों में भी। तीसरे, गाँधी ही सुशीला से 14 अप्रैल की घटना की बार-बार चर्चा करते हैं, जबकि वह स्वयं 9 मई वाली घटना के सन्दर्भ में हफ्तों से दुःखी और क्षुब्ध दूर बैठी थी। तीसरे, यह दोनों घटनाएँ एक ही समय हुईं और इसलिए बहुतेरे पत्र-व्यवहार में कई बार दोनों का इकट्ठे उल्लेख आता है। इसलिए इसकी भी संक्षिप्त प्रस्तुति प्रसंगेतर नहीं है।

गाँधी ने गलती मानी

अगले ही दिन, 15 मई को, पुनः प्यारेलाल को पत्र में गाँधी लिखते हैं, "महादेव ने अन्तिम उपाय के रूप में 'मेरे दबाव से' कोई पत्र नहीं लिखा है। हाँ, मेरे साथ बात-चीत के बाद ज़रूर उसने पत्र लिखा। मगर यह मेरे दबाव में लिखा हुआ नहीं था।" इस से गाँधी द्वारा महादेव के माध्यम से प्यारेलाल पर कोई दबाव दिए जाने की बात की आशंका सामने आती है, जो सुशीला और प्यारेलाल को हुई थी। आगे गाँधी लिखते हैं, "मैं पिछली बातों की चर्चा इसलिए करना चाहता हूँ कि यह निश्चित हो जाए कि मैंने महादेव या सुशीला के साथ कोई अन्याय नहीं किया है। जान-बूझ कर कोई गलती नहीं करता। मेरे लिए यह पर्याप्त सांत्वना है। यही महादेव और सुशीला के लिए भी होना चाहिए। जहाँ वस्तुतः कोई गलती नहीं की गई थी, वहाँ मैंने गलती देखी और ज़ोर दिया कि तुम सब भी वही देखो। काश मैंने यह भयंकर पाप नहीं किया होता। तुम मेरी खोज में मदद कर सकते हो। मुझ पर दया दिखाकर जिस के मैं योग्य नहीं, सत्य को मत छिपाओ। निश्चय ही मैं जानता हूँ कि तुम स्वयं वहाँ उससे एक क्षण भी अधिक नहीं ठहरोगे जितना आवश्यक है और इसलिए मैं अधीर नहीं हो रहा हूँ..."[16] किन्तु सभी पत्रों को सिलसिलेवार ध्यान से पढ़कर केवल यही निष्कर्ष निकलता है कि गाँधी अपनी गलती ('भयंकर पाप' जैसे शब्दों में) मानकर भी अपने को दोषी नहीं मानते, या उस दोष को कतई महत्त्व नहीं देते, और सिर्फ एक चीज़ पर उनका निरन्तर ध्यान है कि वे दोनों सहयोगी किसी-न-किसी तरह वापस लौटें।

गाँधी 16 मई को अमृत कौर को पत्र लिखते हैं, "प्यारेलाल और सुशीला नई दिल्ली में हैं—19, राजा बाज़ार स्कवायर। उन्हें लिखो। मैं उन्हें मीरा द्वारा लिखे तीन पत्र भेज रहा हूँ, इस निर्देश के साथ कि उसे पढ़कर तुम को भेज

दें। तुम उन्हें पढ़कर नष्ट कर देना। मीरा के हिस्टीरिया को छोड़कर उस में बातें सब सही हैं। मैं कुछ बदलाव करने की सोच रहा हूँ। मैंने अभी कुछ तय नहीं किया है। तुम अपने सुझाव देना जो तुम चाहो। निराशा अभी भी है किन्तु आन्तरिक शान्ति लौट रही है।''[17]

महिलाओं की मदद

यह कुछ अजीब बात है कि अपनी ब्रह्मचर्य और सेक्स-समस्या सम्बन्धी सभी चर्चा अपनी ओर से गाँधी प्रायः महिलाओं, लड़कियों से ही करते दिख रहे हैं। सुझाव भी उन्हीं से माँग रहे हैं। इस पूरे दौर में जितने पत्रों में '14 अप्रैल की घटना' का उल्लेख करते हैं उनमें कुछ पुरुषों को भी लिखे पत्र हैं, किन्तु गाँधी उन से अन्तरंगता से बात नहीं करते। न उन से सुझाव माँगते हैं। किन्तु स्त्री पात्रों को लिखते हुए वे बार-बार अधिक विगलित, तथा कई स्थलों पर अत्यधिक रूप से खुले दिखाई पड़ते हैं। दूसरी ध्यान देने वाली बात यह है कि इस प्रसंग के कई पत्र, जो गाँधी ने लिखे तथा जो गाँधी को लिखे गए, उन्हें नष्ट कर दिया गया। स्वयं गाँधी द्वारा और गाँधी के आग्रह पर। यह किस बात का सूचक है? तथा ब्रह्मचर्य चर्चा में इस तथ्य का क्या महत्त्व है? वह कौन से सत्य थे जिन्हें गाँधी ने दूसरों के हाथ पड़ने देना उपयुक्त नहीं समझा?

उसी दिन, 16 मई, सुशीला नायर को लिखे पत्र में गाँधी विशेषकर लिखते भी हैं कि वे 'इस मामले में महिलाओं की मदद' चाहते हैं। ''मैं तुम्हें मीराबेन के तीन पत्र इसी डाक से भेज रहा हूँ। उन पत्रों में अतिरंजनाओं आदि को दरकिनार कर देना और वह प्रेम तथा सचाई देखना जो उनमें हैं। धैर्यपूर्वक पत्रों को पढ़ जाना। बताओ कि मेरे लिए क्या करना उचित है। यदि चाहो तो मीराबेन को भी लिखो। मैं इस मामले में महिलाओं की मदद चाहता हूँ।''[18]

यह जो 'अतिरंजना' या मीराबेन का 'हिस्टीरिया' वाले संकेत गाँधी बार-बार कर रहे हैं, वह वे कठोर बातें हैं जो मीराबेन गाँधी को बार-बार विभिन्न लड़कियों, स्त्रियों से अन्तरंग सेवाएँ लेने के विरुद्ध लिख रही हैं। उस पर गाँधी का लगातार यही रुख दिख रहा है कि उसमें वर्णित सत्य को वह स्वीकार करते हैं, किन्तु तत्सम्बन्धी मीराबेन का सुझाव नहीं मानना चाहते। यह सब विभिन्न स्त्रियों, यहाँ तक कि कुँवारी, अनुभवहीन, लड़कियों तक को दिखा कर, उनसे गाँधी 'विशेष रूप से मदद' चाहते हैं। जबकि साथ ही यह कई तरह से स्पष्ट झलकता है कि

गाँधी मूलतः निजी सेवाओं में स्त्री-संसर्ग से दूर रहने की सलाह मानने के लिए बिलकुल तैयार नहीं है। फिर भी वे 'मदद चाहते' हैं, और अभी 'कोई निश्चय नहीं किया' है, मगर 'बदलाव लाने' वाले हैं। यही चीज़ पूरे प्रसंग में बार-बार आते-आते अन्ततः बिना किसी निर्णय के यथावत् रह जाती है। यानी सदा की तरह गाँधी के अपने हाथ में, कि जब वे जैसा चाहें करते रहेंगे। अपने, दूसरों या देश के मामले में। गाँधी-स्वभाव के इस पक्ष पर पर्याप्त ध्यान नहीं दिया गया है।

गाँधी का घर 'रावण का महल'?

फिर प्यारेलाल को उसी दिन, 16 मई 1938 को गाँधी का पत्र : "मैं अब अपने दिमाग से महादेव और सुशीला वाली समस्या हटा रहा हूँ। अब यह पूरी तरह अतीत की बात हो गई। मैं आज मीराबेन के तीन पत्र बुक-पोस्ट से भेज रहा हूँ। तुम दोनों भाई-बहन उन्हें देख सकते हो और अपनी प्रतिक्रिया दो। क्या मीराबेन के वर्णन से ऐसा नहीं लगता जैसे तुलसीदास ने रावण के महल का वर्णन किया हो? रावण अचेत पड़ा हुआ है और उसकी अनगिनत रानियाँ उस के चारों ओर बिना वस्त्र के तरह-तरह की स्थिति में लेटी हुई हैं। (यह गाँधी के रहन-सहन के तरीकों पर मीराबेन के वर्णन की गाँधी द्वारा स्वयं प्रस्तुति है!) मैं यह पढ़कर हँसा और रोया। मैं ऐसा लगता हुआ कैसे हो सकता हूँ? मीराबेन की अतिरंजनाओं को छोड़कर पत्र की शेष बातों से मैं प्रभावित हुआ और मैं अपने तौर-तरीके बदलने वाला हूँ। क्या पता 14 अप्रैल को जो कष्ट हुआ वह उन्हीं शारीरिक स्पर्शों का ही परिणाम हो? अभी तक मुझे इसका कोई प्रमाण नहीं मिला है कि वह उसी का नतीजा था। तो क्या वह सभी स्त्रियाँ मेरे स्पर्श से अपवित्र हो गई हैं? यदि ऐसा ही हुआ है तो मैं शुरू से ऐसा ही था। उस स्थिति में, तब जो विभिन्न स्त्री और पुरुष मेरे निकट आकर वह शान्ति पाते रहे, जो कहा जाता है, वह सब क्या भ्रम था? यदि वही बात है तब क्या मेरा इस दुनिया में कोई स्थान है? तब मैं कौन होता हूँ महादेव और सुशीला में दोष देखने वाला? कौन कह सकता है कि मैं स्वयं अपना ही दोष उन में नहीं देख रहा था? तुम लोगों को मुझसे मिला ही क्या है? क्या केवल निराशा? तब क्या मेरे द्वारा तुम लोगों का मार्गदर्शन करना उचित है?"[19]

यहाँ तक अपने ब्रह्मचर्य तथा स्त्री-संसर्ग वाली चर्चा है। इसके बाद गाँधी दोनों भाई-बहन को वापस बुलाने वाले मुद्दे पर आ जाते हैं। बिना पैराग्राफ आदि

बदले। "तुम्हारे कदम मुझे मदद करेंगे, यदि वह सहज हों। या, यदि मुझे लगे कि तुम जो कदम उठा रहे हो उससे तुम्हारी कर्तव्यभावना व्यक्त होती है, तब भी मैं सहज महसूस करूँगा। इस का मतलब होगा कि मुझे वह गुरु मिल गया है जिस की मुझे खोज थी। मैं अपने को भाग्यशाली समझूँगा यदि वह होता है। मेरा विश्वास है कि मेरे प्रशिक्षण का वैसा ही परिणाम होना चाहिए। मेरी महान ख्याति होगी यदि मेरे जो उत्तराधिकारी हैं वे मुझ से ऊँचे पहुँच जाएँ। अभी तो मैं यही देख रहा हूँ कि तुम, महादेव और सुशीला, आदि मुझसे ऊँचे स्थान पर हो। इसका यह मतलब नहीं कि अब मैं तुम्हारा मार्गदर्शन नहीं कर सकता। किन्तु इसका मतलब यह अवश्य है कि यदि 14 अप्रैल के अनुभव मेरे रोगग्रस्त मस्तिष्क का संकेत हैं, जिस स्थिति में तुम लोगों ने अपने-आपको सँभाल कर रखा है तब मैं इस से खंड-खंड हो जाऊँगा! मैं और विस्तार से नहीं कहूँगा। यदि सम्भव हो, तो अपने आने का समय निश्चित करो..." [20]

उपर्युक्त पत्र का दूसरा अंश एक अनोखा नमूना है। इस में कितना व्यंग्य है, कितनी आत्म-श्लाघा और कितनी याचना, इसका हिसाब करना कठिन है। पहले हिस्से में भी बहुतेरी बातें ऐसी हैं जो भारतीय परम्परा में आत्म-प्रशंसा ही कहीं जाएँगी। किसी को गाँधी से क्या मिला है, यह दूसरों के कहने की बातें हैं। स्वयं गाँधी द्वारा ऐसा कहा जाना, जब उन पर एक निकटस्थ विदुषी द्वारा मानो रावण की तरह लम्पट होने का आरोप लगाया जा रहा हो, यही दिखाता है कि वे किसी तरह स्वयं को आरोप-मुक्त किए जाने का आग्रह कर रहे हैं। वह भी ऐसे व्यक्तियों द्वारा जो सारी स्थितियों से परिचित हैं। अर्थात् जो स्वयं समझ कर निर्णय ले सकते हैं। उन्हें प्रयास-पूर्वक एक निर्णय-विशेष की ओर ले जाने का गाँधी का प्रयत्न स्पष्ट दिखाई देता है। ऐसा निर्णय जिसमें स्त्रियों के साथ गाँधी के असामान्य तौर-तरीकों को सहज मान लिया जाए। जिसमें सबसे बड़ा तर्क यह दिया गया है कि 'मैं हमेशा से ऐसा ही हूँ' ध्यान दें, स्त्री-संसर्ग सम्बन्धी ठोस आरोपों और नाजुक बिन्दुओं पर गाँधी कभी किसी 'प्रयोग' की दलील नहीं देते! दलील है कि मैं ऐसा ही हूँ। पत्र का दूसरा हिस्सा तो बिलकुल ही साफ दिखाता है कि सारी बड़ी-बड़ी बातों के अन्त में गाँधी की एकमात्र इच्छा है कि दोनों नाराज़ सहयोगी किसी तरह वापस लौटें। इस चाह में कुछ गलत नहीं, किन्तु जिस तरह की बातें, शब्दावली का प्रयोग किया गया है क्या उसे सत्यनिष्ठा और मर्यादा के अनुरूप कहा जा सकता है?

18 मई, 1938 को गाँधी सुशीला नायर को लिखते हैं, "मूर्खा बेटी, तुम अपनी मूर्खता हरेक पत्र में प्रमाणित कर रही हो। हाँ, मैंने कहा था कि यदि तुम सेवा से ऊब गई हो तो मुझे तुमसे सेवा लेने का कोई अधिकार नहीं है। इसका किसी तरह यह अर्थ नहीं हो सकता कि तुम मेरे पास न आओ। इसका अर्थ यही था कि तुम शीघ्र अपनी वापसी करो। (!?)...लेकिन मैं तुम्हें यहाँ आने के लिए कैसे कह सकता हूँ जब तक कि तुम स्वयं यहाँ खिंची न चली आओ?... अब तुम्हारा दूसरा प्रश्न : 9 की रात को जो हुआ उस पर मैं तुम्हारी बात स्वीकार करता हूँ। तुम्हारा विवरण गलत होने का कोई प्रश्न ही नहीं है। जो लोग घोंघे के खोल पर चाँदी देखते हैं वे सदैव सही होते हैं। मगर जो घोंघे के खोल को जानता है वह उसे केवल घोंघे का खोल-सा देखेगा, है कि नहीं? ओह, सेक्स इच्छाएँ हमसे क्या नहीं करवाती हैं! इसका यह मतलब भी नहीं कि मैं सही हूँ और तुम्हारा कथन केवल कल्पना है। विश्वास करो, मैं मानता हूँ कि मुझे भ्रम हुआ हो सकता है; अतः तुम अपनी बात पर अड़ी रह सकती हो।...मैंने तुम्हारा पत्र फाड़ दिया है।"[21]

गाँधी का यह पूरा पत्र विचित्र ज़िद का नमूना है। जिसका कोई स्पष्ट सन्देश नहीं निकलता, सिवा इस भाव के कि पत्र-लेखक हर बात का अर्थ, अपना और दूसरे का, और हर निर्णय, निष्कर्ष अपनी इच्छानुसार, किसी भी बिन्दु पर, कभी भी बदलने का अधिकार रखना चाहता है। इस पत्र का सार-संक्षेप इस प्रकार रखा जा सकता है : 'मैं सही हूँ, मगर गलत हो सकता हूँ। तुम सही हो, मगर कौन जाने कि वह कल्पना नहीं। तुम अपनी बात पर रहो, मैं तुम्हें गलत नहीं कहता। मेरी बात का जो अर्थ है, वह नहीं था, जो है वह तुम्हारी चाह पर निर्भर है। मैं कोई सन्त नहीं हूँ, न विद्वान हूँ, न राग से मुक्त हूँ, मगर तुम्हारा धर्म-पिता हूँ। गीता, भजनावली—किसी की बात का अर्थ जो है, वही लेना चाहिए, मगर...' कुल मिलाकर यही बार-बार, विचित्र असंगत रूप से दुहराया गया है।

लगभग यही चीज़ फिर 23 मई 1938 को प्यारेलाल को लिखे पत्र में मिलती है, हालाँकि इसमें 14 अप्रैल की घटना से जुड़ी ब्रह्मचर्य-चर्चा का सन्दर्भ है। उसमें गाँधी लिखते हैं : "तुम्हारा पत्र मिला। इसमें मेरे लिए कोई घृणा मुझे नहीं लगी। तुमने जो किया है वह वैज्ञानिक विश्लेषण है। मैं तुम्हारी कई बातों से सहमत हूँ। इसके साथ मैं अपना लेख भी भेज रहा हूँ। देवदास के पढ़ लेने के बाद तुम उसे फाड़ सकते हो। अभी कुछ प्रकाशित नहीं किया गया है। यदि मैं कुछ

नया लिखूँगा तो मित्रों के बीच वितरित करूँगा। मैं अभी भी नहीं मानता कि इन बातों की चर्चा करने में कोई हर्ज़ है।...इस पर बहुत सारी गन्दी चर्चा भी होगी। गन्दगी दूर कैसे की जा सकती है यदि उसे विचार-विमर्श में सामने न लाया जाए?...तुम्हारे पत्र से ऐसा नहीं लगता कि मैं (महिलाओं के प्रति) जो छूट स्वयं लेता हूँ उसे दूसरों के लिए मना करना अनुचित है? मैं चिन्तित नहीं हूँ। मैं 14 अप्रैल की घटना समेत हर चीज़ पर निष्पक्षता (?) से विचार कर रहा हूँ। क्या तुम अपनी वापसी की तारीख बताओगे?''[22]

उसी दिन गाँधी फिर सुशीला को, ''तुम सचमुच मूर्ख हो क्योंकि तुम दुनिया के बारे में कुछ सरल बात भी नहीं समझती। किन्तु यह मैं हूँ जिस ने तुम्हें मूर्ख बनाया है। कौन जाने मैं अपनी मूर्खता तुम में देख रहा होऊँ? अब 9 की रात वाली घटना। तुम क्यों इतनी वेदना झेल रही हो? क्या यह सम्भव नहीं कि मैं अपनी दबी हुई कामेच्छा के कारण पीड़ित हूँ? हो सकता है यह बात न हो। क्या यह सब मेरा भ्रम नहीं हो सकता? मैंने कोई देवत्व का दावा नहीं किया है? यदि तुम गलत हो सकती हो, तो मैं भी क्यों नहीं गलत हो सकता?...मेरी गलत धारणा ही तुम्हारी वेदना का कारण है। उसे भूल जाओ; मुझे क्षमा कर दो, यह कहने का साहस मैं शायद ही कर सकता हूँ।''[23] घुमा-फिरा कर वही दुहराव। कि मैं गलत हो सकता हूँ, जैसे कि तुम भी। मगर सब कुछ भ्रम भी हो सकता है। अर्थात्, अभी हर चीज़ को अस्पष्ट छोड़ दिया गया। बाद में किसी भी बात पर फिर कोई नया फतवा देने में कोई बाधा नहीं हो सकती। क्योंकि जज तो सदैव गाँधी हैं, हर मामले में एक पक्ष होते हुए भी 'निष्पक्ष' भी केवल गाँधी हैं।

एक रसिक झुकाव

किन्तु एक बात और इन पत्रों से निश्चय ही झलकती है कि 14 अप्रैल की घटना और काम-भाव सम्बन्धी चर्चा में, विशेषकर लड़कियों के साथ वह चर्चा करने में गाँधी को कोई विशेष रुचि है। कोई दूसरे नहीं, बल्कि स्वयं गाँधी 14 अप्रैल की घटना को तूल दे रहे हैं, खींचे जा रहे हैं, बार-बार एक ही बात, अनिश्चित रूप से करते हैं। उसे कहीं पक्के निर्णय या टिप्पणी के साथ समाप्त नहीं करते। न ही उस की चर्चा में कोई प्रगति दिखाई देती है। एक जुगुप्सापूर्ण बात को इस तरह पकड़े रहने में कोई सिद्धान्त का प्रश्न नहीं, न ही व्यवहार से उसका

कोई सम्बन्ध दिखाई पड़ता है। क्योंकि गाँधी सब को पहले ही आगाह कर चुके हैं कि स्त्री-सम्बन्धी उन के 'व्यवहार' पर कोई पाबन्दी लगाने की बात करने वाले ध्यान रखें कि जो चीज़ वह चालीस वर्षों से कर रहे हैं, वह गलत नहीं है। न कभी बन्द की जा सकती है। (यद्यपि यह संदिग्ध है कि गाँधी 'चालीस सालों से' वह करते रहे हैं। क्योंकि केवल बारह वर्ष पूर्व लिखित आत्मकथा में ऐसा कोई उल्लेख नहीं है)। बल्कि आगे एक स्थल पर तो गाँधी इसमें ईश्वर को भी ले आते हैं, कि यदि कोई चीज़ चालीस साल से चल रही है तो यह ज़रूर ईश्वर की इच्छा है। उसे कोई कैसे रोक सकता है! तब सीधा प्रश्न उठता है–यदि अपने व्यवहार में गाँधी को कोई परिवर्तन नहीं करना था (जो अन्ततः उन्होंने नहीं ही किया), उस स्थिति में इस प्रसंग की चर्चा करते रहने की क्या तुक थी? क्या उस में गाँधी को रस मिलता था?

फिर 25 मई को गाँधी प्यारेलाल को : "महादेव के पत्र से मुझे पता चला कि मेरे कुछ पत्र तुम ने सुशीला को नहीं दिए। किन्तु मुझे लगता है तुम ने ठीक ही किया। क्योंकि तुम्हीं उसकी मनःस्थिति समझ सकते हो। मैं यहाँ से उसकी पीड़ा दूर करने के लिए क्या कर सकता हूँ? क्या यह सम्भव है कि वह ठीक हो जाएगी यदि तुम उसे लेकर कुछ दिन के लिए यहाँ चले आओ?"[24] उसी दिन सुशीला को भी लिखते हैं, "तुम्हारा दुःख कब खत्म होगा? अपनी तकलीफ व्यक्त करने में तुमने जिन शब्दों का प्रयोग किया है वे मुझे तीर की तरह बेध देते हैं।"[25]

26 मई को प्यारेलाल को अगले पत्र में गाँधी : "सुशीला का कल का पत्र पढ़कर मैं चिन्तित हो गया हूँ। उसे मेरे पत्रों से और चोट पहुँच रही है। लगता है, मरहम लगाने के बदले मेरे पत्र उसके घावों को और हरा कर देते हैं।...जहाँ तक 9 की रात वाली घटना का सवाल है, मैंने स्पष्ट किया था कि जो सुशीला कह रही है उससे मैं सहमत हूँ। ज़रूर मैंने (यह भी) कहा था कि उसकी समझ सही नहीं भी हो सकती है। लेकिन वहीं तो मैंने यह भी कहा था कि मेरी समझ भी गलत रही हो सकती है।"[26]

अर्थात्, सुशीला नायर ने भी वह चीज़ देखी जो ऊपर हम ने महसूस की थी–कि गाँधी सुशीला की बात स्वीकार करने की भंगिमा बनाते हुए चतुराई से इसकी गुंजाइश छोड़ देते हैं कि वह गलत भी हो सकती है। चाहे इसे सन्तुलित करने के लिए स्वयं अपने भी गलत होने की सम्भावना जोड़ देते हैं। किन्तु इससे

मूल बात छिपती नहीं, जिसने सुशीला को दुखित किया। और जिसकी शिकायत प्यारेलाल ने अपने पत्र में की, जिस पर गाँधी फिर सफाई दे रहे हैं। किन्तु पुनः उसी, ज़िद्दी, दुहराव-भरे अन्दाज़ में, जिसमें दूसरे के सही होने और अपने गलत होने की 'सम्भावना' व्यक्त कर किसी तरह अपने नाराज़ सहयोगी को शान्त करने की कोशिश की जा रही है। आखिर गाँधी वास्तव में जो 'सत्य' समझते हैं, उसे खुल कर क्यों नहीं रखते? सचमुच यह सत्य के साथ एक ऐसा प्रयोग है जिसे खेल भी कहा जा सकता है।

उसी पत्र में आगे, यही खिलवाड़ पुनः महसूस होता है, ''सुशीला अपने मस्तिष्क की शुद्धता की गवाह है। मैं तो मस्तिष्क की शुद्धता का भी दावा नहीं कर सकता। मैं तो यह मानने के लिए तैयार हूँ कि मेरे ही दिमाग में गन्दगी रही होगी। क्या यह सम्भव नहीं कि मेरे विकृत मस्तिष्क ने मेरी कामेच्छा जाग्रत कर दी हो और मैंने अपनी ही रुग्णता उस निष्पाप लड़की और उस के कार्य में देखी हो? तब सुशीला क्यों दुखी बैठी है जब इतनी सम्भावनाएँ हैं?''[27]

एक बार फिर गाँधी स्पष्ट मानने के बजाय कि वे 9 की रात की घटना पर सचमुच क्या समझते हैं, केवल *सम्भावनाओं* की बात करते हैं। जिससे वह 'निष्पाप' लड़की जो गाँधी को अच्छी तरह, निकट से जानती है, समझ लेती है कि उसका निर्दोष होना पक्की बात नहीं। इसलिए वह दुखी होती है, भाई को बताती है, मगर गाँधी, जाने या अनजाने, अपनी ज़िद नहीं छोड़ सकते। यह ज़िद कि हर बात, हर समय वही तय करेंगे। अपनी भी, दूसरों की भी। इसलिए 'संभावना' में वह स्वयं को गिरा हुआ, नीच, शैतान, लम्पट, कामी सब कुछ बता डालते हैं। मगर इस नुक्ते के साथ, कि यह सब बातें 'भ्रम' भी हो सकती हैं।

उसी पत्र में आगे, ''सुशीला क्यों दुखी हुए जा रही है, जबकि मैंने इतनी सारी सम्भावनाएँ स्वीकार कर ली हैं? मैं उस पर कोई आरोप नहीं लगा रहा हूँ। यदि तुम मेरे तर्कों से सहमत हो, तो अपने शब्दों में अपने तरीके से उसे समझाने की कोशिश करो।...मैं अब कुछ-कुछ यह महसूस करने लगा हूँ कि इन सब घटनाओं में केवल मैंने ही शैतान की भूमिका निभाई है और एक निष्पाप लड़की पर दोष लगा कर सुशीला, महादेव और तुम्हें भी अकथनीय दुख पहुँचाया है।...खाली समय में मैं 14 के दिन और 9 की रात की घटनाओं का विश्लेषण करता रहता हूँ। अब तक मुझे कोई सूत्र नहीं मिला है। मुझे नहीं मालूम कि यह कभी मिलेगा भी। जैसा राजकुमारी (अमृत कौर) कहती है, भगवान में मेरे

विश्वास की परीक्षा हो रही है। यदि सुशीला किसी तरह शान्त नहीं होती, तो मैं देख सकता हूँ कि यह मेरे लिए भयानक बात होगी। लेकिन यदि वह शान्त नहीं ही होती तो तुम क्या करोगे? सुशीला क्या करेगी? जहाँ तक मेरी बात है, तो जैसा मैंने बोया है वैसा ही काटूँगा।''[28]

खिन्न होते सहयोगी

इस बीच गाँधी को कस्तूरबा से पता चलता है कि प्यारेलाल सब कुछ छोड़-छाड़ कर कहीं दूर चले जाने का विचार कर रहे हैं। तब अगले दिन, 27 मई 1938 को प्यारेलाल को लिखे पत्र में गाँधी निरीह याचना पर उतर आते हैं, ''मैं विश्वास नहीं कर सका। किन्तु यदि तुम किसी हरे घाव में मिर्च झोंकना चाह रहे हो, तो तुम वह भी कर ही डालोगे। ज़रा सोचो यदि सोच सकते हो। क्या मेरी इज़्ज़त तुम्हारे हाथ में नहीं है?...मैं उसी स्थिति में पहुँच गया हूँ जैसा 14 (अप्रैल) को था। यदि वह निष्कर्ष सही है तो क्या मैं उस अपराधी की तरह नहीं जो पुलिसवाले को डाँट रहा है?''[29]

मगर अगले ही दिन, 28 मई को, गाँधी फिर अफसर वाला रूप धारण कर लेते हैं, और प्यारेलाल को लिखते हैं : ''तीन दिन से तुम्हारा कोई पत्र नहीं! मुझे यह पसन्द नहीं है। तुम्हें ज़रूर रोज़ मेरा पत्र मिल रहा होगा। तुम्हारे पत्रों की अनुपस्थिति का यह मतलब भी हो सकता है कि तुम दोनों, भाई और बहन, यहाँ के लिए चल पड़े हो और 30 को पहुँचने वाले हो। उस हाल में मैं तुम्हारे पत्रों की अनुपस्थिति वाली बात भूल जाऊँगा। तुमने सारा सामान बा के साथ भेज दिया है। यह एक अलग चिन्ता का कारण है। क्या तुम दोनों ने मेरा त्याग कर दिया? यदि यही भयानक बात होने वाली है तो मैं पिछले दो पत्र में स्पष्ट कर चुका हूँ कि उसका मेरे लिए क्या अर्थ होगा। शायद मैं इसी लायक हूँ!''[30]

तब गाँधी को प्यारेलाल का कोई पत्र मिलता है, जिस में सम्भवतः गाँधी द्वारा अपने तरीके में कुछ बदलाव लाने की माँग या सुझाव रखा गया है। गाँधी 29 मई को प्यारेलाल को लिखते हैं, ''तुम्हारी बात मैं समझ गया। अभी तक तो, कहना चाहिए, मैंने कोई बदलाव नहीं किया है। संघर्ष चल रहा है। मुझे मीराबेन का निष्कर्ष बाकी तुम सब लोगों के विचारों से अधिक ठीक लगा। ठीक वही चीज़ सुशीला की तकलीफ से भी झलकती है। मैंने वहाँ दोष लगाया, जहाँ कुछ नहीं था। क्या यह मेरे ही रुग्ण मस्तिष्क का संकेत नहीं था? मीराबेन तो

उस घटना (9 मई की रात वाली) से अवगत भी नहीं है। फिर भी उसने मुझे भद्रता से चेतावनी दे दी थी।...वह (सुशीला) अपने ऊपर (घटना की) सारी ज़िम्मेदारी ले रही है। मगर यदि मैं उसे ऐसा करने दूँ, तो क्या वह मेरी दुष्टता की सीमा नहीं होगी? यदि यह निष्कर्ष सही है, तो क्या मुझे किसी भी स्त्री से सेवा न लेकर स्वयं को दंडित नहीं करना चाहिए? मेरी अनिच्छा के बावजूद यही प्रश्न मेरे सामने है।''[31]

मीराबेन द्वारा सब से कठोर आलोचना ('रावण के महल' जैसा गाँधी का आवासीय परिवेश, आदि) के बावजूद, उन्हीं की बात 'अधिक ठीक लगने' वाली गाँधी की कई बार दुहराई गई उक्ति में भी कुछ भेद झलकता है। स्वयं को दोष-मुक्त ठहराने के लिए दिया गया एक प्रच्छन्न, मनोवैज्ञानिक दबाव कि यह व्यक्ति निष्छल, निर्दोष ही है जो अपने सबसे कठोर आलोचक को इतना मान, महत्त्व दे रहा है।

इस बीच गाँधी को सुशीला के भी दो पत्र साथ ही मिलते हैं। सुशीला ने लिखा है कि जब तक दोनों के बीच समझ की दूरी है, वह साथ नहीं रह सकती। साथ ही उसने गाँधी के पास रहते हुए लिया हुआ सारा सामान भी वापस लौटा भेजा है। गाँधी 29 मई को लिखते हैं : ''मैंने जो बोया है, सो काट रहा हूँ। तुमने सब कुछ लौटा दिया है। इनमें से कुछ चीज़ें तो सिर्फ तुम्हारे लिए ही ली गई थीं। माइक्रोस्कोप आदि तो मेरे लिए था नहीं।...और मैं क्या लिखूँ? मैं तो तुम से एक पत्र पाने का भी हक नहीं रखता।''[32] प्यारेलाल को 30 मई को गाँधी लिखते हैं, ''मैं समझता हूँ कि सुशीला-महादेव मामले में यह मेरा अन्तिम पत्र होगा। जहाँ तक मेरी बात है मैंने तथ्यों से जो निष्कर्ष निकाला है वह अन्तिम है। सुशीला की दृढ़ता ने मेरी आँखें खोल दीं। मैंने अपना सन्देह महादेव पर थोप दिया। महादेव ने केवल 14 को जो कहा था वह सही है। उसके बाद महादेव ने जो भी लिखा या कहा वह मेरे प्रभाव में। इसलिए उन सब बातों को खारिज समझा जाए। इस तरह, दोनों की निर्दोषिता मेरे सामने स्पष्ट हो गई है। मेरे प्रेम में भारी सन्देह की मात्रा थी। इसीलिए मैंने शुद्ध सोने को पीतल समझ लिया था। मैंने अपनी रुग्ण प्रवृत्तियों को उन दोनों पर आरोपित कर दिया। सुशीला की कष्टदायक मनःस्थिति का कारण मेरा ज़िद्दपना ही था।...मैं सुशीला को स्पर्श करने लायक भी स्वयं को नहीं समझता, किन्तु इससे क्या मैं भूल पाऊँगा जो कष्ट मैंने उसे दिया है? मैं महादेव पर लांछन लगाने का पश्चात्ताप कैसे कर सकता हूँ? क्या मैंने स्वयं तुम्हारे साथ ही योग के सम्बन्ध में यही नहीं किया?

तुम्हारी दृढ़ता ने मुझे जीत लिया। मैं महादेव को समझा लूँगा। वह मुझे किसी हाल में नहीं छोड़ सकता।''[33]

अर्थात्, न केवल सुशीला और प्यारेलाल बल्कि महादेव भी गाँधी के साथ काम करने के इच्छुक नहीं रह गए थे। और यह भी, कि अपने निकट के स्त्री-पुरुषों पर भी प्रेम/सेक्स सम्बन्ध का सन्देह करना गाँधी की आदत-सी थी। जबकि गाँधी स्वयं उन कामनाओं से त्रस्त रहते थे, जो वह पहले स्वयं कई बार कह चुके हैं। तो क्या वही बात थीं, जो गाँधी कई बार दुहराते रहे हैं? कि चूँकि काम-भाव के प्रति उनकी अपनी अवस्था ठीक नहीं थी, इसीलिए वे इस बात के प्रति शक्की बने रहते थे? कम-से-कम गाँधी के इस बयान में किसी 'ब्रह्मचर्य प्रयोग' की बात दूर से भी नहीं कही जा सकती। यदि यह कुछ है तो दमित काम-भाव का ही रूप है। यह स्थिति 69 वर्षीय गाँधी की है।

देखिए, उसी 30 मई वाले पत्र में गाँधी प्यारेलाल को आगे लिखते हैं : ''यदि मैंने सुशीला को अनजाने भी दुख दिया है, तब मुझे स्त्रियों की सेवा करने या उनसे सेवा लेने का क्या अधिकार रह जाता है? इस दोष का शमन तो मैं उपवास करके भी नहीं कर सकता। अब तो इस का मार्जन केवल इसी तरह हो सकता है मैं स्त्रियों के स्पर्श से पूरी तरह दूर रहूँ और उन की सेवा भी, जैसी भी हो, दूर से ही करूँ। मैं किसी हाल में अपनी परिभाषा का ब्रह्मचारी नहीं रहा हूँ। मुझे अपने सहकर्मियों को यह बता देना है और अपनी परिभाषा वाले स्तर तक पहुँचने के लिए ज़रूरी साधना करनी है।''[34] यह सब पढ़कर लग सकता है कि गाँधी ने तुशीला-महादेव प्रसंग में सचमुच अन्तिम निर्णय कर लिया। बल्कि ब्रह्मचर्य पर अपनी कभी भी खुले शब्दों में स्वीकार कर स्त्री-स्पर्श से दूर रहने का निश्चय भी घोषित कर दिया।

स्लिपरी गाँधी

पर गाँधी ऐसे स्पष्ट जीव नहीं थे। कवि अज्ञेय ने उन्हें 'स्लिपरी कस्टमर' की संज्ञा प्रशंसापूर्वक दी थी, कि विदेशी लोग अपने विश्लेषण में गाँधी को पकड़, समझ नहीं पाते थे। पर वस्तुतः गाँधी भारतीय विचारकों, विवेकशील सहयोगियों तथा अध्येताओं के लिए भी वही फिसलन-भरे व्यक्ति साबित होते हैं। वड़ कहीं, किसी पैमाने, सिद्धान्त, आदर्श, स्वयं अपने तय किए गए आधार को भी बिना किसी औपचारिकता के ठुकरा सकते हैं। बल्कि इस बात से ही इंकार कर देते

हैं कि ऐसे कोई पैमाने हो सकते हैं। जबकि पुनः दूसरे ही दिन उन्हीं पैमानों, सिद्धान्तों के नाम पर फिर किसी की ऐसी-तैसी कर सकते हैं। अतः न केवल अपने और दूसरों के लिए दोहरे पैमाने, बल्कि अपने लिए बनाए गए नियम में भी इच्छानुसार तरह-तरह की छूट लेने में गाँधी बहुत उदार रहे हैं। जिस की कहीं कोई कैफियत गाँधी वाङ्मय में नहीं मिलती है।

इसीलिए गाँधी के गम्भीर अध्येताओं को यह जानकार आश्चर्य नहीं होगा कि उपर्युक्त गम्भीर घोषणाएँ करने के बाद चार दिन भी नहीं बीते कि वह पुनः हर चीज़ को उलट-पुलट करने लगते हैं। हर निर्णय का पहले अपवाद शुरू होता है, फिर खुला उल्लंघन। 'वचन भंग' के स्वर उठने पर पुनः अन्तहीन दुहराव भरा, अस्पष्ट प्रवचन, बातों का सन्दर्भहीन भटकाव, पिछले तथ्यों पर सन्देह, पिछले वचन और शपथ की नई व्याख्या, कि उसका अर्थ यह नहीं, वह था, या कि वह तो 'अस्थायी' था, आदि। पुनः किसी के द्वारा कड़ा झटका दिए जाने पर फिर आत्म-भर्त्सना। मगर फिर उसे भुला‌कर अपनी पुरानी शैली में वापसी। यह गाँधी कर्म-वचन में प्रायः मिलता है। विशेष कर उत्तर-गाँधी, अर्थात् भारत आने के बाद वाले गाँधी में। लेनिन की तरह ही गाँधी के लिए कभी कोई पक्की कसौटी नहीं रही। वह जब जो करना चाहते थे, उस पर स्वयं अपने ही सिद्धान्त या नियमों का बंधन कभी स्वीकार नहीं करते थे। यह अहिंसा ही नहीं, सत्य और ब्रह्मचर्य, तक सभी मामलों में बार-बार देखा गया।

जो प्रतिज्ञा या घोषणा गाँधी प्यारेलाल को लिखे पत्र में करते हैं, वही सुशीला को 1 जून 1938 को लिखे पत्र में भी दुहराई गई मिलती है। इन दोनों पत्रों में लिखी बातें इसलिए महत्त्वपूर्ण है, क्योंकि आगे गाँधी इसे पूर्णतः भुला देते हैं। इस हद तक, कि जैसे उन्होंने कभी ऐसी बात ही नहीं की हो। पर अभी तो वे कहते हैं, ''अब मैंने कमोबेश निर्णय कर लिया है कि बा को छोड़कर किसी स्त्री से शारीरिक स्पर्श की ज़रूरत वाली सेवा नहीं लूँगा। फिर किसी प्रेमपूर्ण स्पर्श का प्रश्न ही नहीं रहता। मैंने एक दूसरी खोज भी की है। यह कहते हुए कि केवल मैं ही स्त्रियों को छू सकता हूँ और (आश्रम में) कोई दूसरा यह नहीं कर सकता, मैं एक बहुत बड़ी भूल का अपराधी था—और कितने वर्षों तक मैं यह भूल करता रहा! मुझे समझना चाहिए था कि मैं ऐसे प्रयोग के लिए किसी वैज्ञानिक अनुमोदन का दावा नहीं कर सकता। मैं केवल अपने भारी अहंकार से निर्देशित हो रहा था। अपने सभी सहयोगियों में केवल मैं स्वयं को ब्रह्मचर्य के नियमों

का उल्लंघन करने का अधिकारी समझता था। जब तक मैं अपने सहयोगियों द्वारा भी स्त्रियों को छूने की स्थिति स्वीकार नहीं करता तब तक मुझे किसी स्त्री को छूने का कोई अधिकार नहीं है। मैं एक-दो दिन में सब कुछ तय कर लेने की आशा करता हूँ। मैं केवल तुम्हारी दृढ़ता को धन्यवाद देता हूँ जिससे मैं अपनी भूल देख सका। जो प्रतिबन्ध तुम पर और महादेव पर मैंने लगाए थे वे अब मेरी दृष्टि में अनुचित हैं। वैसे प्रतिबन्ध लगाने की मुझ में क्या योग्यता है? जब मैं स्वीकार करता हूँ कि तुम पर आरोप लगाना तुम्हारी या महादेव की नहीं बल्कि मेरी अपनी ही दुर्बलता का प्रतिबिम्ब था, तब मेरे द्वारा प्रतिबन्ध तय करने के लिए स्थान ही कहाँ रह जाता है?...यदि तुमने दृढ़ता नहीं दिखाई होती तो मेरी आँखें नहीं खुलतीं। मैं अभी भी अपने भ्रमों की निद्रा में डूबा होता। मीराबेन ने ठीक ही कहा था कि मैं पश्चात्ताप करते-करते मर जाता। भगवान ने तुम्हारे द्वारा मुझे चेतावनी दी है।''[35]

ध्यान दें, कि इस पत्र में एकाएक 'प्रयोग' अवतरित हो जाता है, जो पीछे कहीं न था। प्यारेलाल, महादेव, आदि को इन्हीं प्रसंगों पर लिखते हुए गाँधी किसी प्रयोग की बात नहीं कहते। किन्तु सुशीला को अब गम्भीरतापूर्वक बता रहे हैं कि आश्रम में वर्षों से स्त्री-स्पर्श पर एकाधिकार रखने के पीछे उनका कोई प्रयोग है।

सार्वजनिक सन्देश

इसके बाद 2 जून 1938 को आश्रमवासियों के लिए गाँधी ने एक नोट लिखा है। निस्सन्देह, सार्वजनिक सन्देश होने के कारण यह अब तक के पत्रों की तुलना में अधिक महत्त्वपूर्ण है। इसमें स्त्रियों से अन्तरंग सेवाएँ लेना त्यागने के अपने निर्णय को औपचारिक रूप से व्यक्त किया गया है। साथ ही उसकी सम्पूर्ण पृष्ठभूमि भी दी गई है। सन्देश में कहा गया है–

''मैं पिछले 7 अप्रैल से कष्ट में रहा हूँ। उस रात मैंने एक गन्दा सपना देखा। संकट की स्थिति आने से पहले ही मैं जग गया किन्तु मुझे लज्जा हुई। फिर मैं सोया नहीं। मैं बेचैन था। छत पर टहलता रहा और स्वयं को थोड़ा शान्त किया। मैंने महसूस किया कि मैं सुशीला और प्रभावती से सेवाएँ लेने के योग्य नहीं हूँ जो मेरे बिछावन के साथ निकट सोती हैं। (सुबह) प्रार्थना के बाद मैंने उन दोनों को यह बात बतायी और कहा कि अब मैं उन से सेवाएँ नहीं लूँगा। मगर दोनों ने इस निर्णय का बुरा माना। बारह घंटे के अन्दर मैंने अपना निर्णय

बदल दिया और उनसे सेवाएँ लेने लगा। मगर मेरा कष्ट दूर नहीं हुआ। 14 (अप्रैल) को दूसरे प्रकार का अनुभव हुआ जिस ने मेरी लज्जा और कष्ट बहुत बढ़ा दिया।... मैं अपना आत्म-विश्वास खो चुका हूँ। मैंने अपने ब्रह्मचर्य को लज्जित किया है। बहुत सोच-विचार कर मैं इस निश्चय पर पहुँचा हूँ। फिलहाल, और जब तक मैं दूसरे लोगों के साथ शारीरिक स्पर्श स्वीकार कर सकता हूँ, मैं स्त्रियों से ऐसी कोई सेवा नहीं लूँगा जिसमें स्पर्श की ज़रूरत होती हो, जब तक कि इस के बिना कोई उपाय न रहे। स्पष्ट है कि अब मैं स्त्रियों को हँसी-मज़ाक में या प्रेम दर्शाने के लिए नहीं छूऊँगा। यह बदलाव मेरे लिए बड़ा महत्त्वपूर्ण है। मेरा पूरा जीवन इस विश्वास के साथ बना है कि स्त्रियों के साथ निर्दोष स्पर्श में कुछ गलत नहीं है। ब्रह्मचर्य का व्रत लेने से पहले और बाद में मैंने असंख्य स्त्रियों को हल्के से या प्रेमवश छुआ है। उससे मैंने कोई विपरीत प्रभाव नहीं महसूस किया और मुझे ऐसी कोई जानकारी नहीं कि किसी स्त्री में उससे कोई कामेच्छा जगी रही हो। लेकिन 7 अप्रैल के बाद मुझे सन्देह पैदा हुआ। ब्रह्मचर्य के प्रति सतत प्रयत्न के बावजूद मैं क्यों कामना से मुक्त नहीं हो सका हूँ? क्यों मेरे विचार और मस्तिष्क अब तक शुद्धतर और शुद्धतर नहीं हो पाए? मैं कह सकता हूँ कि मैं भारत में काम-भावनाओं से उतना मुक्त नहीं रह सका जितना दक्षिण अफ्रीका में रह सका था। क्या स्त्रियों के साथ सम्पर्क ने मेरा मार्ग सूक्ष्म रूप से बाधित किया? कौन इसका उत्तर दे सकता है? एक ही समाधान है, कि जब तक स्वयं ईश्वर (अर्थात् कोई और इस पर नहीं बोल, बता सकता) इस का उत्तर दें, मैं स्त्रियों से सभी शारीरिक स्पर्श दूर रखूँ और अपना मस्तिष्क समझने और जीतने का प्रयत्न करूँ। कल मुझे यह दिन के प्रकाश की तरह स्पष्ट हुआ कि मैंने यह बड़ा गलत काम किया कि जो छूट मैं अपने लिए लेता रहा था उससे अपने सहयोगियों को वर्जित किया। मैं अभी भी नहीं समझ पा रहा हूँ कि इतने वर्षों तक मैंने कैसे ऐसा होने दिया। लगता है कि इसके पीछे मेरा अहंकार था।...मेरा प्रयोग ब्रह्मचर्य द्वारा तय की गई सीमाओं का अतिक्रमण करता रहा है। केवल शुकदेव जी जैसे मुनि, जो सदा चिन्तन, वाणी और कार्य में शुद्ध थे, ऐसी छूट के अधिकारी हो सकते हैं। यही सब सोच कर कल मैंने निर्णय किया। मुझे लगता है कि साबरमती में डाह्याबाई और दूसरों को जो बुरे अनुभव हुए उसकी जड़ में मेरा प्रयोग ही था। कौन कह सकता है कि कितने मामलों में मेरे व्यवहार से गलत कार्य हुए?"[36]

यह वक्तव्य गम्भीर होते हुए, तरह-तरह से कई स्थानों पर खुला छोड़ दिया गया है। अब से स्त्री-सम्पर्क न करने का मुख्य निर्णय भी 'फिलहाल' कहकर अस्थायी वाला भाव दिखाता है। उसमें भी जब अनिवार्य हो जाए, उसकी छूट ऐसे भी रखी हुई झलकती है। फिर, भारत में गाँधी का ब्रह्मचर्य दुर्बल हुआ, दक्षिण अफ्रीका की तुलना में यहाँ कामेच्छा अधिक क्यों महसूस होती रही, इसका उत्तर वे 'ईश्वर' के सिवा और किसी को देने का अधिकारी नहीं समझते हैं। जबकि यह कोई आध्यात्मिक विषय नहीं है। इसका अप्रत्यक्ष अर्थ यही हुआ कि दूसरे विद्वान या डॉक्टर, अनुभवी, सन्त, ज्ञानी भी इस विषय पर गाँधी को कुछ नहीं कह सकते कि भारत में उनकी काम-भावना क्यों कम नियन्त्रित रही। या तो गाँधी या ईश्वर। यह कोई सहज या बोधगम्य चिन्तन नहीं लगता।

सतही चिन्तन

चिन्तक के रूप में गाँधी सदैव बहुत सतही रहे हैं, इसके उदाहरण इस वक्तव्य में भी हैं। जब वे सामान्यतः स्त्रियों के साथ निर्दोष शारीरिक स्पर्श को अनुचित नहीं समझते थे, कि जब इसी विश्वास से उनका सम्पूर्ण जीवन निर्मित हुआ है, तब गाँधी ने अपने आश्रम में अन्य सबको ऐसे स्पर्श से सख्ती से वर्जित क्यों किया? अपने चिन्तन में ऐसे पहाड़ जैसे अन्तर्विरोधों का भी गाँधी कभी सामना नहीं करते थे। बल्कि, लेनिन की तरह वे ऐसी चीज़ों को देख ही नहीं सकते थे। दिखाने पर भी नहीं। अपने कथित प्रयोग का उल्लेख करते हुए वह यहाँ भी स्पष्ट नहीं करते कि वह आखिर क्या था या है। स्त्रियों को छूते रहना, खींच कर गले लगा लेना, कंधे पर हाथ धरे रहना, चाहे पूर्ण निर्विकार रूप में, तो कोई प्रयोग नहीं हुआ। उसके अलावा किसी चीज़ का उल्लेख गाँधी ने नहीं किया। तब वह प्रयोग क्या है, जिसके लिए वह 'ब्रह्मचर्य द्वारा तय की गई सीमाओं का अतिक्रमण' करते रहे? और यह ब्रह्मचर्य द्वारा तय की गई 'सीमा' क्या है, गाँधी की 'अपनी परिभाषा' वाला ब्रह्मचर्य क्या है और भारतीय शास्त्रीय या लौकिक ब्रह्मचर्य से यह कहाँ, कितना भिन्न है--यह सब बातें गाँधी कहीं स्पष्ट रूप से निर्धारित नहीं करते। बल्कि इसकी आवश्यकता ही नहीं समझते। तब उन का सम्बोधन सुनने वाले लोग उन बातों का क्या अर्थ कर सकते थे, जो समय-समय पर बिना किसी कैफियत के बदला करती थीं?

जैसा ऊपर हमने सन्देह व्यक्त किया था, प्यारेलाल और सुशीला को लिखे

पत्र में अपने अपराध स्वीकार आदि के दूसरे दिन से ही गाँधी के पत्र में दूसरा स्वर सुनाई पड़ता है। 2 जून 1938 को प्यारेलाल को लिखे पत्र में सुशीला पर अपने आक्षेप आदि के सम्बन्ध में गाँधी लिखते हैं, ''मैंने जो भी किया वह प्रेम-वश ही किया। मगर अपनी परिभाषा के अनुसार मैं एक काम-ग्रस्त पिता साबित हुआ।''[37] इसके अतिरिक्त पुनः सुशीला के बारे में उन्हीं बातों का अनावश्यक, उबाऊ दुहराव, जो पिछले कई पत्रों में गाँधी बार-बार लिख चुके हैं। दॉस्ताएवस्की के उलझे हुए पात्र की तरह गाँधी के इन अन्तहीन दुहरावों के पीछे क्या है? पूरे प्रसंग में स्पष्ट बात एक ही प्रतीत होती है कि चूँकि अभी तक दोनों भाई-बहन ने वापस गाँधी के पास आने का संकेत नहीं दिया है, इसलिए गाँधी लगातार उन पर तर्क, भावना, बुद्धि का जितना दबाव डाल सकते हैं डाल रहे हैं। पर क्योंकि गाँधी की तर्क-क्षमता सीमित और गोल है, इसलिए बार-बार उन्हीं बातों के दुहराव के और कुछ नहीं मिलता।

नित्य पत्र लिखकर उन दोनों पर दबाव बनाए रखना एकमात्र उद्देश्य दिखता है। आगे उसी पत्र में इसकी सीधी झलक भी मिलती है, ''यदि मैं तुम्हें खो देता हूँ, तो इसका सारा दोष मेरा होगा। मैं महसूस करता हूँ कि मैं कुछ मामलों में मन्दबुद्धि हूँ।''[38] फिर उसी दिन, 2 जून को सुशीला को भी गाँधी दो पत्र लिखते हैं। दूसरे पत्र में क्रोध भी झलकता है, सुशीला के 'निष्पाप' होने की बात एकदम भूल कर पुनः पुराने, अभियोगी अन्दाज़ की अभिव्यक्ति भी। और तो और, एक ही दिन पहले की गई प्रतिज्ञा तोड़ने की 'विनम्रतापूर्वक' तार्किक तैयारी भी। देखिए, ''मैं तुम्हारी पवित्रता के बारे में क्या जानता था, जब तक महादेव ने मुझे नहीं बताया?...यदि तुमने भी कामेच्छा अनुभव की थी, तो ठीक ही है। क्योंकि तब हम दोनों एक ही तरह की मुसीबत में हैं और हम दोनों को सावधान रहना चाहिए।... जिस दिन मुझे अपने को तुम से बचाने की ज़रूरत पड़ जाए, उस दिन तुम मुझे मरा हुआ देखोगी, मुझे ज़िन्दा नहीं देखोगी। 69 वर्ष की आयु में तुम्हारा काम-विकार मुझे प्रभावित नहीं कर सकता। मैं अपने ही काम-विकार में जल रहा हूँ। अपने विकार के कारण ही मैं स्वयं को किसी स्त्री से सेवा लेने के योग्य नहीं मानता। उस कारण तुम मुझे छोड़ देने के लिए मुक्त हो, मगर तुम तो सदैव कहती रही हो कि तुम मुझे किसी हाल में नहीं छोड़ोगी। इसलिए मैं विनम्रतापूर्वक तुम्हारी सेवा लेने के लिए तैयार हूँ। क्या तुमने दूसरों के पत्र पढ़े? किसी को कोई शिकायत नहीं है। केवल मीराबेन ने तरह-तरह की कल्पना कर ली है।''[39] यहाँ फिर किसी

आसक्त प्रेमी की छाया दिखती है। चाहे यह आसक्ति 'काम-ग्रस्त पिता' की ही क्यों न हो।

अतएव, मीराबेन ने स्त्रियों के साथ तरह-तरह की छूट लेने के लिए गाँधी की जो लगातार ('रावण के महल' जैसा विलासिता का दृश्य) कठोर आलोचनाएँ कीं, जिसे 'अतिरंजना को छोड़कर' स्वयं गाँधी सही बताते रहे, अब वह सब 'मीराबेन की कल्पना' हो गई। साथ ही गाँधी वहीं जोड़ रहे हैं कि चूँकि और किसी के पत्र में ऐसी शिकायत नहीं है। अतः कोई गड़बड़ी हुई ही नहीं। और क्योंकि हर हाल में गाँधी सुशीला को साथ रखना चाहते हैं, इसलिए एक ही दिन पहले की सारी प्रतिज्ञा भूल कर उससे सेवा लेने के लिए तैयार हैं! वह भी तब, जबकि दोनों 'काम-विकार' से ग्रस्त हैं!

यह पत्र गाँधी के विवेक का नमूना है। जब वह दूसरों के पत्र में गाँधी के स्त्री-सम्पर्कों पर कोई शिकायत न होने की बात करते हैं तो सुविधापूर्वक भूल जाते हैं कि आश्रम में, और बाहर से ठक्कर बापा, नरहरि, देवदास, बिड़ला, पटेल, राजगोपालाचारी, बिनोबा, आदि कितने ही बड़े और महत्त्वपूर्ण लोगों ने उन्हें बार-बार इस पर टोका और मना किया है।

यह सब बातें, कथित प्रयोग आदि बाहर आम जनता को मालूम न थे। केवल गाँधी के निकट के लोग तथा आश्रमवासी यह सब जानते थे। वे भी इन बातों की बाहर चर्चा नहीं करते थे, तो इसके पीछे गाँधी का राजनीतिक व्यक्तित्व था। अंग्रेज़ों से संघर्ष चलते रहने के कारण गाँधी की प्रतिष्ठा बनाए रखना सबको ज़रूरी लगता था, इसलिए भी ऐसी बातें सार्वजनिक होने से यथाशक्य बचाई गईं। जैसे धर्मपाल ने लिखा है, गाँधी के निकट के कई लोग स्वयं को 'गाँधी की प्रतिष्ठा के रक्षक' महसूस करते थे। अन्यथा सन्देह नहीं कि स्त्रियों से जिस तरह की सेवाएँ गाँधी लेते थे, वह आम जनता को मालूम होने पर क्षोभ होना तय था।

जैसे 'प्रयोग' गाँधी अपने ब्रह्मचर्य की जाँच के नाम पर करते थे, उसे किसी महात्मापन के तर्क से भारतीय जनता में स्वीकृति नहीं मिलती। क्योंकि कामदेव की शक्ति का पौराणिक कथाओं से लेकर रोज़मर्रा के अनुभव से पूरी भारतीय जनता को पता था कि बड़े-बड़े ऋषि-मुनि उसमें डिगते रहे हैं। बल्कि उसी में डिगते हैं। सारी भारतीय पौराणिक कथाएँ यही दुहराती हैं कि तपस्वियों को डिगाने, भ्रष्ट करने के लिए अप्सराओं का उपयोग होता था। गाँधी के गुरु टॉल्स्टॉय भी *फादर सेर्जियस में* यही दिखा चुके हैं। पहले गाँधी स्वयं अनेक बार कह चुके

हैं, 'सेक्स के मामले में उनका काबू रखना कठिन है', और 'भारत में उनका ब्रह्मचर्य नियन्त्रण कम हुआ', आदि। तब गाँधी जाँच या प्रयोग काहे की कर रहे थे?

गोपनीयता और गाँधी की छवि

इसलिए गाँधी के स्त्री-संसर्ग की तफसीलें सार्वजनिक होने पर गाँधी की आभा टूटना तय था। जो टूटी भी, उन कई सहयोगियों के बीच जो गाँधी के निरन्तर निकट सम्पर्क में रहे। आज से 70-75 वर्ष पहले की स्थिति का भी ध्यान रखें, जब स्त्रियों के प्रति और स्त्री-पुरुष मेल-जोल के प्रति समाज की मानसिकता अधिक रूढ़िग्रस्त थी। इसलिए उस समाज से यह बातें सदैव गोपन ही रखी गईं। बल्कि पहले उद्धृत सारे पत्र भी हमें *आज* उपलब्ध हैं। किन्तु उस समय तो गाँधी के दूसरे निकट सहयोगी तक यह सब तथ्य नहीं जानते थे जो मीराबेन, गाँधी, सुशीला, प्यारेलाल, महादेव, अमतुस सलाम, लीलावती, अमृतकौर आदि के बीच संप्रेषित हो रहा था।

आज उजागर (चाहे इस पर चर्चा नहीं की गई है) उक्त बातें भी उस समय गोपनीय ही थीं। फिर भी कई तथ्य गोपन ही रह गए हैं। आखिर गाँधी ने ही इस पूरे प्रसंग के कितने ही पत्रों को फाड़ने, नष्ट करने की हिदायत किसलिए दी थी? इस मामले में 'सत्य' के उजागर होने से सत्य के ही साधक को क्यों भय हुआ था? फिर यह भी ध्यान रखना चाहिए, कि गाँधी की सर्वव्यापी राजनीतिक महानता की जैसी छवि आज दिखाई जाती है, वास्तव में उस समय ऐसा नहीं था। सार्वजनिक जीवन में गाँधी के अनेक आलोचक, न केवल जिन्ना या अंग्रेज़ आदि, बल्कि कांग्रेस के अन्दर और हिन्दू महासभा के अनेक प्रभावशाली राष्ट्रीय नेता समय-समय पर गाँधी के विविध कदमों को गलत ठहराते थे। अनेकों महत्त्वपूर्ण लोगों ने गाँधी से राजनीतिक सम्बन्ध तोड़ा था। यहाँ तक कि 1945-46 के लगभग नवजीवन ट्रस्ट ने अपने प्रकाशन *हरिजन* में गाँधी के लेख प्रकाशित करना बन्द कर दिया था। वैयक्तिक व्यवहार में भी पहले दिखा ही है कि गाँधी के तीन-तीन निकट सहयोगी उनसे अलग होकर दूर जाना चाहते हैं।

यह उस समय गाँधी के वास्तविक प्रभाव की सीमाएँ दिखाता है। गाँधी के सामान्य परिचारक जैसे सहयोगी भी गाँधी के साथ रहने, काम करने से मुक्ति चाहते हैं। गाँधी के पत्रों का उत्तर तक नहीं देते। अन्य आश्रमवासियों में भी गाँधी के कामों, तरीकों पर असन्तोष कई बार उभरे। यह बाद में भी होता रहा।

बाहर, सार्वजनिक गतिविधियों में गाँधी के राजनीतिक अभियानों, उस की विचित्रताओं, तथा वास्तविक परिणामों से जनता में भी कई बार गाँधी से निराशा महसूस की गई थी। और यह आरम्भ से ही हुआ, जब गाँधी ने भारत में अपना राजनीतिक अभियान आरम्भ ही किया था। इस पृष्ठभूमि में समझा जा सकता है कि ब्रह्मचर्य या स्त्री-स्पर्श व्यवहारों की तफसीलें सार्वजनिक होने पर गाँधी की छवि निश्चित रूप से गिर जाती। इसलिए कमो-बेश गोपनीयता के प्रति सभी लोग एकमत थे।

बहरहाल, एक ही दिन में अपने घोषित निर्णय के विपरीत गाँधी द्वारा आचरण करने की तैयारी की क्या सफाई दी जा सकती थी? क्या वह, जो सुशीला को 2 जून 1938 वाले पत्र में गाँधी देते हैं? उस से तो केवल कामना प्रकट होती है, ब्रह्मचर्य तो दूर से भी नहीं। बल्कि 'दूसरों के पत्र' की बात का सहारा भी गाँधी विचित्र रूप से ले रहे हैं, क्योंकि उनमें ऐसा कोई सहारा नहीं है। मीराबेन ही नहीं, अमृत कौर के भी कई पत्रों में गाँधी के स्त्री-व्यवहार पर आपत्ति का संकेत है। नानावटी के पत्रों में भी सन्देह है। आगे तो अनगिनत लोगों की कड़ी आपत्ति की सूचना मिलती है, वह भी कई वर्ष पीछे से ही। यह तो केवल गाँधी वाङ्मय में उपलब्ध प्रमाणों, संकेतों की कुछ बातें हैं। तत्कालीन अन्य साहित्य, संस्मरण, आदि खंगाले जाएँ तो बहुतेरे अन्य महत्त्वपूर्ण स्वर भी मिलेंगे जो गाँधी के स्त्री-संसर्ग सम्बन्धी व्यवहारों के प्रति कठोर थे। फिर भी गाँधी सुशीला नायर को अपनी सेवा के लिए निकट रखने के लिए ऐसी भंगिमा बना रहे हैं मानो मीराबेन की आलोचनाएँ काल्पनिक बातों पर आधारित थीं। पूरे प्रसंग में सारी बातों को देखने पर यह मात्र बहलावा लगता है। गाँधी क्या स्वयं को बहला रहे थे? या केवल सुशीला को?

सुशीला को लिखे पत्र की ही अनुकृति दूसरे दिन उनके भाई प्यारेलाल को लिखा पत्र भी है। यह अजीब-सा लगता है कि अनेक पत्रों में सुशीला को निष्पाप, सरल-हृदय, काम-भाव से अनजान आदि कहते रहने के बाद गाँधी अब लगातार उलटी सम्भावना उठाए जा रहे हैं। फिर, एक भाई से उसकी बहन के बारे में काम-भाव सम्बन्धी चर्चा दुहराते रहने में सुरुचि का अभाव भी दिखाई देता है, विशेषकर जब इसकी कोई आवश्यकता तक नहीं। प्रसंगहीन चर्चा, क्योंकि गाँधी का मुख्य लक्ष्य केवल सुशीला को वापस अपनी सेवा में बुलाना भर है।

प्यारेलाल को लिखे पिछले पत्र में वे यह भी कह चुके हैं कि उस प्रसंग में वह अन्तिम पत्र था। किन्तु 3 मई 1938 के पत्र में फिर देखिए, "अब यह

तुम दोनों (भाई-बहन) देख सकते हो कि यदि यह प्रमाणित भी हो जाए कि सुशीला दूषित भावनाओं की गोद में गिरने की स्थिति में थी, मेरा निष्कर्ष अपरिवर्तित रहेगा। जब तक मैं दूसरों को वह करने की अनुमति देने के लिए तैयार नहीं हूँ, मुझे स्वयं वह क्यों करना चाहिए? यह मुझे तो स्वतः स्पष्ट लगता है। अब मैं इस भूल में एक ऐतिहासिक पृष्ठभूमि देखने लगा हूँ। मेरे इस निर्णय के बाद हम सब चैन महसूस कर सकते हैं।...अभी मैं इस स्थिति में नहीं हूँ कि सुशीला को आने के लिए प्रेरित करूँ। जब वह स्वतः आएगी तो मैं निश्चय ही उसे गले लगा लूँगा, बावजूद इसके कि मैंने स्त्रियों से सेवा लेना बन्द कर दिया है।... यदि सुशीला आना चाहे, तो उसका स्थान पहले से भी ऊँचा होगा। तुम मुझ से भागकर कहाँ जाओगे। तुम्हारी कलम से वैसे शब्द नहीं निकलने चाहिए थे। मैं तुम्हारा पत्र लौटा रहा हूँ।''[40] एक विशेष लड़की के लिए आसक्ति, उसे प्रेरित न करने की बात कहते हुए दूसरी ही पंक्ति में खुली प्रेरणा/प्रलोभन, स्त्री-स्पर्श न करने की प्रतिज्ञा के दूसरे ही दिन किसी युवा लड़की को गले लगाने की लिखित घोषणा, और प्यारेलाल के स्पष्ट कहने पर भी कि वह अब गाँधी के पास नहीं आना चाहता, उसे जबरन अपने पास बुलाने का पक्का इरादा—यह सब इन अन्तिम छह पंक्तियों में प्रमाणित है।

'सुशीला एक ज़ंजीर'

अगले दिन पुनः वही राग! 4 मई को प्यारेलाल को गाँधी : ''यदि महादेव और सुशीला निर्दोष होने की बजाए दोषी प्रमाणित हो जाएँ, तो भी मैं अपना निर्णय सही समझूँगा। (स्त्रियों को स्पर्श न करने का) मेरा निर्णय कोई दंड जैसी बात नहीं है। जो दोष मैं स्वयं पर ले रहा हूँ वह मुझे उचित लगता है। हो सकता है यह न भी हो। लेकिन यदि यह प्रमाणित भी हो जाए कि 9 और 14 (अप्रैल) वाली घटनाएँ काल्पनिक थीं तब भी मेरा निर्णय वैध रहेगा। कई बार कोई निर्णय आपकी आँख खोलने के लिए ज़रूरी होता है। मैं निश्चित रूप से सुशीला को अपने पास रखना चाहता हूँ। मैं उस से बहुत तरह की सेवाएँ लूँगा। लेकिन मैं नहीं चाहता कि वह अकेली आए। वह (सुशीला) एक ज़ंजीर है जो बाँध लेती है। मैं तुम्हें स्वेच्छा से मुक्त नहीं कर सकता। वह नहीं भी आती है तो भी मैं तुम्हारी उपस्थिति चाहता हूँ। मैं बहुत खुश होऊँगा यदि वह भी तुम्हारे साथ आती है।''[41]

अब यह स्पष्टतर होता जा रहा है कि गाँधी किसी से जो पाना चाहते

थे, उसके लिए पहले कही हुई अपनी बातों की भी परवाह नहीं करते थे। गम्भीर, अंगभीर, हर तरह के वचन कहना, फिर उसे तुरत भूल जाना, या उसकी विपरीत बातें शुरू कर देना निरन्तर दिखाई देता है। अनिच्छुक सुशीला और प्यारेलाल को अपने पास बुलाने के लिए गाँधी हर तरह के दाँव आज़माते हैं। उन सब कथनों में सदैव उन दोनों की अपनी इच्छा को महत्त्व देने की बात दुहराई गई है। किन्तु सब में विफल रहने के बाद, 5 जून से गाँधी सीधा आदेश देते दिखाई देते हैं, कि तुरत दोनों चले आओ। टेलीग्राम और पत्रों की बौछार। दोनों भाई-बहनों को। इस पर भी उत्तर न आने पर क्रोध और डाँट-डपट की भाषा भी झलकती है।

गाँधी द्वारा 5 जून को प्यारेलाल को लिखे पत्र से पता चलता है कि प्यारेलाल न केवल आने के लिए इच्छुक नहीं हैं बल्कि वह गाँधी को अपने (तथा सम्भवतः अपनी बहन के भी) प्रति किसी 'भारी भूल' का दोषी मानते हैं। 6 जून को लिखे पत्र से पता चलता है कि प्यारेलाल पर अब तक गाँधी के पत्रों, दलीलों, तर्कों, याचनाओं, उच्छवासों आदि का कोई असर नहीं हुआ। बल्कि वह अत्यन्त क्षुब्ध, क्रुद्ध और दुखी बने हुए हैं। अब गाँधी कह रहे हैं कि पत्रों से 'कुछ नहीं समझाया जा सकता। तुम दोनों ने मुझे गलत समझा है।' आदि।

इस बीच महादेव की स्थिति भी खराब है, ऐसा गाँधी के 5 जून के पत्र से झलकता है। सुशीला और महादेव के दोषी होने, न होने पर गाँधी की वही उलझी, अन्तहीन दुहराव भरी दलीलें अभी भी जारी हैं। 6 जून के पत्र में गाँधी प्यारेलाल से आशा करते हैं कि 'मेरे आदेश का सम्मान करो और आ जाओ'। इसी पत्र में एक दिलचस्प वाक्य है, जो गाँधी की मानसिकता की झलक देता है, "हम सब एक ही साथ पागल नहीं हो जा सकते। या तो मैं सही साबित होऊँगा, या फिर तुम दोनों को अपनी ज़िद छोड़ देनी होगी।"[42] अर्थात्, चित भी मेरी, पट भी। यही असली गाँधी हैं, बचपन से लेकर आज तक। आत्मकथा में भी इस के प्रसंग मिलते हैं, जब किसी विवाद में दो विकल्प रखते हुए गाँधी वास्तव में केवल एक ही विकल्प रखते हैं जो वह स्वयं चाहते हैं। कुछ इस तरह कि 'या तो तुम हारो या मैं जीतूँ'। हर हाल में गाँधी ही सही हैं, सही थे और सही होंगे, यह मनःस्थिति गाँधी के अवचेतन में भी पक्की तौर पर स्थापित दिखती है। इसीलिए जब वह दूसरों को विकल्प भी देते हैं तो अपनी ही इच्छाओं के अलग-अलग रूप का। दूसरों की भावना, समझ, इच्छा और बुद्धि की गाँधी को

वस्तुतः कभी परवाह नहीं रहती। लेनिन में भी यह गुण था। क्रान्तिकारी और कर्मठ होने की दृष्टि से गुण, किन्तु सामान्य मनुष्य की दृष्टि से एक अहंकारी दुर्गुण। गाँधी का राजनीतिक जीवन भी इस दुर्गुण से कुप्रभावित रहा, जिससे अनेकानेक स्वतन्त्रचेता नेता और सहयोगी गाँधी से विमुख हुए। यह तथ्य समझना चाहिए कि उदार, सत्यनिष्ठ, भला, विनम्र होने की भंगिमा के साथ कोई ज़िद या ज़बर्दस्ती करना कितना विकर्षक हो सकता है।

इस बीच मुन्नालाल शाह ने गाँधी से कुछ पूछा है, जिसे गाँधी ने उसकी पत्नी कंचन से स्पर्श, तथा एकान्त में मिलने तक की मनाही कर रखी है। 4 जून को मुन्नालाल को पत्र में गाँधी अपने 7 और 14 अप्रैल वाले अनुभवों के सन्दर्भ में अब स्त्री-स्पर्श न करने के निश्चय पर लिखते हैं, "मैं अपने अनुभवों से घबड़ा गया था क्योंकि मेरी समझ में नहीं आया कि मैं क्या करूँ। अब मैं समझ गया हूँ इसलिए चिन्ता खत्म हो गई है। समझ जाने का मतलब यह नहीं कि स्त्रियों से शारीरिक स्पर्श मेरे उन कष्टकारी अनुभवों का एक या एकमात्र कारण था। लेकिन मुझे यह ज़रूर स्पष्ट हो गया कि मुझे वह नहीं करना चाहिए था जो मैं दूसरों में बर्दाश्त करने के लिए तैयार न था। अब चूँकि मैंने वह व्यवहार (स्त्री-स्पर्श) छोड़ दिया है, मैं देखूँगा कि क्या स्त्रियों के साथ संसर्ग ही मेरी प्रगति रोक रहा था या कोई और कारण था। इसलिए, स्त्री-स्पर्श न करने वाले प्रयोग के परिणाम का पूर्णतः मूल्यांकन करने के लिए, मुझे उसका पूर्ण त्याग करना ही चाहिए, कम-से-कम फिलहाल।"[43]

सुशीला नायर को 6 जून 1938 को लिखे पत्र से एक नए तत्त्व का पता चलता है। ऊपर कई पत्रों में महसूस किया गया कि गाँधी सुशीला नायर से बार-बार काम-भावना, कामेच्छा, काम-विकार की दुहराव भरी चर्चा क्यों किए जा रहे हैं? इस पत्र से ऐसा झलकता है कि उन दोनों के बीच ऐसी चर्चाएँ अन्य प्रसंगों में भी होती रही हैं। गाँधी 7 अप्रैल की रात अपने द्वारा देखे गए 'गन्दे स्वप्न' और 14 अप्रैल के दिन में वीर्य-स्खलन हो जाने के सन्दर्भ में सुशीला को आश्वस्त करते हैं, "7 की रात वाला अनुभव तुम लोगों की कामुक विषयासक्ति आदि से प्रभावित नहीं था। जहाँ तक 14 वाली घटना है, उसमें मैं अपनी ही काम-भावना प्रतिबिम्बित पाता हूँ। यह मैं और समझाऊँगा जब हम मिलेंगे।...मैं लगातार देख रहा हूँ कि मैं कामुक हूँ।"[44] यह एक धर्म-पिता द्वारा धर्म-पुत्री को लिखा गया पत्र है। कुँवारी, नवयुवती को।

विगत लगभग चार दशक से ब्रह्मचर्य-व्रती गाँधी द्वारा कृष्णचन्द्र को 10 जून को लिखा गया पत्र भी विचारणीय है। प्रसंग से प्रतीत होता है कि कहीं दूसरे शहर या स्थान में किसी कार्यक्रम में गाँधी को जाना है, और कृष्णचन्द्र ने वहाँ गाँधीजी के लिए ज़रूरी व्यवस्था आदि करने के सम्बन्ध में कुछ पूछा है। उत्तर में गाँधी का सम्पूर्ण पत्र इस प्रकार है : ''स्त्रियाँ वहाँ रहें, मगर फिर भी मेरे साथ एक पुरुष भी अवश्य चलना चाहिए। मुझे सहारे की ज़रूरत है या नहीं, प्रश्न यह नहीं है। मैं उसके बिना काम चलाने की कोशिश कर रहा हूँ, मगर कैसे कह सक्ता हूँ कि कब ज़रूरत पड़ जाए? मालिश के बारे में मैं देखूँगा। सुशीलाबेन (मेरे) शरीर का पोर-पोर जानती है। इसीलिए वह भी जल्दी इसे छोड़ने का साहस नहीं कर रही। तुम्हें कनु पर अभ्यास करके सीखना चाहिए कि मालिश कैसे की जाती है।''[45]

इस संक्षिप्त पत्र से दो बातें झलकती हैं। हर कहीं गाँधी चलते हुए सहारे के लिए लड़कियों का ही उपयोग करते थे। दूसरे, लड़कियों से ही शरीर की मालिश कराना उन का व्यसन था। पहले पत्रों में भी वे मालिश करने वाली लड़कियों लीलावती, अमतुस सलाम आदि नाम लेते हैं। (मीराबेन को पत्र, 3 मई)। यहाँ तक कि स्त्री-स्पर्श वाली आपत्तियों के उठने पर भी किसी पुरुष मालिशकर्ता लेने का विचार तक नहीं करते। इस सन्दर्भ में सुशीला नायर, जब वह बुजुर्ग हो चुकी थीं, का वह कथन ध्यातव्य है, कि गाँधी की निजी मंडली में पहले स्त्रियों, लड़कियों द्वारा ऐसी सेवाएँ लेने आदि को 'प्राकृतिक चिकित्सा' कहा जाता था। यह तो बाद की बात है कि इन्हें 'ब्रह्मचर्य प्रयोग' कहा जाने लगा। यह बात सुशीला ने वेद मेहता को बताई थी जब वह अपनी पुस्तक *महात्मा गाँधी एंड हिज़ एपोस्टल्स* (1974) लिखने के सिलसिले में सुशीला से मिले थे।

तो क्या गाँधी द्वारा गरीब किसान की वेश-भूषा अपनाना कोई लटका-भर था? किसी किसान के लिए इतनी तरह की निजी परिचारिकाएँ, सहायक नहीं होते। यदि राजनेता होने के कारण यह सब गाँधी की आवश्यकता थी, तब भी किसी समकालीन दूसरे भारतीय राजनेता के लिए ऐसी व्यवस्थाएँ नहीं थीं। यहाँ तक कि मुहम्मद अली जिन्ना, जो अत्यन्त धनी (पूरे ब्रिटिश साम्राज्य में सबसे महँगे बैरिस्टर!) और वेश-भूषा, रहन-सहन में आधुनिकतम और उच्चतम रुचि के थे, उन्होंने भी सदैव केवल एक सहायक रखा था। फिर गाँधी के लिए इतने

विस्तृत, स्थायी, यहाँ तक कि बाहर के दौरों पर भी ऐसे अन्तरंग सेवकों की आवश्यकता की सफाई देनी कठिन है। विशेषकर गरीब किसान के कपड़ों वाले लिबास के साथ। इसीलिए प्रेमपूर्ण व्यंग्य में, सम्भवतः सरोजिनी नायडू ने कहा था, "गाँधी को गरीब रखने में हमें बहुत धन खर्च करना पड़ता है।"

यदि यह सच था, तब तो गाँधी का बाह्य व्यक्तित्व एक अभिनय ही कहा जाएगा, जो जनता पर उचित प्रभाव डालने के लिए किया गया था। जैसा फिल्मी अभिनेता करते हैं। यह उनकी प्रोफेशनल आवश्यकता होती है। निस्सन्देह, जनता के प्रति गाँधी की व्यथा सन्देह से परे थी। किन्तु गाँधी की जीवन शैली न किसान से, न ब्रह्मचर्य-व्रती से मिलती है। इसलिए ब्रह्मचर्य की गाँधी धारणा और भी अबूझ होती जाती है।

वचन भंग के आदी गाँधी?

ब्रह्मचर्य-व्रत का भी गाँधी का अपना, वह भी अस्पष्ट—स्वयं गाँधी के लिए भी अस्पष्ट—अर्थ था, इस बात का प्रमाण उनके अगले पत्र से मिलता है जो 11 जून 1938 को बलवन्त सिन्हा को लिखा गया है। यह पत्र बलवन्त के पत्र के उत्तर में है, जिसमें उन्होंने गाँधी के ब्रह्मचर्य की धारणा, व्यवहार और इस सम्बन्ध में पिछली प्रतिज्ञाओं को भूलने अथवा वचन-भंग के प्रश्न उठाए हैं। गाँधी इसका विस्तार से उत्तर देते हैं, जो कई दृष्टि से विचारणीय है। गाँधी लिखते हैं, "तुम्हारी शंका समीचीन है, तुम्हारा भय सामयिक है और तुम्हारी चेतावनी सलाह का स्वागत है। सन् 1935 में जो शपथ मैंने ली थी...उसका सारांश यह था कि कि मैं स्त्रियों के कंधे पर हाथ रखकर चलने की आदत छोड़ दूँगा। तब भी मैं यह नहीं समझता था, न आज ही समझता हूँ, कि उस आदत में कोई दोष था। मैंने उसे लोक-हित के लिए छोड़ दिया था।"[46]

इस पत्र में आगे गाँधी की बातें देखने से पहले अच्छा रहे कि उस मूल शपथ में कही बात भी देख ली जाए। प्रसंग इसलिए रोचक, और यह जानने के बाद कुछ हैरत-भरा हो जाता है कि गाँधी की इस आदत पर पहले भी प्रश्न उठते रहे हैं, पहले भी वे 'शपथ' लेते रहे हैं, और जैसा ऊपर की विस्तृत चर्चा से स्पष्ट है, उसे भूल कर, या उस का अपना अर्थ कर, पुनः उसी आदत पर निस्संकोच लौटते रहे हैं। दिलचस्प बात यह है कि यह सब करते गाँधी का आत्म-विश्वास नहीं डिगता, कि वह कोई असंगत या वचन-विपरीत कार्य कर

रहे हैं। लेनिन की तरह गाँधी भी पूरे विश्वास से सदैव हरेक शंकालु सहयोगी को ही शिक्षा देने में लग जाते हैं कि *उससे* समझने में क्या, कहाँ भूल हो रही है। गाँधी तो, लेनिन की तरह ही, सदैव सही हैं। इसमें कोई सन्देह नहीं है। अस्तु।

सन् 1935 वाली गाँधी की यह शपथ बाकायदा *'ए रिनन्सिएशन'* शीर्षक व्यवस्थित लेख है जो 21 सितम्बर 1935 के *हरिजन* में छपा था। गाँधी लड़कियों के कन्धे पर हाथ रखकर चलने की कैफियत देते हुए आरम्भ करते हैं कि सन् 1891 में इंग्लैंड से लौटने के बाद ही उन्होंने परिवार के बच्चों की देखभाल की ज़िम्मेदारी ले ली थी। वह गाँधीजी के भाई के बच्चे थे। नियमित घूमने जाने में वे बच्चों के कन्धे पर हाथ रखे घूमते थे। उन बच्चों में लड़के, लड़कियाँ दोनों थे। यह तब भी जारी रहा जब लड़कियाँ बड़ी हो गईं। परिवार के बढ़ने के साथ "इस चीज़ ने लोगों का ध्यान खींचना शुरू कर दिया। मुझे कुछ गलत करने का ध्यान न था। जहाँ तक मुझे स्मरण है, कुछ वर्ष पहले तक जब साबरमती आश्रम के आश्रमवासियों ने मेरी आदत पर बताया कि बड़ी लड़कियों और स्त्रियों के साथ मेरी यह आदत शालीनता की लोक-स्वीकृत मान्यता के विरुद्ध है। मगर कुछ विमर्श के बाद यह जारी रहा। इधर वर्धा से दो सहयोगी आए जिन्होंने कहा कि इस से दूसरों के लिए गलत उदाहरण बन रहा है और इसलिए मैं यह आदत छोड़ दूँ। यह तर्क मुझे नहीं रुचा। फिर भी मैं मित्रों की चेतावनी की उपेक्षा नहीं करना चाहता था, इसलिए मैंने पाँच आश्रमवासियों को इसकी जाँच और सलाह देने के लिए कहा। जब यह रूप ले रहा था उसी बीच एक निर्णायक घटना घट गई। विश्वविद्यालय का एक प्रतिभाशाली छात्र एकान्त में एक लड़की के साथ हर तरह की छूट यह कहते हुए ले रहा था कि वह उसे अपनी बहन जैसा प्यार करता है और इस प्रेम-प्रदर्शन में कुछ शारीरिक स्पर्श किए बिना नहीं रह पाता। इसमें अनुचित कुछ होने जैसी बात का संकेत किए जाने पर वह बहुत बुरा मानता था। यदि मैं बताऊँ कि वह क्या-क्या करता था तो पाठक बिना झिझक कहेंगे कि वह गन्दी छूट लेता रहा था।...इस घटना की जानकारी ने मुझे सोचने पर विवश किया। मुझे उन दो सहयोगियों की चेतावनी याद आई और सोचा कि मुझे कैसा लगता यदि उस छात्र ने मेरी आदत का उदाहरण दिया होता। मैं यहाँ बता दूँ कि वह लड़की उस छात्र को निर्दोष और भाई जैसा ही मानती थी, बावजूद इसके कि उसकी हरकतें उसे पसन्द नहीं थीं। यहाँ तक कि उसने उसका विरोध भी किया, मगर वह इतनी कमज़ोर थी कि उन हरकतों को रोक नहीं सकी।

इस पर आत्मचिन्तन ने मुझे अपनी आदत छोड़ने के लिए प्रेरित किया और 12 तारीख को वर्धा में मैंने तुरत आश्रमवासियों के समक्ष उसकी घोषणा कर दी। यह निर्णय लेने में मुझे कष्ट भी हुआ। मेरे मन में उस आदत के साथ कभी गन्दे विचार नहीं आए थे। मेरी गतिविधि सदैव खुली रही है।...जहाँ मैं ऐसे ब्रह्मचर्य में विश्वास नहीं रखता जो विपरीत-लिंगी से स्पर्श न करने की दीवार की माँग करता है, वहीं मैं उन खतरों से अनजान न था जो मेरे छूट लेने से जुड़े हुए थे।...(इसलिए) मुझे वैसे काम करना छोड़ना ही चाहिए जिसके लिए तर्कपूर्ण सफाई देने की ज़रूरत पड़ती हो। मेरा उदाहरण हर किसी के अनुकरण के लिए नहीं था। मैंने यह आदत इस आशा में छोड़ी है कि वे लोग सुधर जाएँगे जो मेरी आदत के उदाहरण से या अपने-आप गलती करते रहे थे। निष्पाप युवावस्था एक अमूल्य वस्तु है जिसे क्षणिक उत्तेजना, गलत सुख लेने में नहीं लुटा देना चाहिए। उक्त प्रसंग वाली कमज़ोर लड़कियों को इतना मज़बूत होना चाहिए कि युवा लड़कों, जो या तो दुष्ट हैं या नहीं जानते कि क्या कर रहे हैं, उनकी वैसी हरकतों का, जो निर्दोष होने का दावा करती है, प्रतिरोध कर सके।"[47]

सन् 1935 में ली गई यह विस्तृत शपथ और घोषणा इतनी स्पष्ट और सुसंगत है, कि पढ़कर दोहरा आश्चर्य होता है। क्योंकि इसमें वर्णित कई अस्वीकार्य बातें और तर्क ऊपर स्त्री-स्पर्श प्रसंग में स्वयं गाँधी ही दुहराते मिलते हैं। आश्चर्य इसलिए भी क्योंकि तीन वर्ष पहले ली गई 'शपथ' के विपरीत आचरण करते हुए गाँधी को स्वयं कभी इसका स्मरण करते नहीं देखा गया। सभी पत्रों में वह उसी लड़के जैसा मिलता-जुलता तर्क देते दिखते हैं जिसका उक्त शपथ में वर्णन है। पुनः नए सिरे से 2 जून 1938 को जो 'आश्रमवासियों को सम्बोधन' किया गया है, वह तो ठीक 21 सितम्बर 1935 वाली 'शपथ' का दुहराव-सा लगता है। तो क्या गाँधी को बार-बार एक शपथ लेकर स्वतः उसे अघोषित रूप से छोड़ देने, और पुनः किसी दबाव से वही शपथ लेने की भी आदत थी? क्या इसीलिए वे सदैव 'फिलहाल' और 'प्रयोग' जैसे शब्दों का प्रयोग करते हैं? हालाँकि 1935 वाली शपथ में ऐसा कोई नुक्ता नहीं (जैसा 1938 वाले में है), जो लड़कियों के कन्धे पर हाथ रखकर चलने वाली आदत छोड़ने की घोषणा करता है। फिर भी हम देखते हैं कि ऊपर, मई-जून 1938 में कितने ही पत्रों में गाँधी इसी आदत का बचाव पूरे आवेग से करते दिखते हैं। देखें, आगे बलवन्त सिन्हा द्वारा उस शपथ और उसके भंग का स्मरण दिलाने पर गाँधी की दलील क्या है!

उस शपथ को बिलकुल ठीक-ठीक याद कर गाँधी बलवन्त सिन्हा को 11 जून 1938 वाले पत्र में आगे लिखते हैं : "(मगर) मेरे हृदय ने यह नहीं माना था कि अब आगे किसी भी लड़की के कन्धे पर हाथ नहीं रखूँगा।" तो क्या 'अहिंसा', 'ब्रह्मचर्य' जैसी अवधारणाएँ ही नहीं, बल्कि 'वचन', 'शपथ' आदि सरल शब्दों का भी गाँधी *अपना* अर्थ करते रहे हैं? ऊपर *ए रिनन्सिएशन* पढ़कर कहीं आभास तक नहीं होता कि गाँधी उसे भी तात्कालिक, 'फिलहाल' वाली भंगिमा में कर रहे हैं। लेकिन अब बलवन्त को वह यही कह रहे हैं कि वह कोई स्थायी, निरवधि शपथ नहीं थी। बलवन्त ने अपने पत्र में सम्भवतः किसी लड़की का उल्लेख किया है कि उस शपथ के बाद भी गाँधी ने उस के कन्धे पर हाथ रखा था। वह स्वीकारते हुए गाँधी आगे लिखते हैं, "किन्तु मुझे याद है कि जब उसके कन्धे पर मैंने हाथ रखा तो मुझे अपनी 1935 वाली शपथ याद थी। शायद मैं उसका आग्रह ठुकरा न सका, या शायद मुझे उसके सहारे की ज़रूरत थी। निश्चय ही मैं यह नहीं कह रहा कि वह सहारा मेरी शारीरिक दुर्बलता के कारण अपरिहार्य हो गया था, क्योंकि यदि वह बात होती तो मैं किसी पुरुष का सहारा ले सकता था ताकि शपथ का उल्लंघन न हो। किन्त मेरी शपथ का उतना विस्तृत अर्थ कभी नहीं था, कम-से-कम मेरे लिए।"[48]

अर्थात्, गाँधी अच्छी तरह समझते हैं कि सामान्य अर्थ में शपथ टूटी है, इसीलिए उसका अर्थ वह 'कम-से-कम मेरे लिए' करके लगा रहे हैं। लेकिन समस्या यह है कि उस लिखित शपथ में ऐसा कोई संकेत नहीं है कि गाँधी उसे अपने अर्थ में लेने वाले हैं। बल्कि ठीक उल्टा, क्योंकि वह शपथ 'लोक-हित' में लिया और बाकायदा प्रकाशित किया गया था, तब उसका अर्थ भी लोक द्वारा लिए जाने वाले अर्थ से भिन्न होने का कोई कारण नहीं बचता।

अतः बलवन्त सिन्हा को कही जा रही बातें *सोफिस्ट्री* (सत्याभासी असत्य कथन) की ही श्रेणी में जाएगी, जो गाँधी-तर्क भंडार में कई बार मिलने वाली चीज़ है। इसी पत्र में इसके और उदाहरण मिलते हैं, यथा, "एकदम आरम्भ से ही मैंने, अपवादस्वरूप सुशीलाबेन के साथ बा सरीखा व्यवहार रखा है।"[49] (यह वही सुशीला नायर हैं जो अब गाँधी के पास नहीं आना चाहतीं, और जिन्हें पास बुलाने के लिए डेढ़ महीने से गाँधी रोज़ाना पत्र लिख रहे हैं।) अजीब बात यह है कि वह दूर की लड़की उनके लिए 'आरम्भ से ही' अपनी पत्नी बा के समान व्यवहार योग्य 'अपवादस्वरूप' कैसे, किस अर्थ में हो गई? अपने से तिहाई उम्र

की उस कुँवारी लड़की की तुलना वह अपनी किसी पौत्री से न करके पत्नी से क्यों कर रहे हैं?

बहरहाल सुशीला को छूने, और वह जारी रखने के लिए गाँधी तर्क देते हैं : "उसके लिए भी मेरी कोमल भावनाएँ ही कारण हैं। मैं तो इन दोनों के साथ भी शारीरिक स्पर्श छोड़ दूँ, यदि सम्भव हो, किन्तु उन्हें गहरा दुःख पहुँचाने की कीमत पर मैं ऐसा नहीं कर सकता, जबकि मेरा हृदय इन दोनों के साथ स्पर्श में कोई पाप नहीं देखता।"[50] यहाँ सहज प्रश्न उठता है कि तब बेचारी कंचन को अथाह पीड़ा होते रहने के बावजूद गाँधी उसके पति मुन्नालाल शाह को क्यों उसे छूने, अकेले मिलने तक से वर्जित किए हुए हैं? वह भी ब्रह्मचर्य पालन करवाने के नाम पर! क्योंकि गाँधी तो स्वयं ब्रह्मचर्य-व्रती हैं जो हर हाल में इन दोनों, पत्नी और सुशीला, को स्पर्श करना ज़रूरी समझ रहे हैं, नहीं तो इन्हें दुःख हो जाएगा। यहाँ गाँधी का 'मैं', 'मेरा हृदय', 'शपथ', 'मेरे लिए अर्थ', 'ब्रह्मचर्य' आदि को समझ में आने लायक शब्दों में देख पाना असम्भव हो जाता है। उनमें कोई संगति नहीं है। केवल गाँधी के प्रति अन्ध-भक्ति ही इनमें सीधे अन्तर्विरोध या *सोफिस्ट्री* से इंकार कर सकती है।

गाँधी आगे बलवन्त को सुशीला और प्यारेलाल के ब्रह्मचर्य की भी जानकारी देते हैं : "सुशीला बचपन से ही ब्रह्मचर्य का पालन करती रही है, मगर उसके ब्रह्मचर्य में पुरुषों के साथ निर्दोष स्पर्श वर्जित नहीं है। प्यारेलाल भी ब्रह्मचारी है, किन्तु उसके मेरे साथ जुड़ने का एक कारण (?) यह भी है कि मैं स्त्री-पुरुष के निर्दोष स्पर्श को वर्जित करने की सिफारिश नहीं करता और मुझे इसमें बहुत हद तक सफलता मिली है।" किस चीज़ में सफलता? यह स्पष्ट नहीं होता। "एक बार मैंने सुशीला से सारी व्यक्तिगत सेवाएँ लेना बन्द करने का विचार किया था किन्तु बारह घंटे के अन्दर ही मेरी कोमल-हृदयता ने उस विचार का अन्त कर दिया। क्योंकि मैं सुशीला के आँसू और प्रभावती का मूर्छित हो जाना देख नहीं सका।"[51] तो अब बा और सुशीला के साथ प्रभावती भी जुड़ गईं, जिन्हें स्पर्श किए बिना गाँधी नहीं रह सकते! जयप्रकाश नारायण की पत्नी प्रभावती तब 32 वर्षीया स्त्री थीं।

मगर अभी केवल नौ दिन बीते हैं जब 'आश्रमवासियों को सम्बोधन' में यह बारह घंटे वाली घटना आदि का यथावत् उल्लेख करने *के बाद* गाँधी ने घोषित निर्णय किया है कि अब वे किसी स्त्री से शारीरिक स्पर्श वाली सेवा नहीं

लेंगे—कि उन्हें 'इसका कोई अधिकार नहीं' है कि उन्होंने 'ब्रह्मचर्य की सीमाओं का उल्लंघन किया है', आदि।

अब बलवन्त को 11 जून 1938 को पत्र लिखते हुए गाँधी पुनः 2 जून 1938 वाला 'निर्णय' भी भूल चुके होने की मुद्रा में दिखाई पड़ रहे हैं। 21 सितम्बर 1935 वाली 'शपथ' को तो वह तात्कालिक-सा बता ही चुके मगर आगे इस पत्र में और भी सूचनाएँ हैं जो गाँधी के ब्रह्मचर्य-व्रत की विचित्र तफसील देती हैं, "जब मैं स्नानघर में एकदम नंगा नहा रहा होता हूँ तो सुशीला वहाँ उपस्थित रहती है और उसकी अनुपस्थिति में बा, या प्रभावती, या लीलावती मेरी सेवा के लिए रहती है। यह ज़रूरी था कि कोई वहाँ रहे। मैं किसी पुरुष सहयोगी को भी बुला सकता हूँ। कभी-कभी प्यारेलाल भी रहा है। मगर मैंने किसी स्त्री द्वारा स्वयं को नंगा देखा जाने में कभी लज्जा का अनुभव नहीं किया।"[52] मानो गाँधी को किसी ने चुनौती दे रखी हो, कि किसी स्त्री के सामने नंगे नहाकर दिखाओ। अन्यथा अन्तिम पंक्ति अनर्गल और प्रसंगहीन है। क्योंकि पहले गाँधी स्वयं कह चुके हैं कि नहाते समय कोई ज़रूरत पड़ जाने के लिए वे परिचारिकाओं को रखते हैं।

इसके बाद पत्र के अन्तिम हिस्से में गाँधी अपने नए निर्णय के सन्दर्भ में कहते हैं कि उस पर बहस शुरू हो गई है। "बहस अपरिहार्य है जब तक कि अपनी कामना पर मेरा नियन्त्रण सम्पूर्ण नहीं हो जाता। सम्भवतः तब तक वह ज़रूरी भी है।...तुम यह समझ सकते हो कि मेरी तरफ से यह व्याख्या, समझाने आदि की ज़रूरत ही मेरी अपूर्णता प्रमाणित करती है।...मैं सावधान हूँ किन्तु परिणाम तो ईश्वर के हाथ है जो बात मुझे निश्चिन्त कर देती है। मुझे फिर लिखना यदि कोई बात रह गई हो या नई शंका उठे। मैं तुम्हारा पत्र वापस कर रहा हूँ।"[53]

यह भी ईश्वर ही जानता है कि किस अनिवार्यता के कारण गाँधी के नंगे नहाते समय किसी-न-किसी लड़की या स्त्री को ही सेवा के लिए उपस्थित रहना चाहिए! ध्यान दें, यहाँ गाँधी किसी प्रयोग की नहीं, बल्कि सेवा-टहल वाली आवश्यकता से उनकी उपस्थिति आवश्यक बता रहे हैं! बलवन्त का पत्र वापस किया जा रहा है, अर्थात् उसमें कठोर तथा असुविधाजनक बातें हैं। पहले प्रायः ऐसे ही पत्रों को वापस या नष्ट किया गया है।

खुलापन और औचित्य

दूसरे, यहाँ यह बात एक शैली के रूप में उभरती प्रतीत होती है कि जिस चीज़ पर गाँधी के सहयोगियों या आश्रमवासियों को संदेह या आपत्ति है, उसे स्वयं

ही अनावश्यक विस्तार से कहकर गाँधी अपनी ओर से उसे सहज, ज़रूरी आदि घोषित कर मामले को निपटा दिया समझ लेते हैं कि उन्होंने कुछ नहीं छिपाया! यानी, किसी कार्य को न छिपाना मात्र उस कार्य का औचित्य मान लिया जाता है। विविध स्त्रियों को गाँधी को नंगे देखने पर मजबूर करने जैसे काम भी। इस पत्र में सुशीला की उपस्थिति में नंगे नहाने की बात का स्वयं विवरण देने की कोई तुक नहीं, सिवा इसके कि ऐसे बिन्दुओं पर जो आपत्ति गाँधी के सहयोगियों को है, उसे अपनी बेबाकी से ही शान्त करने की चाह हो। कि 'हाँ, मैं यह करता हूँ, मगर इसमें कुछ गलत नहीं', बस। एक घोषणा। न कोई तर्क, न सिद्धान्त।

किन्तु तब 1935 वाली शपथ में 'दूसरों के लिए उदाहरण' वाली चिन्ता का क्या होगा? यही नहीं, जब सुशीला से ऐसी विचित्र अन्तरंग सेवाएँ लेने की बात गाँधी स्वयं स्वीकार करते हैं, तब मीराबेन को गाँधी और सुशीला के बारे में 'ज़हर फैलाने' की मनाही क्यों कर रहे हैं? (सुशीला को पत्र, 24 अप्रैल 1938)। इससे बढ़कर और कौन-सा सत्य या ज़हर मीराबेन जैसी विदुषी फैला रही होगी? यह सब पढ़कर ऐसा लगता है मानो गाँधी अलग-अलग लोगों से बात करते, पत्र लिखते, अलग-अलग रूप धारण कर लेते हैं। जिसमें एक ही चीज़ कभी शपथ, तो कभी विचार, कभी सम्भावना, तो कभी निरर्थक, बीती बात हो जाती है। अब तक गाँधी के ब्रह्मचर्य प्रसंग में पहले जितनी बातें उद्धृत की गई हैं वह सब स्वयं उन की छह सप्ताह के अन्दर कही, लिखी बातें हैं। इनमें जितने उलझाव, अन्तर्विरोधी कथन, विपरीत वचन, एक ही बात के समय के साथ कई अर्थ, सीधे मामलों में भी अस्पष्टता, आदि मिलते हैं कि केवल सिगमंड फ्रायड जैसे गहन चिन्तक ही उसका उपयुक्त विश्लेषण कर सकते हैं!

संयोगवश ठीक अगला ही पत्र हमारे अनुमान की पुष्टि कर देता है। यह पत्र उसी दिन, 11 जून को अमृत कौर को लिखा गया है और ठीक उसी तरह की आपत्ति/ सन्देह का उत्तर इसमें है जो बलवन्त को उसी दिन लिखे पत्र में है। दिखता है कि सुशीला और उससे सेवा लेने के बारे में अमृत कौर की उठाई बात पर गाँधी एकदम भिन्न बात लिख रहे हैं। देखिए, ''सुशीला तस्वीर से बाहर है। वह डॉक्टर होने के कारण (शपथ का) अपवाद है। किन्तु तुम्हारी आपत्ति सही है कि एक भी स्त्री प्रयोग को बिगाड़ती है। मैं तो बा को भी बाहर करने के लिए संघर्ष कर रहा हूँ। सुशीला ने स्वयं ही अपने को बाहर कर लिया है। जो दूसरे को नहीं मिल सकता, वह उसे भी नहीं मिल सकता। इसीलिए वह एक

पुरुष परिचारक को प्रशिक्षण दे रही है।''[54] यहाँ गाँधी सुशीला से व्यक्तिगत, अन्तरंग सेवाएँ लेने पर की गई आपत्ति पर एक ही दिन लिखे पत्रों में दो व्यक्तियों को, दो तरह की बातें कह रहे हैं। फिर, अन्त में एक अजीब बात भी, मानो गाँधी को सुशीला की नहीं, सुशीला को ही गाँधी की ज़रूरत हो, जो 'उसे नहीं मिल सकता'। मानो गाँधी के 'शरीर के पोर-पोर' की मालिश करते रहना सुशीला के लिए कोई ईनाम था!

अमृत कौर को लिखे पत्र जैसा ही भाव 22 जून को छगनलाल जोशी को लिखे गाँधी के पत्र को पढ़ कर होता है। इसमें लिखा है, ''नया प्रयोग 2 जून को आरम्भ हुआ है। मगर यह अभी शुरुआत ही है। जहाज़ अभी खुला ही है और धीरे-धीरे बन्दरगाह छोड़ रहा है। उसके लिए यह आसान नहीं जो 40 सालों से लगातार एक प्रकार के मौसम में जहाज़ चला रहा था कि वह दूसरे प्रकार के मौसम में चलाने की कोशिश करे। इसीलिए गति धीमी है।''[55] यहाँ गाँधी वाङ्मय में 'प्रयोग' शब्द के लिए नीचे फुट-नोट दिया हुआ हैः 'वयस्क लड़कियों के साथ कोई स्पर्श न रखने सम्बन्धी। गाँधीजी ने निर्णय किया था कि चलते हुए लड़कियों का सहारा नहीं लेंगे।' अब यह रूपक-मय बयान भी कुछ अलग रंग लिए हुए है। स्पष्टतः लड़कियों, स्त्रियों का स्पर्श न करने सम्बन्धी अपनी 2 जून वाली शपथ को गाँधी अलग-अलग लोगों के समक्ष अलग-अलग तरह से रख रहे हैं। सुशीला नायर, बलवन्त सिन्हा, अमृत कौर और अब छगनलाल जोशी को उसी शपथ के बारे में गाँधी जो और जैसे लिखते हैं, उसमें अन्तर्विरोध झलकता है। मानो, स्वयं गाँधी का चित्त एक चंचल जहाज़ हो। उसमें शपथ के दृढ़तापूर्वक पालन का निश्चय नहीं दिखता। न विचारों में स्पष्टता दिखती है।

इस आखिरी बात का प्रमाण पुनः अमृत कौर को लिखे 25 जून के पत्र में मिलता है, ''मैं तुम्हें बताना बार-बार भूल जा रहा हूँ कि एस. (सुशीला) के लिए अपवाद त्याग दिया गया है, उसे अपने हुनर के कारण मेरी सेवा करनी ही थी। यह कोई पक्षपात नहीं, बल्कि ज़रूरत है जिस का बचाव मेरे अभी तब अप्रकाशित नोट में किया गया है। प्रकाशन के बारे में मैं अभी तक किसी अन्तिम निर्णय पर नहीं पहुँचा हूँ। मैंने इसे अन्तिम रूप नहीं दिया है। मैं किसी जल्दी में नहीं हूँ।''[56] अमृत कौर को तीन ही दिन पहले लिखे पत्र में गाँधी ने बताया था कि सुशीला 'किसी पुरुष सेवक को प्रशिक्षण दे रही है' ताकि अब वह गाँधी की सेवा करे। अब गाँधी कह रहे हैं कि नहीं, सुशीला को तो उनकी सेवा करते

ही रहनी थी, जो गाँधी की 'ज़रूरत' है। अपनी शपथ सम्बन्धी लेख का कथ्य तय करने तथा प्रकाशित करने सम्बन्धी उनकी दुविधा भी यही इंगित करती है कि गाँधी हर दिन, हर क्षण अपने किसी भी निर्णय, व्याख्या, शपथ आदि को संशोधित करने, आदि के प्रति स्वतन्त्र महसूस करते थे। इसमें उन्हें कोई नैतिक या सैद्धान्तिक अवरोध, महसूस नहीं होता था।

पुनः 30 जून को अमृत कौर को लिखे पत्र में गाँधी अपने अप्रकाशित लेख के बारे में लिखते हैं, "मेरा वक्तव्य अभी तक लटका ही हुआ है। मुझे इस बारे में अनोखी प्रतिक्रियाएँ मिल रही हैं।" उसी दिन कांतिलाल गाँधी को लिखे पत्र में गाँधी अपनी एक अन्य निजी सेविका के लिए कुछ अजीब-सी बात लिखते हैं, "अमतुस सलाम को बोलने दो। यह मेरे लिए आसान होगा, यदि तुम ऐसा करो। तुम्हें मुझ पर विश्वास रहना चाहिए। मैं उसे मर्यादा का उल्लंघन करने नहीं दूँगा।"[57]

आत्म-प्रशंसक गाँधी

इस बीच छगनलाल जोशी ने गाँधी के पत्र के उत्तर में कुछ लिखा है। सन् 1935 वाली शपथ को भुला देने पर गाँधी की दलीलों से वह सन्तुष्ट हुए प्रतीत नहीं होते हैं। अतः फिर 1 जुलाई को गाँधी उन्हें विस्तार से लिखते हैं, जो एक अलग तरह से अनोखा है। इसमें न केवल गाँधी अपनी शपथ भूलने वाली आपत्तियों का कोई उत्तर नहीं दे पाते, बल्कि उलटे आपत्ति-कर्ता को अन्य आपत्तिकर्ताओं को कायल करने के लिए अपने पक्ष में एक बना-बनाया बयान लिखकर देते हैं, कि ऐसे बोलना!

यानी, गाँधी अपनी बेहतर छवि बनाने के लिए दूसरे के मुँह में अपनी बात रखने का प्रत्यक्ष काम कर रहे हैं। मगर वह पत्र के अन्त में है। पहले पाराग्राफ से स्पष्ट पता चलता है कि छगनलाल ही नहीं अनेक अन्य आश्रमवासी भी गाँधी को स्त्री-स्पर्श न करने सम्बन्धी 1935 वाली शपथ तोड़ने का दोषी समझते हैं। उसपर गाँधी कुछ बचती-बचाती तरह की दलील देते हैं। कुछ इस अन्दाज़ में कि 'मुझे लगता है कि यह नहीं, वह बात हुई थी, कि मैंने ऐसा नहीं, वैसा कुछ कहा था', (जबकि वह एक लिखित-प्रकाशित दस्तावेज़ है!)।

गाँधी लिखते हैं, "अब वह जो भी रहा हो, मुख्य बात यह है कि मुझे नहीं लगता कि मैंने जो करने की प्रतिज्ञा की थी, उस में विफल हुआ हूँ।"[58]

यह तथा पत्र में लिखी कई बातें स्पष्ट प्रमाण है कि लड़कियों के कन्धों पर हाथ रखकर चलने-फिरने की गाँधी की आदत पर सदैव टीका-टिप्पणियाँ होती थीं, जिसके बाद गाँधी ने उक्त शपथ प्रकाशित कराई। विविध सहयोगियों द्वारा गाँधी पर उसी शपथ के भंग का आरोप लग रहा है, जो छगनलाल गाँधी को लिख भेज रहे हैं। किन्तु गाँधी के पास कोई सन्तोषजनक उत्तर नहीं है। इसलिए, 'जो भी हो' कहकर किसी तरह निकलने वाली शैली में गाँधी बस घोषणा कर देते हैं कि मैं प्रतिज्ञा-भंग का दोषी नहीं। मैं ही अभियुक्त, मैं ही जज। प्रतिज्ञा में भी मैं सफल।

पत्र में आगे और रोचक बातें हैं : कि उस शपथ का मतलब, "मेरे दिमाग में यह नहीं था कि मैं उन लड़कियों के कन्धों पर भी हाथ नहीं रखूँगा जो मेरे साथ रहती हैं, क्योंकि उस लेख के प्रकाशन के बाद भी मैंने मनु और दूसरी लड़कियों को अपने भ्रमण की छड़ी बनाए रखा था।"[59] (यानी वे बाहरी, अनजान, किसी भी लड़की के कन्धे पर हाथ रखना अपना अधिकार मानते थे! ध्यान रहे, यह यूरोपीय आचार के भी नितान्त विरुद्ध है।)

फिर आगे एक अन्य महत्त्वपूर्ण कथन है, जो अभी 2 जून 1938 वाली शपथ की दलील के विरुद्ध पड़ता है कि जब 1935 में लड़कियों के कन्धे पर हाथ न रखने का निर्णय किया था, तो "उसे बन्द करने का मेरी ब्रह्मचर्य वाली प्रतिज्ञा से कोई सम्बन्ध न था। वह तो लोक-हित के लिए किया गया था।"[60] हालाँकि, दूसरी, अन्नाहार सम्बन्धी अपनी प्रतिज्ञाओं के सम्बन्ध में गाँधी स्वीकार करते रहे हैं कि उन्होंने 'स्वयं को छला', कि शपथ का केवल 'शाब्दिक' पालन किया, और उसके भाव को तोड़ा।

इसी के बाद पत्र में वह अनोखी आत्म-प्रशंसा आती है। गाँधी पर स्त्री-सम्पर्क न करने की 1935 वाली शपथ भंग का आरोप लगाने वालों में ठक्कर बापा जैसी बड़ी प्रतिष्ठित हस्ती भी हैं। गाँधी छगनलाल को लिखते हैं कि उस पर वे कोई टिप्पणी नहीं करेंगे। मगर छगनलाल को सिखाते हैं कि ऐसी आलोचनाओं पर उसे क्या बोलना चाहिए—"तुम्हारा एकमात्र उत्तर यह होना चाहिए : 'यहाँ तक कि हमलोग भी, जो उन (गाँधी) के साथ रहते हैं, उन के कुछ कामों से उलझन में पड़ जाते हैं। लेकिन हमें लगता है कि उनके साथ रहकर हमने कुछ नहीं खोया है, और इसलिए हम उनके साथ हैं। हम उन से पूछेंगे जो तुलना आपने की है।' यदि तुम यह उत्तर दोगे, तो बिलकुल ठीक रहेगा। यदि तुम चुप रहोगे, तो भी ठीक रहेगा। हर हाल में तुम यह उत्तर दे सकते हो : 'वह (गाँधी)

तो लड़कियों को हमेशा शुद्ध हृदय से छूते रहे हैं और किसी गन्दे इरादे से नहीं। किन्तु इस पर सन्देह उभरने पर कि उन के हृदय में अनजाने कोई विकार आ गया हो, उन्होंने सन्देह दूर करने के लिए अस्थायी रूप से उस आदत को छोड़ दिया था'।''[61]

यह ऊपर उसी कार्य के लिए दी गई दलीलों से भिन्न होने के सिवा भी एक विचित्र एवं क्षुद्र प्रयास है। गाँधी स्वयं अपने शिष्य को बना-बनाया उत्तर लिख कर दे रहे हैं कि उसे गाँधी की लड़कियों को छूने, छूते रहने की आदत पर क्या सफाई देनी चाहिए। इसमें स्पष्ट छिछलापन है। क्योंकि गाँधी न केवल स्वयं को चरित्र प्रमाण-पत्र दे रहे हैं, बल्कि शंका उठाने वाले को ही इसके लिए मजबूर कर रहे हैं कि वह गाँधी के लिए ऐसी-ऐसी अच्छी बात बोले!

सारा प्रसंग निस्सन्देह ब्रह्मचर्य, काम-'विकार' तथा शपथ-भंग जैसे गम्भीर प्रश्नों का है। इस पर गाँधी की अब तक की सभी बातें किसी भी गम्भीर चिन्तन, दर्शन से पूर्णतः खाली दिखती हैं। बल्कि यदि इसमें कुछ है तो हल्कापन और स्वयं अपनी छवि बचाने, बनाने के लिए कूटनीति। यदि गाँधी ठक्कर बापा के आरोप पर कोई टिप्पणी देने की स्थिति में नहीं है, तो वही आरोप सम्प्रेषित करने वाले को गाँधी के बारे में बड़ी-बड़ी बातें कहने के लिए क्यों सिखा रहे हैं? यह सब भारतीय दृष्टि से चरित्र दोष ही है कि गाँधी अपने बारे में बोलते हुए दोहरेपन से मुक्त नहीं थे। सार्वजनिक रूप से स्वयं को एक रूप में दिखाना, जबकि निकटस्थ शिष्यों को गाँधी के छवि-निर्माण की तकनीक सिखाने का ध्यान रखना।

छगनलाल को इस पत्र में आगे दो और महत्त्वपूर्ण बातें हैं। स्त्री-स्पर्श अथवा ब्रह्मचर्य, जो भी इस वाक्य में गाँधी का मतलब रहा हो, वह कहते हैं, ''यह इतना गहरा मामला है कि एक-दूसरे का अंधानुकरण किसी को भारी भूल में डाल सकता है। इसलिए, हर एक को अपना सतर्क अन्तःकरण विकसित करना चाहिए और उसी से निर्देशित होना चाहिए, ईश्वर को अपना साक्षी रखते हुए।''[62] यह कथन अभी पिछले तीन हफ्तों से सुशीला-महादेव अथवा कंचन-मुन्नालाल शाह जैसे मामलों में गाँधी की करनी से एकदम विपरीत है। इस सिद्धान्त के विरुद्ध ही वह उन लोगों पर अपनी ज़बर्दस्ती लागू कर रहे हैं। वह भी तब जबकि सुशीला, महादेव, मुन्नालाल शाह बार-बार अपने स्वच्छ अन्त-करण की दुहाई देते प्रतीत होते हैं। इस प्रकार, एक बार फिर इसका उदाहरण मिलता है कि गाँधी हर दिन, हर क्षण, विविध व्यक्तियों के साथ एक ही सिद्धान्त या व्यवहार पर भिन्न-भिन्न,

यहाँ तक कि विपरीत बातें कहने में कोई समस्या नहीं देखते। लेकिन क्या तब इससे कोई 'चिन्तन' या 'दर्शन' प्राप्त किया जा सकता है?

इस पत्र की अन्तिम महत्त्वपूर्ण बात यह झलकाती है कि गाँधी के स्त्री-संसर्ग सम्बन्धी व्यवहार पर उनके सहयोगियों, आश्रमवासियों और निकटवर्ती लोगों में भारी असन्तोष था। छगनलाल को वह लिखते हैं, ''मैं अपनी स्थिति स्पष्ट करते हुए एक वक्तव्य देने का प्रयास कर रहा हूँ। मैं अपने अधिकाधिक सहयोगियों को सन्तुष्ट करना चाहता हूँ। देखूँ मैं इसमें सफल होता हूँ या नहीं।''[63] यह कथन पहले 2 जून को सुशीला नायर को लिखी बात से विपरीत है। महीना भर हुआ है, जब वह सुशीला को बहला रहे थे कि 'किसी को कोई शिकायत नहीं है, बस केवल मीराबेन ने कल्पनाएँ कर ली हैं', और अभी छगनलाल को सूचना दे रहे हैं कि वह अधिकाधिक सहयोगियों को सन्तुष्ट करने की चिन्ता में हैं।

बुद्धिजीवियों से कतराते गाँधी

यहाँ एक अन्य महत्त्वपूर्ण बिन्दु को नोट किया जा सकता है। गाँधी अपने सिद्धान्त-व्यवहार में अन्तर्विरोधों, किसी भी बिन्दु पर चर्चा में उपदेश-सीमित तथा दुहरावपूर्ण, प्रसंगहीन टिप्पणियों की आदत तथा कई बार स्पष्ट हल्केपन के शिकार थे। सम्भवतः इन्हीं कारणों से ही ज्ञान-पिपासु किस्म के लोगों को वह कम ही प्रभावित कर पाते थे। वर्तमान प्रसंग में अब तक की लम्बी चर्चा में भी दिखता है कि ब्रह्मचर्य, उस के 'प्रयोग', स्त्री-स्पर्श पर सिद्धान्त, व्यवहार के तर्क-वितर्क, अहिंसा और ब्रह्मचर्य के अनिवार्य सम्बन्ध का दावा, आदि प्रश्नों पर गाँधीजी ने जो कुछ कहा—उन में गम्भीर जिज्ञासु को शायद ही कुछ मिलेगा। जो उसमें कोई नया तथ्य, विवेक या तर्क खोजना अथवा कोई सुसंगत व्यवहार भी निकालना चाहे, उसे भारी निराशा होगी। इसीलिए गाँधीजी के जीवन-काल में उन के निकट सदैव निरे भक्तों या कांग्रेसी राजनीति-कर्मियों का जमाव दिखता है। गाँधी के पत्रों से भी किसी बड़े चिन्तक, विद्वान या बुद्धिजीवियों से उनके सम्पर्कों की झलक नहीं के बराबर दिखती है।

बल्कि ध्यान से देखें तो अधिकांश समकालीन भारतीय ज्ञानी, मनीषी आदि गाँधी के आलोचक ही मिलते हैं। गाँधी की राजनीतिक महत्ता (जिसे भी बाद में बहुत बढ़ा-चढ़ाकर दिखाया गया है) के प्रभाव में यह तथ्य छिप जाता है कि उनमें से अनेक न तो गाँधी के राजनीतिक प्रतिद्वन्द्वी थे, न विरोधी। बात केवल

यह थी कि बौद्धिक रुचि वाले लोगों को गाँधी के विचारों तथा करनी में ऐसी असंगतियाँ तथा दुष्परिणाम बार-बार दिखते थे जिस से वे आकर्षित नहीं हो सकते थे। यह बात गाँधी की ओर से भी थी। उन्हें भी ऐसे लोग पसन्द नहीं थे, जो उन पर हर चीज़ में 'विश्वास' करने के बजाय विवेकपूर्ण, सुसंगत विमर्श करना चाहें।

पहले भी इसकी अनेक झलकियाँ हैं कि असहमति के स्वर सुनते ही गाँधी कितना अधीर, चिड़चिड़े और क्रोधी तक हो जाते थे। डॉ. अम्बेदकर ने इसी अनुभव को दूसरे शब्दों में रखा है कि गाँधी केवल वैसे लोगों से ही मिलना-बैठना, खुल कर बातें करना पसन्द करते थे, जो गाँधी को पहले ही अपने से ऊँचा, महात्मा मानकर, स्वयं को केवल शिष्य समझते हों। बराबरी से विचार करने वालों से गाँधी बचते थे। वैसे लोगों द्वारा किसी बिन्दु पर प्रश्न उठाने पर गाँधी अक्सर, उनकी हस्ती को देखते हुए, विनम्रतापूर्वक या टका-सा जबाव दे देते थे, "मैं दलील नहीं करता'। जैसा उन्होंने स्वामी सहजानन्द सरस्वती को दिया था, जब उन्होंने किसानों का खून चूसने वाले किसी ज़मींदार-विशेष के प्रति गाँधी की विचित्र ज़िद पर प्रश्न उठाया था। भगवद्गीता की गाँधी व्याख्या पर श्री अरविन्द के किसी शिष्य द्वारा प्रश्न उठाने पर भी गाँधी ने यही कहा था। अर्थात्, किसी बात की मूल्यवत्ता से ही कायल होने वाले जिज्ञासुओं से गाँधी बचते थे। जबकि अपनी अनुयायी मंडली के साथ एक ही बात का अन्तहीन दुहराव करते हुए भी गाँधी की सीमित दलीलें अथक रूप से पत्र-दर-पत्र चलती रहती थीं। जैसा पहले असंख्य उदाहरणों से देखा जा सकता है।

इसी सन्दर्भ में 8 जुलाई 1938 को अमृत कौर को लिखे पत्र में गाँधी के इस कथन को समझ सकते हैं, "मैं बुद्धिजीवियों को आकर्षित नहीं कर सकता। मेरी अपील हमेशा हृदय से हृदय की रही है। मैं बुद्धिजीवियों की संगति में जल-बिन मछली की तरह स्वयं को महसूस करता हूँ।"[64] यह बड़ी दिलचस्प स्वीकारोक्ति है।

भक्त लोग कहेंगे कि गाँधी प्रेम के राही थे। यह तभी तक ठीक माना जा सकता है जब राजनीतिक, ऐतिहासिक, विषयों पर किसी गम्भीर गाँधी-दर्शन, गाँधी-चिन्तन का दावा छोड़ दिया जाए क्योंकि दर्शन, सिद्धान्त, चिन्तन आदि केवल हृदय की अपील नहीं हो सकते। वहाँ ठोस तथ्य, तर्क, विगत अनुभवों का निष्कर्ष, वास्तविक लोगों, समुदायों, संगठनों के व्यवहार का अवलोकन, आकलन आदि का मुख्य स्थान है। उदाहरणार्थ, यह किसी का हृदय नहीं बता सकता कि सल्तनत या मुगल शासन में भारतीय जनता पर क्या राजकीय नीतियाँ

अपनाई गई थीं। इस पर कोई विमर्श बौद्धिक कसौटी पर ही हो सकता है। दूसरी ओर, यह दावा तो नहीं किया जा सकता कि बुद्धिजीवी कोई हृदयहीन होते हैं। आखिर एनी बेसेंट, रवीन्द्रनाथ टैगोर, शरतचन्द्र और देवदास गाँधी को हृदयहीन या हृदय की बात न समझने वाला अथवा राजनीतिक विरोधी की श्रेणी में भी नहीं रखा जा सकता, जो गाँधी के अनेकानेक विचारों और कार्यों के कठोर आलोचक थे। अतः बुद्धिजीवियों और गाँधी के आपसी विकर्षण में मुख्य बात गाँधी-विचारों का हल्कापन ही है। जो असुविधाजनक प्रश्नों से कतराने, मगर फिर भी अपने बने-बनाए निष्कर्ष को सही मानने की ज़िद करता था। इस कड़वे सच से इंकार करना कठिन है। ऊपर की सारी बातें सिलसिलेवार देखने, गुनने पर किसी विशाल हृदय व्यक्ति के लिए भी निष्कर्ष लेना आसान नहीं होगा।

ढाक के तीन पात

अगला पत्र भी अमृत कौर को लिखा मिलता है, जिसमें स्त्री-स्पर्श तथा '14 अप्रैल' की चर्चा है। यह अमृत कौर के पत्र के उत्तर में 11 जुलाई को लिखा गया है। ऐसा लगता है कि अमृत कौर ने गाँधीजी के हालिया शपथ को गम्भीरता से लेकर अपना कार्यक्रम, गाँधीजी के प्रति व्यवहार में सावधानी जैसा कुछ बरतना तय किया है। गाँधी उसी से विमुख करने के लिए अमृत कौर को लिखते हैं, "मैं तुम्हारा पत्र फाड़ने से पहले यह लिख रहा हूँ। तुम अपनी कल्पना को अपना दिमाग खराब करने मत दो। मैंने ऐसा कोई गम्भीर कदम नहीं उठाया है।...(तुम्हारे आगमन पर) तुम अपनी उसी पुरानी जगह पर रहोगी। शारदा मेरी स्थायी सेविका है। अमतुस सलाम मेरी बगल में सोती है, मुझे पंखा झलती है और मुझे चादर आदि ओढ़ाती है जब मुझे ज़रूरत हो। वह मुझे खिलाती है।...मेरे प्रयासों के सम्बन्ध में तुम ऐसी मूर्खतापूर्ण न बनो जो तुम बन गई लगती हो। वह (प्रयास) अपनी जगह पर है। मगर मेरी पुरानी धारणा पर मेरा विश्वास (कि स्त्री-स्पर्श से उन्हें कोई क्षति नहीं हुई) टूटा नहीं है। बुरे सपनों से बचना चाहिए। किसी हाल में 14 अप्रैल वाला दुहराव नहीं होना चाहिए।"[65]

अमृत कौर का पत्र फाड़ा जा चुका है, इसलिए यह समझना कठिन है कि ठीक-ठीक किन बातों पर गाँधी उन्हें सहज होने को कह रहे थे। किन्तु इसमें यह हैरत-भरी सूचनाएँ तो हैं ही कि स्त्रियों से सेवा न लेने वाली महीने भर पहले वाली शपथ पुनः लगभग भुलाई जा चुकी है। जिन दो को सेवा लेने में 'अपवाद'

कहा गया था, वह भी शपथ लेने के बाद में, उन दो के अलावा भी दो-दो और सेविकाएँ गाँधी की अन्तरंग सेवा में लगी हुई हैं।

उसी दिन, 11 जुलाई को प्यारेलाल को लिखे पत्र में भी ऊपर की अन्तिम बात का उल्लेख है। पत्र से स्पष्ट है कि प्यारेलाल अभी भी गाँधी की बात नहीं मान रहे हैं। वह किसी बात को लेकर उपवास कर रहे हैं जिससे गाँधी खिन्न हैं। ''क्या मेरा अनुभव कुछ मूल्य नहीं रखता? यह सच है कि 14 अप्रैल वाली गड़बड़ी के बाद मुझे ऐसा लिखने का कोई अधिकार नहीं है। किन्तु चूँकि तुम उस गड़बड़ी को कोई महत्त्व नहीं देते, तुम्हें मेरी बात को वह महत्त्व देना चाहिए जिस की वह हकदार है।...मैं उधर जाने की कोशिश कर रहा हूँ जहाँ ईश्वर ले जाए। किन्तु कौन जाने ईश्वर के बदले शैतान ही मेरा मार्गदर्शन कर रहा हो? किन्तु मैं इस विश्वास में चल रहा हूँ कि ईश्वर ही कर रहा है। मेरी इच्छा है कि तुम्हारी या सुशीला की कोई चिन्ता न करूँ।''[66] पत्र के अन्त में 'पुनश्च' के साथ गाँधी जोड़ते हैं कि ''मैं नहीं चाहता कि सुशीला यह पत्र देखे। पर तुम्हें जो ठीक लगे, करना।''

इसके बाद से 14 अप्रैल की घटना से आरम्भ हुई स्त्री-प्रसंग सम्बन्धी अविरल चर्चा बंद होती दिखती है। हालाँकि किसी बंधु 'र', जिनका नाम नहीं दिया गया है, को 22 जुलाई को गाँधी एक सलाह देते हैं। ''तुम्हारा मामला मुझे उस आदमी सा लगता है जो आग के बीच बैठा हुआ स्वयं को आग से बचाने की अपील कर रहा है। मुझे लगता है कि तुम 'ग' के माध्यम से अपनी कामेच्छा पूरी कर लो।''[67]

इन सब पत्रों को निजी कहा जा सकता है, किन्तु स्वयं गाँधी ने इनमें अनेक स्थलों पर सिद्धान्त, व्यवहार और राजनीतिक जीवन की अहिंसा-सत्याग्रह आदि को जोड़कर रखा है। अतः ये सार्वजनिक महत्त्व के दस्तावेज़ हो जाते हैं। वैसे भी, जिन पत्रों या बातों को गाँधी गोपन रखना चाहते या अनुपयुक्त मानते हैं, उन्हें नष्ट करते, करवाते गए हैं। इसलिए इन पत्रों से निकलने वाले निष्कर्षों का वैचारिक महत्त्व है। सरसरी तौर पर यही प्रतीत होता है कि ब्रह्मचर्य सम्बन्धी गाँधीजी की समझ अथवा उनके प्रयोग के बारे में कोई सुसंगत निष्कर्ष निकालना सम्भव नहीं है। क्या इसीलिए भक्त गाँधीवादी इस विषय पर कभी चर्चा नहीं करते?

सामान्यतः गाँधी अपने विगत चालीस साल, अर्थात सम्पूर्ण वयस्क जीवन, के व्यवहार को मूलतः सही मानकर चलते हैं। अर्थात्, किशोरावस्था और अशिक्षित अवस्था से निकलते-निकलते ही जो धारणाएँ उनकी बन चुकी थीं, लगभग उन

सब को वह अब भी सही मान कर चल रहे हैं। वे धारणाएँ प्रायः वैयक्तिक नैतिकता, अहिंसा, सत्य से लगाव, अन्नाहार और प्राकृतिक चिकित्सा आदि विषयों तक ही घूमती रही हैं। राजनीति, इतिहास, दर्शन और धर्म-सम्बन्धी दूसरे प्रश्न भी आश्चर्यजनक रूप से उक्त विषयों पर गाँधी की धारणाओं के अनुरूप ही समेटे, सिकोड़े जाते हैं।

यह गाँधी-चिन्तन की अनोखी, पर महत्त्वपूर्ण विशेषता है *जो हिन्द स्वराज* से लेकर उनके जीवन के अन्तिम वक्तव्यों तक झलकती है कि यदि कोई ऐतिहासिक या वर्तमान तथ्य या घटनाक्रम गाँधीजी की अहिंसा या ब्रह्मचर्य सम्बन्धी धारणा के विरुद्ध प्रतीत होता हो, तो गाँधी उन घटनाओं को झुठलाने या उनकी अपनी व्याख्या करने में ज़रा भी नहीं झिझकते। दूसरी विशेषता यह भी उभरती है कि गाँधीजी की वेश-भूषा तथा बोल-चाल की शैली नितान्त ग्रामीण भारतीय होते हुए भी उनकी सम्पूर्ण तर्क-प्रणाली, यहाँ तक कि 'ईश्वर' और 'शैतान' सम्बन्धी उनके प्रायः मिलने वाले उच्छ्वास आदि भी यूरोपीय, सेमेटिक मानसिकता की पुष्टि करते हैं। गाँधी का उदारवाद भी यूरोपीय, व्यक्तिवादी अधिक लगता है। भारतीय मानसिकता में धर्म, शास्त्र, लोकाचार, गुरुओं की बातें आदि दरकिनार कर हर चीज़ में स्वयं को ही वैचारिक सत्ता मानने की प्रवृत्ति नहीं है, जो गाँधी में कूट-कूट कर झलकती है। फिर, ईश्वर की तुलना में 'शैतान' की धारणा तो किसी हाल में भारतीय मानस में नहीं है। भारत में ऐसा ईश्वर हुआ ही नहीं है।

बहरहाल, पीछे लगभग दो महीने की निरन्तर चर्चा, तर्क-वितर्क, बयान, लेख आदि में ब्रह्मचर्य के सम्बन्ध में कोई दो सुसंगत पैराग्राफ भी निकाल पाना कठिन लगता है। किन्तु उसके बाद 27 जुलाई 1938 को *हरिजन* में अहिंसा पर लिखे एक लेख में गाँधी तीन-चार लम्बे पैराग्राफ ब्रह्मचर्य पर लिखते हैं। उनमें कोई नयी बात नहीं है, केवल पीछे टुकड़े-टुकड़े किए दावों का ही दुहराव है। लेख का आरम्भिक विचारणीय प्रश्न यह है कि कांग्रेस में अनुशासनहीनता क्यों बढ़ रही है? किन्तु उसमें अभी हाल में 1937 में कांग्रेस की सरकारें बनने से जुड़ी सत्ता, लालसा आदि का संकेत तक नहीं है! मानो इसका तो कोई सम्बन्ध ही उस प्रश्न से नहीं रहा हो। उसके बदले लेनिनीय शैली में गाँधी स्वयं-केन्द्रित मतवाद की दीक्षा दुहराना आरम्भ कर देते हैं कि अहिंसात्मक सत्याग्रह का सम्बन्ध ब्रह्मचर्य से है, कि वह स्वयं इस सत्याग्रह के सेनापति हैं, कि कांग्रेस में जो कमियाँ रही हैं उसके लिए गाँधी के ब्रह्मचर्य की अपूर्णता भी ज़िम्मेदार हो सकती है,

कि वह 'अपनी परिभाषा से भी सही ब्रह्मचर्य-व्रती नहीं रहे है'[68], फिर भी वे अपनी उपलब्धियों को उल्लेखनीय मानते हैं, आदि-आदि। इसी अन्दाज़ में दो बड़े पृष्ठों का वह लेख खत्म हो जाता है। जिसमें आरम्भ में उठाए गए प्रश्न का उत्तर मिलना तो दूर की बात, वह प्रश्न ही ब्रह्मचर्य-अहिंसा पर गाँधी की घोषणाओं में कहीं छूट जाता है!

इस प्रकार, सन् 1938 की अप्रैल-जुलाई के बीच ब्रह्मचर्य सम्बन्धी यह अविराम चर्चा गाँधी वाङ्मय में स्थगित होती है। अन्त होते-होते यह स्पष्ट हो जाता है कि गाँधी के विचार और कर्म यथावत रहेंगे। उसमें '7 अप्रैल' तथा '14 अप्रैल' के तकलाफदेह अनुभवों, उससे लगे झटकों तथा सुशीला-लीलावती-अमतुस सलाम-प्रभावती आदि से अन्तरंग, विवादास्पद सेवाएँ लेने तथा उस पर अनेकानेक निकटस्थ लोगों तथा बड़े सहयोगियों तक की आपत्तियों का अन्ततः कोई प्रभाव नहीं पड़ा। गाँधी का स्त्री-संसर्ग व्यवहार जिसे वह आकस्मिक रूप से यदा-कदा 'प्रयोग' कह देते थे, जबकि प्रयोग की कोई स्पष्ट रूप-रेखा या समझ में आने लायक विवरण गाँधी ने कभी, किसी को नहीं दिया, ताउम्र चलता रहा। उनमें भीषण आसक्ति थी, यह पीछे सुशीला-प्रसंग में गाँधी द्वारा उसे अपने साथ रखने के लिए हर उपक्रम करने की कटिबद्धता से भी मिलता है। यह काम-भाव सम्बन्धी आसक्ति न भी हो (यद्यपि तब इसकी व्याख्या कठिन होगी, कि उस लड़की से असंख्य बार काम-चर्चा करते रहने की संगति क्या थी), तब भी किसी के प्रति ऐसी ज़िद्दी आसक्ति ब्रह्मचर्य और सन्त-व्यवहार के विरुद्ध ही ठहरता है। सम्भवतः जब किसी घटना या विवाद से चर्चा होने लगती थी तभी गाँधी उस पर कुछ बोलते थे, अन्यथा वह उनके जीवन का सहज अंग बना रहा।

सन्दर्भ-स्रोत

1. 'लेटर टु सुशीला नायर', 16 अप्रैल 1938, *द कलेक्टेड वर्क्स ऑफ महात्मा गाँधी,* वॉल्यूम 73, (नई दिल्ली : पब्लिकेशन्ज़ डिवीज़न, गवर्नमेंट ऑफ इंडिया, 2000), द्वितीय संशोधित संस्करण, पृष्ठ 107
2. 'लेटर टु प्यारेलाल', 16 अप्रैल 1938, *द कलेक्टेड वर्क्स ऑफ महात्मा गाँधी,* वॉल्यूम 73, (नई दिल्ली, 2000), पृष्ठ 108
3. 'लेटर टु सुशीला नायर', 18 अप्रैल 1938, *द कलेक्टेड वर्क्स ऑफ महात्मा गाँधी,* वॉल्यूम 73, (नई दिल्ली, 2000), पृष्ठ 112
4. 'नोट टु सुशीला नायर', अप्रैल 1938, *द कलेक्टेड वर्क्स ऑफ महात्मा गाँधी,* वॉल्यूम 73, (नई दिल्ली, 2000), पृष्ठ 137-38

5. 'लेटर टु अमृतलाल नानावती', 2 मई 1938, *द कलेक्टेड वर्क्स ऑफ महात्मा गाँधी,* वॉल्यूम 73, (नई दिल्ली, 2000), पृष्ठ 139
6. 'लेटर टु मीरा बेन', 3 मई 1938, *द कलेक्टेड वर्क्स ऑफ महात्मा गाँधी,* वॉल्यूम 73, (नई दिल्ली, 2000), पृष्ठ 141
7. वही, पृ. 141-142
8. 'लेटर टु अमृत कौर', 7 मई 1938, *द कलेक्टेड वर्क्स ऑफ महात्मा गाँधी,* वॉल्यूम 73, (नई दिल्ली, 2000), पृष्ठ 150
9. 'लेटर टु मीरा बेन', 8 मई 1938, *द कलेक्टेड वर्क्स ऑफ महात्मा गाँधी,* वॉल्यूम 73, (नई दिल्ली, 2000), पृष्ठ 153
10. 'लेटर टु सुशीला नायर', 10 अप्रैल 1938, *द कलेक्टेड वर्क्स ऑफ महात्मा गाँधी,* वॉल्यूम 73, (नई दिल्ली, 2000), पृष्ठ 158-159
11. 'लेटर टु सुशीला नायर', 11 मई 1938, तथा इस के नीचे दिया गया फुटनोट, *द कलेक्टेड वर्क्स ऑफ महात्मा गाँधी,* वॉल्यूम 73, (नई दिल्ली, 2000), पृष्ठ 161
12. देखें, 'लेटर टु सुशीला नायर', 18 मई 1938, *द कलेक्टेड वर्क्स ऑफ महात्मा गाँधी,* वॉल्यूम 73, (नई दिल्ली, 2000), पृष्ठ 179-80
13. 'लेटर टु मीरा बेन', 12 मई 1938, *द कलेक्टेड वर्क्स ऑफ महात्मा गाँधी,* वॉल्यूम 73, (नई दिल्ली, 2000), पृष्ठ 162
14. 'लेटर टु मुन्नालाल शाह', 14 अप्रैल 1938, *द कलेक्टेड वर्क्स ऑफ महात्मा गाँधी,* वॉल्यूम 73, (नई दिल्ली, 2000), पृष्ठ 164
15. 'लेटर टु प्यारेलाल', 14 मई 1938, *द कलेक्टेड वर्क्स ऑफ महात्मा गाँधी,* वॉल्यूम 73, (नई दिल्ली, 2000), पृष्ठ 165-66
16. 'लेटर टु प्यारेलाल', 15 मई 1938, *द कलेक्टेड वर्क्स ऑफ महात्मा गाँधी,* वॉल्यूम 73, (नई दिल्ली, 2000), पृष्ठ 169-70
17. 'लेटर टु अमृत कौर', 16 मई 1938, *द कलेक्टेड वर्क्स ऑफ महात्मा गाँधी,* वॉल्यूम 73, (नई दिल्ली, 2000), पृष्ठ 171
18. 'लेटर टु सुशीला नायर', 16 मई 1938, *द कलेक्टेड वर्क्स ऑफ महात्मा गाँधी,* वॉल्यूम 73, (नई दिल्ली, 2000), पृष्ठ 173
19. 'लेटर टु प्यारेलाल', 16 मई 1938, *द कलेक्टेड वर्क्स ऑफ महात्मा गाँधी,* वॉल्यूम 73, (नई दिल्ली, 2000), पृष्ठ 174-75
20. वही, पृ. 175
21. 'लेटर टु सुशीला नायर', 18 मई 1938, *द कलेक्टेड वर्क्स ऑफ महात्मा गाँधी,* जॉल्यूम 73, (नई दिल्ली, 2000), पृष्ठ 179-80
22. 'लेटर टु प्यारेलाल', 23 मई 1938, *द कलेक्टेड वर्क्स ऑफ महात्मा गाँधी,* वॉल्यूम 73, (नई दिल्ली, 2000), पृष्ठ 192
23. 'लेटर टु सुशीला नायर', 23 मई 1938, *द कलेक्टेड वर्क्स ऑफ महात्मा गाँधी,* वॉल्यूम 73, (नई दिल्ली, 2000), पृष्ठ 193
24. 'लेटर टु प्यारेलाल', 25 मई 1938, *द कलेक्टेड वर्क्स ऑफ महात्मा गाँधी,* वॉल्यूम 73, (नई दिल्ली, 2000), पृष्ठ 195

25. 'लेटर टु सुशीला नायर', 25 मई 1938, द *कलेक्टेड वर्क्स ऑफ महात्मा गाँधी,* वॉल्यूम 73, (नई दिल्ली, 2000), पृष्ठ 196
26. 'लेटर टु प्यारेलाल', 25 मई 1938, द *कलेक्टेड वर्क्स ऑफ महात्मा गाँधी,* वॉल्यूम 73, (नई दिल्ली, 2000), पृष्ठ 196
27. वही, पृ. 198
28. वही, पृ. 198-99
29. 'लेटर टु प्यारेलाल', 27 मई 1938, द *कलेक्टेड वर्क्स ऑफ महात्मा गाँधी,* वॉल्यूम 73, (नई दिल्ली, 2000), पृष्ठ 201-02
30. 'लेटर टु प्यारेलाल', 28 मई 1938, द *कलेक्टेड वर्क्स ऑफ महात्मा गाँधी,* वॉल्यूम 73, (नई दिल्ली, 2000), पृष्ठ 203
31. 'लेटर टु प्यारेलाल', 29 मई 1938, द *कलेक्टेड वर्क्स ऑफ महात्मा गाँधी,* वॉल्यूम 73, (नई दिल्ली, 2000), पृष्ठ 205
32. 'लेटर टु सुशीला नायर', 29 मई 1938, द *कलेक्टेड वर्क्स ऑफ महात्मा गाँधी,* वॉल्यूम 73, (नई दिल्ली, 2000), पृष्ठ 206-07
33. 'लेटर टु प्यारेलाल', 30 मई 1938, द *कलेक्टेड वर्क्स ऑफ महात्मा गाँधी,* वॉल्यूम 73, (नई दिल्ली, 2000), पृष्ठ 207-08
34. वही, पृ. 208
35. 'लेटर टु सुशीला नायर', 1 जून 1938, द *कलेक्टेड वर्क्स ऑफ महात्मा गाँधी,* वॉल्यूम 73, (नई दिल्ली, 2000), पृष्ठ 210-11
36. 'नोट टु आश्रम इनमेट्स', 2 जून 1938, द *कलेक्टेड वर्क्स ऑफ महात्मा गाँधी,* वॉल्यूम 73, (नई दिल्ली, 2000), पृष्ठ 214-15
37. 'लेटर टु प्यारेलाल', 2 जून 1938, द *कलेक्टेड वर्क्स ऑफ महात्मा गाँधी,* वॉल्यूम 73, (नई दिल्ली, 2000), पृष्ठ 216
38. वही
39. 'लेटर टु सुशीला नायर', 2 जून 1938, द *कलेक्टेड वर्क्स ऑफ महात्मा गाँधी,* वॉल्यूम 73, (नई दिल्ली, 2000), पृष्ठ 217-18
40. 'लेटर टु प्यारेलाल', 3 जून 1938, द *कलेक्टेड वर्क्स ऑफ महात्मा गाँधी,* वॉल्यूम 73, (नई दिल्ली, 2000), पृष्ठ 219-20
41. 'लेटर टु प्यारेलाल', 4 जून 1938, द *कलेक्टेड वर्क्स ऑफ महात्मा गाँधी,* वॉल्यूम 73, (नई दिल्ली, 2000), पृष्ठ 221-22
42. 'लेटर टु प्यारेलाल', 6 जून 1938, द *कलेक्टेड वर्क्स ऑफ महात्मा गाँधी,* वॉल्यूम 73, (नई दिल्ली, 2000), पृष्ठ 227-28
43. 'लेटर टु मुन्नालाल जी. शाह', 4 जून 1938, द *कलेक्टेड वर्क्स ऑफ महात्मा गाँधी,* वॉल्यूम 73, (नई दिल्ली, 2000), पृष्ठ 222-23
44. 'लेटर टु सुशीला नायर', 6 जून 1938, द *कलेक्टेड वर्क्स ऑफ महात्मा गाँधी,* वॉल्यूम 73, (नई दिल्ली, 2000), पृष्ठ 228
45. 'लेटर टु कृष्णचन्द्र', 10 जून 1938, द *कलेक्टेड वर्क्स ऑफ महात्मा गाँधी,* वॉल्यूम 73, (नई दिल्ली, 2000), पृष्ठ 231-32

46. 'लेटर टु बलवन्त सिन्हा', 11 जून 1938, *द कलेक्टेड वर्क्स ऑफ महात्मा गाँधी,* वॉल्यूम 73, (नई दिल्ली, 2000), पृष्ठ 235
47. 'ए रिनन्सिएशन', 21 सितम्बर 1935, *द कलेक्टेड वर्क्स ऑफ महात्मा गाँधी,* वॉल्यूम 67, (नई दिल्ली, 2000), पृष्ठ 435-36
48. 'लेटर टु बलवन्त सिन्हा', 11 जून 1938, *द कलेक्टेड वर्क्स ऑफ महात्मा गाँधी,* वॉल्यूम 73, (नई दिल्ली, 2000), पृष्ठ 235
49. वही
50. वही
51. वही
52. वही पृ. 235-36
53. वही, पृ. 236
54. 'लेटर टु अमृत कौर', 11 जून 1938, *द कलेक्टेड वर्क्स ऑफ महात्मा गाँधी,* वॉल्यूम 73, (नई दिल्ली, 2000), पृष्ठ 236-37
55. 'लेटर टु छगनलाल जोशी', 22 जून 1938, *द कलेक्टेड वर्क्स ऑफ महात्मा गाँधी,* वॉल्यूम 73, (नई दिल्ली, 2000), पृष्ठ 251
56. 'लेटर टु अमृत कौर', 25 जून 1938, *द कलेक्टेड वर्क्स ऑफ महात्मा गाँधी,* वॉल्यूम 73, (नई दिल्ली, 2000), पृष्ठ 255
57. 'लेटर टु कांतिलाल गाँधी', 30 जून 1938, *द कलेक्टेड वर्क्स ऑफ महात्मा गाँधी,* वॉल्यूम 73, (नई दिल्ली, 2000), पृष्ठ 262
58. 'लेटर टु छगनलाल जोशी', 1 जुलाई 1938, *द कलेक्टेड वर्क्स ऑफ महात्मा गाँधी,* वॉल्यूम 73, (नई दिल्ली, 2000), पृष्ठ 267
59. वही
60. वही
61. वही, पृ. 267-68
62. वही, पृ. 268
63. वही
64. 'लेटर टू अमृत कौर', 8 जुलाई 1938, *द कलेक्टेड वर्क्स ऑफ महात्मा गाँधी,* वॉल्यूम 73, (नई दिल्ली, 2000), पृष्ठ 275
65. 'लेटर टु अमृत कौर', 11 जुलाई 1938, *द कलेक्टेड वर्क्स ऑफ महात्मा गाँधी,* वॉल्यूम 73, (नई दिल्ली, 2000), पृष्ठ 286
66. 'लेटर टु प्यारेलाल', 11 जुलाई 1938, *द कलेक्टेड वर्क्स ऑफ महात्मा गाँधी,* वॉल्यूम 73, (नई दिल्ली, 2000), पृष्ठ 288
67. 'लेटर टु आर.', 8 जुलाई 1938, *द कलेक्टेड वर्क्स ऑफ महात्मा गाँधी,* वॉल्यूम 73, (नई दिल्ली, 2000), पृष्ठ 315
68. 'हाउ नॉन-वायोलेंस वर्क्स', 23 जुलाई 1938, *द कलेक्टेड वर्क्स ऑफ महात्मा गाँधी,* वॉल्यूम 73, (नई दिल्ली, 2000), पृष्ठ 319

❑

प्रसंग-2 (1946-47)

उत्तर-कालीन गाँधी की टेक

गाँधीजी के ब्रह्मचर्य विचार और व्यवहार से जुड़ी हुई अगली बड़ी चर्चा एवं विवाद 1946-47 में हुआ मिलता है। तब गाँधी बंगाल में नोआखली गए हुए थे। वहाँ गाँधी के साथ सुशीला नायर का एक ऐसा प्रसंग हुआ कि गाँधीजी के एक निकट सहयोगी ने विद्रोह कर दिया। गाँधी ने उस प्रसंग में सुशीला को ही दोषी कहलाने दिया। इस बार उनमें अपने ऊपर कोई दोष लेने का भाव नहीं दिखा, जो 1938 में बड़ी उदारता में अपनाया गया था। नोआखली वाले दौर में गाँधी ने अपनी दूर के रिश्ते की पौत्री मनु को अपने साथ सुलाने, नंगे सुलाने का कार्य करीब दो महीनों तक चलाया।[1] इस पर गाँधी को सर्वाधिक विरोध झेलना पड़ा। इसकी विस्तृत चर्चा, स्वयं गाँधी के शब्दों के सहारे, आगे है। यह ब्रह्मचर्य पर उनके जीवन का अन्तिम लम्बा प्रसंग है, जिस में उनके कुछ नए विचार भी मिलते हैं।

1938 के बाद सरसरी नज़र से देखने पर पता चलता है कि गाँधी का ब्रह्मचर्य व्यवहार लगभग यथावत् रहा। जिसे कभी-कभी 'प्रयोग' कहा जाता था, वही कार्य गाँधी उसे बिना प्रयोग कहे भी करते थे। स्त्रियों, लड़कियों को अपने साथ सुलाने को गाँधी ने विभिन्न अवसरों पर, विभिन्न सहयोगियों, अनुयायियों को इस अन्तिम प्रसंग में कभी अपना 'धर्म', कभी 'कर्तव्य', कभी 'यज्ञ' भी कहा। इस सबकी कोई व्याख्या या भेद गाँधी के लेखन, वाचन में नहीं मिलता। न उनके सहयोगी, अनुयायी ही अपने अनुमान या समझ से कभी इसे स्पष्ट कर सके। अधिकांश ने इस पर कुछ न कहने में ही भलाई समझी है।

इस विषय पर गाँधी के सभी कथनों, स्पष्टीकरणों पर विचार करने पर

एक चीज़ स्थायी रूप से दिखती है कि गाँधीजी ने अपने अन्तिम वर्षों में लड़कियों, स्त्रियों को अपने साथ सुलाने समेत विविध शारीरिक निकटता बनाए रखने को अपने ब्रह्मचर्य की प्रामाणिकता से जोड़ लिया था। यह कितनी ही विचित्र लगे, किन्तु यही एक बात है जो उनके सभी उत्तर-कालीन वक्तव्यों में मौन या मुखर, अखंडित रूप से मिलती है। गाँधीजी के आत्मकथा लिखने तक, यानी लगभग 1926 तक, यह बात नहीं मिलती। इस समय तक के गाँधी को हम पूर्व-गाँधी कह सकते हैं। जब गाँधी अपनी पत्नी के साथ 'सहशय्या' त्यागना ब्रह्मचर्य से जुड़े कार्यों में प्रमुख या कम-से-कम एक ज़रूरी कार्य तो मानते ही थे।

उत्तर-कालीन गाँधी में, कम-से-कम उनके जीवन के अन्तिम बारह-चौदह वर्ष में तो निश्चय ही, यह विचार पूर्णतः बदला हुआ दिखाई देता है। इस दौर में लड़कियों, स्त्रियों के साथ निकटशय्या या सहशय्या को उन्होंने अपने ब्रह्मचर्य का एक अनिवार्य प्रमाण-सा बना दिया था। बाद के दौर में एक यही बात गाँधी की दलीलों में नहीं बदलती। उनके अन्य सभी तर्क, शपथ या वचन कई बार अपने ही दूसरे बयानों, कर्मों से अन्तर्विरोधी और खंडित होते दिखाई देते हैं। पर 1938 के बाद जीवन के अन्त तक यह बात गाँधी ने कभी नहीं छोड़ी कि स्त्रियों के साथ निष्पाप रूप से सोना ही उनके ब्रह्मचर्य का प्रमाण है! बल्कि कई बार निकटस्थ लोगों द्वारा तीव्र विरोध का गाँधी ने यही उत्तर दिया कि यदि वे स्त्रियों के साथ सोना सदा के लिए बन्द कर दें, तब तो यही प्रकट होगा कि पहले जो हुआ, वह गलत था। इसलिए, इस व्यवहार को नहीं छोड़ा जा सकता। क्योंकि यह गाँधी के ब्रह्मचर्य-व्रती होने का प्रमाण है। विवेक, सिद्धान्त या दर्शन की दृष्टि से ऐसे तर्क का कितना मूल्य है, यह सुधी पाठक स्वयं तय कर सकेंगे।

यदि बीच-बीच में गाँधी की इस आदत की निकट मित्रों, परिवारजनों तथा महत्त्वपूर्ण व्यक्तियों द्वारा तीखी आलोचना होती और दबाव पड़ता था, तो प्रायः यह किसी नई घटना या सन्दर्भ में होता था। जैसा, पहले 1935 और 1938 के दो चर्चा-प्रसंगों में देखा गया। यदि गाँधी के सम्पूर्ण वाङ्मय की खोज-बीन की जाए तो सम्भवतः और ऐसे प्रसंग मिल सकते हैं।

यहाँ हम एक अन्य विस्तृत उदाहरण के लिए 1946-47 का मनु गाँधी प्रसंग ले रहे हैं। मनु गाँधी को प्रायः गाँधीजी की पौत्री कहा जाता है। वास्तव में यह रिश्ता बहुत दूर का था। वह गाँधीजी के चाचा की प्रपौत्री थी। लगभग अशिक्षित, सोलह-सत्रह वर्ष की लड़की, जिसके पिता जयसुखलाल गाँधी एक साधारण

कर्मचारी थे। मनु-प्रसंग इस विषय पर न केवल गाँधी के जीवन का अन्तिम है, बल्कि सर्वाधिक तीखे रूप से विवादास्पद भी। विरोध और दबाव का यह दौर भी कम-से-कम तीन महीने निरन्तर चला। दिसम्बर 1946 से मार्च 1947 तक। इसमें गाँधी से उनके पुत्र देवदास तथा निकटस्थ सहयोगियों में सरदार पटेल, किशोरलाल, नरहरि, आदि ने गाँधी से आंशिक या पूर्ण सम्बन्ध-विच्छेद तक कर लिया था। जिन लोगों ने अत्यन्त तीखा विरोध किया उनमें ठक्कर बापा, विनोबा भावे, घनश्यामदास बिड़ला आदि भी थे। इस सम्पूर्ण प्रसंग में गाँधी द्वारा अपने ब्रह्मचर्य और मनु तथा अन्य लड़कियों के साथ अपने व्यवहार पर कही गई सभी बातें 1938 वाले दौर से तुलनीय हैं। जिससे ब्रह्मचर्य पर गाँधी के विचार और व्यवहार को समझने में सहायता मिलती है।

नई विशेषता

यह देखने के लिए कि गाँधीजी के सामान्य ब्रह्मचर्य व्यवहार की क्या विशेषता थी, गाँधीजी द्वारा मुन्नालाल शाह को 6 मार्च 1945 का लिखा पत्र *(कलेक्टेड वर्क्स,* द्वितीय संशोधित संस्करण, 2001, खंड 86, पृ. 8) देख सकते हैं–"तुम क्यों शर्मिंदा हो रहे हो? यह समस्या ऐसे नहीं सुलझने वाली। बिना हिचक मुझसे कोई भी प्रश्न पूछ सकते हो। मेरे बयान में कई बदलाव हुए हैं तथा इसमें और बदलाव हो सकते हैं। मैं किसी का उल्लेख छोड़ना नहीं चाहता। मैंने चार (स्त्रियों) का नाम लिया है। हो सकता है, वह कहेंगी, 'हम आपके प्रयोग का अंग नहीं थीं। हम तो आपके साथ ऐसे सोईं जैसे अपनी माँ के साथ सोई हों'। मैं उनकी इस बात का खंडन नहीं करूँगा।"

गाँधी के किसी विवादास्पद कार्य की दूसरों द्वारा दी जाने वाली सफाई की रचना स्वयं गाँधी द्वारा करने का ऐसा उदाहरण हम पहले भी देख चुके हैं। यह भी गाँधी व्यवहार में एक अनोखा तत्व है। दूसरों के मुँह में अपने लिए अच्छी बातें रखना, जिसे 1909 में लिखे *हिन्द स्वराज* से ही जहाँ-तहाँ देखा जा सकता है। पीछे भी इसके कई उदाहरण मिले हैं। यह गाँधीजी की आदत है या आवश्यकता, यह निर्णय विद्वानों को करना होगा।

बहरहाल, आगे उसी पत्र में गाँधी लिखते हैं : "यहाँ इतना ही उल्लेख काफी है कि ऐसी घटना हुई। मैं आभा, कंचन और वीणा को प्रयोग का अंग नहीं मानता। यदि हम साथ सोने और प्रयोग करने में अन्तर करें तो दोनों के

बीच मेरे लिए वह अन्तर बहुत बड़ा है। आभा मेरे साथ मुश्किल से केवल तीन रात सोई। कंचन केवल एक रात।''[2] यह कंचन उन मुन्नालाल की पत्नी थीं जिन्हें यह पत्र सम्बोधित है। आगे, ''वीणा का मेरे साथ सोना केवल एक दुर्घटना कही जा सकती है। बस यही कहा जा सकता है कि वह मेरे नज़दीक सोई थी।... आभा या कंचन ने जो मुझे कहा वह यह है, कि उसका ब्रह्मचर्य-पालन करने का कोई इरादा न था, अपितु वह सेक्स का सुख उठाना चाहती थी। इसलिए वह अनिच्छापूर्वक रुकी और कपड़े उतारे ताकि मुझे ठेस न लगे। यदि मुझे ठीक याद है, वह मेरे पास एक घंटे भी नहीं रुकी थी। फिर मैंने दोनों स्त्रियों को मेरे साथ सोने से रोक दिया, क्योंकि मैंने महसूस किया कि कनु और तुम्हें बुरा लगेगा।''[3] जिस अन्दाज़ में पत्र लिखा गया है, अपने व्यवहार की सफाई देने की चाह स्पष्ट है। कि पत्र पाने वाला समझे कि कोई स्कैंडल जैसी बात नहीं हुई है।

आगे बढ़ते हुए गाँधी लिखते हैं : ''लीलावती, अमतुससलाम, राजकुमारी और प्रभावती यहाँ नहीं हैं। मैंने प्रयोग में प्रभावती का नाम जान-बूझ कर शामिल किया है। शायद मुझे नहीं करना चाहिए था।'' क्या इसलिए कि वह भी एक प्रमुख नेता जयप्रकाश नारायण की पत्नी थी? इसका उत्तर नहीं मिलता। पर आगे, ''वह (प्रभावती) प्रायः मुझे गर्म रखने के लिए मेरे साथ सोती रही है। यह तब से हो रहा है जब मैंने सचेत रूप से अपना प्रयोग आरम्भ भी नहीं किया था। अपने ही लिए मैं उसे फर्श से ठिठुरते अपने पास खींच लेता था। पुरानी, बड़ी पुरानी कहानी है। मैं समझता हूँ, मैंने तुम्हें सब कुछ कह दिया है।''[4]

किन्तु लगता है, सभी बातें उसमें नहीं आई हैं। क्योंकि उसी दिन, 6 मार्च को गाँधी पुनः मुन्नालाल को एक नोट और लिखते हैं। इसमें गाँधी अपने स्वभाव की सफाई देते और विशेषता बताते हुए विविध, दूसरी ऐतिहासिक बातों का उल्लेख करते हैं कि मेरा सगा बड़ा भाई तेरह साल मेरा दुश्मन बना रहा, अनेक सनातनी मेरे विरोधी हैं जिससे मुझे लाखों रुपयों का नुकसान हुआ, मैं तो पहले ब्रिटिश राज का मित्र था, आज मैं उसका दुश्मन बन गया हूँ...कि मैंने तो बा जैसी पत्नी तक को दरवाज़ा दिखा दिया, आदि।[5] ''मैं और क्या कह सकता हूँ?...इस प्रकार, मैं जो हूँ सो हूँ।...और मैं क्या छोड़ दूँ? मैं सोचना तो छोड़ नहीं सकता। जहाँ तक सम्भव है मैंने साथ सोने वाला व्यवहार छोड़ दिया है। किन्तु इसे पूरी तरह नहीं छोड़ा जा सकता।''[6] यह अन्तिम दो पंक्तियाँ अपने अर्थ और अन्दाज़, दोनों से ध्यान आकृष्ट करती हैं। क्योंकि कार्य एक ही है, एक ही व्यक्ति उसे कर

रहा है, पहले भी करता रहा है, और आगे भी करता रहेगा। किन्तु समय और व्यक्ति के बदलाव के साथ वही चीज़ कभी 'प्रयोग', कभी सहज व्यवहार, कभी 'धर्म', कभी 'कर्तव्य', कभी 'यज्ञ' कह दी गई है। बिना किसी स्पष्टीकरण के कि आखिर इनमें अन्तर क्या है? कोई अन्तर है भी या नहीं? सम्भवतः केवल परिस्थितिवश ही यह व्यवहार 'छोड़ा' जाता था, ऐसी परिस्थिति जो गाँधी के वश से बाहर हो जाती थी। कम-से-कम 1938 और 1947 में यही हुआ था।

मुन्नालाल को उसी दिन लिखा दूसरा नोट अभी समाप्त नहीं हुआ है। उसमें आगे गाँधी लिखते हैं, "जब से मैं इंग्लैंड गया तभी से मैं ब्रह्मचर्य का पालन करता रहा हूँ। इससे किसी की हानि नहीं हुई है।" यह पंक्ति पुनः अनोखी है, क्योंकि यह गाँधी के ब्रह्मचर्य व्यवहार के अनिवार्य तत्व की सूचना देने की तैयारी है। नहीं तो किसी के ब्रह्मचर्य से दूसरों का बुरा क्यों होने लगा! मगर गाँधी का ब्रह्मचर्य ही अनोखा है। देखिए, "यदि मैं (स्त्रियों के) साथ सोना पूर्णतया बन्द कर दूँ तो मेरा ब्रह्मचर्य लज्जित होगा। मैं कोई आनन्द लेने के लिए कुछ नहीं करता। यह मैंने बरसों से नहीं किया है, न अभी करूँगा। यह सही है कि लोग मेरे उदाहरण की नकल कर दुराचार में लिप्त हो सकते हैं, इसे कौन रोक सकता है? क्या कभी ऐसा हुआ है कि जहाँ सत्याग्रह के नाम पर असत्याग्रह नहीं हुआ हो?"[7] याद करें, 1935 में गाँधी ने आश्रम में दबाव पड़ने पर जब बड़ी लड़कियों पर झुकने, सहारा लेने, छूने आदि व्यवहार छोड़ने की 'शपथ' (यही शब्द थे।) ली थी, तब इसी का उलटा तर्क दिया था। कि गाँधी के उदाहरण से दूसरे लोग गलत कार्य कर सकते हैं, इसीलिए लोकहित में उसे छोड़ रहा हूँ। पर अब कहा जा रहा है कि मेरे उदाहरण से दूसरे लम्पटता करें तो इसमें मेरा क्या दोष!

दोष कुछ नहीं, सिवा इसके कि किसी शब्द के स्थापित, मान्य अर्थ को उपेक्षित कर उसे अपना अर्थ देने की ज़िद क्यों? सुपरिचित, स्पष्ट हिन्दू धारणाओं को गाँधी द्वारा अपना, विचित्र अर्थ देने की ज़िद एक अनावश्यक समस्या खड़ी करती है। जैसे यही, कि सत्याग्रह और असत्याग्रह की ही पहचान क्या हो? जो ज़िद गाँधी कर रहे हैं, वही ज़िद कोई अन्य भी कर सकता है, कि जिसे आप असत्याग्रह कह रहे हैं, वास्तव में वही सत्याग्रह है। अतः जिसे गाँधी ही सत्याग्रह कह रहे हैं, वही असत्याग्रह नहीं, इसका निर्णय कौन करेगा? क्योंकि गाँधी के सिद्धान्त-व्यवहार से इस समस्या को हल करने में कोई मदद नहीं मिलती। असंख्य बार देखा जा चुका है कि गाँधी जब भी किसी भी शब्द, घटना, नियम, यहाँ

तक कि स्वयं अपनी पिछली 'शपथ' तक की व्याख्या करते हैं, तो अपनी तात्कालिक दलील के सिवा किसी की परवाह नहीं करते। न शास्त्र, न लोक, न मित्रों, विद्वानों, हितैषियों, अनुभवियों आदि के विचारों की। यह तो कोई लम्पट भी दृढ़ता से कहे और कहता रहे कि जिसे आप लम्पटता कह रहे हैं, वह तो आपका मनोविकार है, मैं तो सदाचार कर रहा हूँ। तब फैसला कैसे होगा? गाँधी को इससे, और ऐसे प्रश्नों से लेनिन की तरह कभी मतलब नहीं रहा। वह अपनी टेक पर अड़ते हैं, और किसी की नहीं सुनते। आप मानें या न मानें, गाँधी किसी भी समय अपने किसी सामान्य या असामान्य कार्य को धर्म, कर्तव्य, सत्याग्रह, यज्ञ, लोकहित, साधना आदि कहकर अनम्य रुख अपना सकते हैं। उनकी अथक बातों, दलीलों से कोई सुसंगत अर्थ या सीख नहीं निकलती, तो यह आप की समस्या है। गाँधी की एक ही टेक सदैव समान रहती है, कि अपने, दूसरे, शास्त्र, सिद्धान्त और समाज, किसी भी विषय में वही निर्णायक हैं। यदि दूसरों को कुछ भिन्न कहना है, चाहे वह उन के अपने निजी जीवन से सम्बन्धित मामला क्यों न हो, तो वे अपने बल से जो कर ले जाएँ, गाँधी उसे स्वतः नहीं मानेंगे। इस निरी ज़िद्दी प्रवृत्ति में राजनेता गाँधी, सहकर्मी गाँधी, ब्रह्मचर्य-व्रती गाँधी, आश्रम संचालक गाँधी, पिता गाँधी, या पति गाँधी में कोई अन्तर नहीं था।

फिर, वहीं, मुन्नालाल को शान्त करने के लिए गाँधी यह भी जोड़ते हैं, "जो भी हो, अभी तो इसे (स्त्रियों के साथ सोने) स्थगित कर दिया गया है, क्योंकि इस पर विचार करने की ज़रूरत है। किन्तु चूँकि स्थगित करने की ज़रूरत है, तो ऐसा ही हो। तुम कोई भी प्रश्न पूछ सकते हो।..." [8] नोट यहीं खत्म नहीं होता। आगे गाँधी ने भगवान की दुहाई दी है, कि मैं जो करता हूँ, वह भगवान के नाम पर करता हूँ। सुबह-शाम उनका नाम मेरे ओठों पर रहता है। इसलिए आगे भगवान ही मुझ से जो चाहें करवाएँगे, जो मैं भी नहीं जानता, आदि। इसलिए, "मुझ पर कोई बन्धन नहीं लगाया जा सकता।" [9] यहाँ गाँधी एक मजहब विशेष के प्रोफेट का हू-ब-हू रूप धर लेते हैं, जो स्वघोषित रूप से ईश्वर का हाथ है। इसलिए उसे कुछ करने से रोका नहीं जा सकता। विभिन्न रूपों में यह तर्क गाँधी ने कई बार दिया है। प्रायः ब्रह्मचर्य वाले प्रसंगों में ही।

इस प्रकार, थोड़ी सांत्वना कि व्यवहार स्थगित हो ही गया है, चिन्ता क्यों करते हो। फिर कड़ा संकेत कि इसका अर्थ नहीं कि गाँधी किसी बात से बँधे हैं। यहाँ तक कि अभी 'स्थगन' में भी एकाध अपवाद है। देखिए : "मैंने कहा

कि अभी तो सब कुछ स्थगित है, मनु को छोड़ कर। लेकिन किशोरलाल (के. जी मश्रुबाला) इससे सन्तुष्ट नहीं हैं।''[10] किशोरलाल महत्त्वपूर्ण हस्ती हैं, इसलिए हमारा अनुभव बताता है कि गाँधी उनके प्रति कठोर शब्द कहने के बदले, उनकी बात को महत्त्वपूर्ण कहेंगे, दूसरों से उनकी बात समझने को कहेंगे, मगर इस अर्थ में कि वह भ्रम में हैं, परेशान हैं, मगर उनकी भावना सच्ची है, उसे समझने की कोशिश करो, आदि। जैसा 1938 में मीरा बेन की कठोर बातों पर गाँधी ने रुख लिया था। सुशीला के साथ गाँधी के अन्तरंग व्यवहार पर मीरा ने सर्वाधिक तीखी बातें (गाँधी के रहन-सहन पर 'रावण के महल का दृश्य' और दोनों के बारे में 'ज़हर फैलाने' जैसी) कहीं थीं, और गाँधी ने दूसरों के समक्ष मीरा को ही सबसे महत्त्वपूर्ण बताते हुए, अन्ततः मीरा की सारी अनुशंसाओं को हवा में उड़ा दिया था। गाँधी की यह शैली चाहे संयोग हो, अनजाने हो, अचेत टेकनीक हो किन्तु आज किसी पाठक, शोधकर्ता को उन सारी बातों को ऐतिहासिक क्रम में इकट्ठे देख सकने की सुविधा होने के कारण यह शैली अनायास पहचानी जाती है। आगे मनु प्रसंग में उठने वाली तीखी आपत्तियों पर यह पुनः मिलेगा कि दुर्बल, निर्भर किस्म के अपने अनन्य प्रेमियों के साथ भी गाँधी एकदम अधीर, रुखाई और निरन्तर चिढ़े हुए स्वर में लिखते, बोलते हैं। जैसे प्यारेलाल और अमतुससलाम को। जबकि मज़बूत, स्वतन्त्र किस्म के अपने दूसरे प्रेमियों के प्रति गाँधी की कलम से प्रेम, सदभाव के शब्दों की बाढ़ रुकने का नाम नहीं लेती। जैसे, अमृत कौर, सरदार पटेल, किशोरलाल, विनोबा, ठक्कर बापा, बिड़ला आदि को। कई बार प्रेम-प्रदर्शन वाले ऐसे शब्द एकदम कृत्रिम, अनावश्यक और प्रसंगहीन होते हैं। उसमें हृदय से निकली ध्वनि बिलकुल नहीं सुनाई देती। जबकि गाँधी के ही कई पत्रों में ऐसी ध्वनि साफ सुनाई देती है। हालाँकि अपने दोनों ही किस्म में निकटवर्ती लोगों के साथ, किसी मतभेद पर गाँधी अपनी अनम्य स्थिति पर सदैव डटे रहते हैं।

6 मार्च को मुन्नालाल को लिखे अपने दो विस्तृत पत्र और नोट के बावजूद मुन्नालाल सन्तुष्ट हुए नहीं प्रतीत होते। यह 7 मार्च को गाँधी द्वारा पुनः मुन्नालाल को लिखे पत्र से पता चलता है। गाँधी उनसे कहते हैं कि वह पत्रों को ध्यान से पढ़ें, उसमें सभी उत्तर हैं। (पाठक यह न समझें कि ये पत्र सदैव किसी दूसरे गाँव या शहर में रहने वाले को लिखे जाते थे। कई बार गाँधी साथ रहने वाले को भी पत्र ही लिखकर सन्देश देते, लेते थे। यहाँ तक कि सामने बैठे व्यक्ति को भी। इसलिए उनके पत्रों पर पड़ी लगातार तारीखों से भ्रम नहीं होना चाहिए।)

जो नहीं स्पष्ट हुआ, उसके लिए ''धैर्यपूर्वक इन्तज़ार करो और देखो। यदि कोई (मुझे छोड़कर) जाना चाहता है तो वह जाने के लिए स्वतन्त्र है।''[11] उसी दिन, 7 मार्च को गाँधी द्वारा कृष्णचन्द्र को भी पत्र लिखा गया है, जिसमें गाँधी के स्त्रियों के साथ सोने वाली बात पर आपत्ति का प्रसंग है। गाँधी के उत्तर से ऐसा लगता है कि कृष्णचन्द्र ने संकोच के साथ, मगर दृढ़तापूर्वक प्रश्न उठाया है। उसे भी गाँधी वही अनोखा तर्क देते हैं, ''यदि मैं (स्त्रियों के साथ) सोना पूर्णतया, सदा के लिए बन्द कर दूँ तो इसका अर्थ होगा कि मैं पहले गलत था। नहीं तो मैं इसे क्यों बन्द कर दूँ? मित्रों की खातिर इसके रुक जाने की एक सीमा है। साथ सोने वाली मेरी आदत तो ब्रह्मचर्य व्रत लेने, बल्कि उससे भी पहले से (?) चली आ रही है। क्या अब तुम समझे? तुम जिस खतरे क्री बात कर रहे हो, वह तो है। लेकिन उसके लिए कोई अच्छा काम रोका नहीं जा सकता। हमें केवल सावधान रहना चाहिए। यह प्रयोग सीमित रहने के लिए नहीं है। लेकिन उससे यदि मैं पक्का ब्रह्मचारी बन जाता हूँ, तो क्या मैं दुनिया का और भला करने में योगदान नहीं दूँगा?''[12]

लीजिए, एक ही दिन पहले मुन्नालाल को आरम्भ में ही स्पष्ट किया गया कि आभा, वीणा, कंचन के साथ सोने में कोई प्रयोग वाली बात न थी। प्रयोग वाली लड़कियाँ-स्त्रियाँ दूसरी चार थीं। मगर गैर-प्रयोग वाली लड़कियों के साथ सोने की क्या कैफियत है? कृष्णचन्द्र तो इन सातों स्त्रियों के साथ सोने पर भेद करके प्रश्न नहीं उठा रहे होंगे। फिर, कृष्णचन्द्र को ही एक पंक्ति में जिस चीज़ को गाँधी अपनी पुरानी, ब्रह्मचर्य से पहले तक से चली आ रही, एक हानिरहित आदत कहकर स्वीकार करने कहते हैं, उसी चीज़ को दूसरी पंक्ति में एक 'अच्छा काम' की संज्ञा देते हैं। वह आदत स्वतः अच्छा काम कैसे हो गई? बल्कि उसी आदत पर तो आपत्ति हो रही है। यहाँ गाँधी उसी तरीके के प्रयोग करते हैं, जिसे अंग्रेज़ी में *बेगिंग द क्वेशचन* कहते हैं। अर्थात् जिस चीज़ को सिद्ध करना हो, उसी को सिद्ध मान लेना। यह समस्या भी गाँधी चिन्तन, व्यवहार में कई स्थलों पर दिखती है। न केवल ब्रह्मचर्य, बल्कि अहिंसा से सम्बन्धित प्रश्नों पर भी। चूँकि गाँधी के स्त्री-सम्बन्धी व्यवहार पर लम्बे समय से गम्भीर आपत्तियाँ उठ रही हैं, इसलिए गाँधी द्वारा उस के बचाव और दुहराव के लिए दिए जाने वाले तर्कों, कारणों में संगति खोजना आवश्यक हो जाता है। यदि विसंगति दिखती है, तो इसका सामना करना ही चाहिए।

यह विसंगति ही है कि गाँधी ब्रह्मचर्य के व्यवहार की एक स्पष्ट परिभाषा भी कहीं नहीं देते। 8 मार्च 1945 को पुनः कृष्णचन्द्र को लिखे पत्र में मिलता है, "अपना शरीर और मन अच्छे कार्यों में लगाए रखो ताकि आश्रम में तुम ब्रह्मचर्य का पालन कर सको। किसी पुरुष या स्त्री के साथ व्यर्थ की गप-शप न करो तथा किसी को अकारण न छुओ।" [13] यहाँ अकारण और सकारण की क्या व्याख्या हो? गाँधी किसी स्त्री को रात में खींचकर साथ सुला लेने को भी अपने लिए सकारण स्पर्श मानते हैं, ताकि अपना 'शरीर गर्म' करें, [14] जो गाँधी के लिए ब्रह्मचर्य के विरुद्ध नहीं है। इस तरह का स्पर्श दूसरों के लिए भी अनुकरणीय है, ऐसा नहीं। तब व्यवहार की परिभाषा या समझ अस्पष्ट ही रह जाती है।

इसी मुद्दे पर अगला पत्र घनश्यामदास बिरला जैसी हस्ती को लिखा हुआ है। तारीख है 9 अप्रैल 1945। पत्र को तीन बिन्दुओं में बाँटकर अलग-अलग मुद्दों पर लिखा गया है। संयोगवश इस पत्र से यह भी पता चलता है कि गाँधीजी की चरखा, ग्रामोद्योग, आश्रम जैसी कई परियोजनाएँ ऐसे बड़े उद्योगपतियों के नियमित और उदार सहयोग से ही चलती थीं। यहाँ तक कि आश्रम के बारे में गाँधी स्पष्ट कहते हैं कि वह अभी आत्म-निर्भर नहीं हो सकता। [15] यानी, वह शहरी धनपतियों के चन्दे से ही चलेगा। जिस तरह गाँधी ग्राम-अर्थव्यवस्था, आत्मनिर्भरता आदि की बातें नियमित रूप से करते रहे हैं, उस सन्दर्भ में यह पढ़कर ठोकर-सी लगती है। यदि स्वयं गाँधी एक आश्रम आत्मनिर्भर चलाकर नहीं दिखा सकते, तो उसे चलाने की ज़रूरत क्या थी? तब तो वह एक नकली मॉडल है, जिसे दूर से देखने वालों में भ्रम फैलेगा। यदि गाँधी ही आत्मनिर्भर आश्रम नहीं बना सकते, तब किस से आशा की जाए वह ऐसा कर सकेगा। तब वैसे ग्राम-समाजी वक्तव्यों का आधार क्या है? किन्तु यह विषयान्तर है। अभी हमारा सन्दर्भ है, स्त्रियों के साथ सोने की गाँधी की आदत या व्यवहार, जिस पर बिरला ने भी प्रश्न उठाए या चर्चा की है। पत्र के तीसरे बिन्दु में गाँधी उसी पर लिखते हैं। "अब स्त्रियों के साथ मेरे सम्बन्ध और मेरे प्रयोग के बारे में। मैंने सहकर्मियों के कारण प्रयोग स्थगित कर दिया है। मैं इसमें कुछ अनुपयुक्त नहीं देखता। मैं वही हूँ जिसने 1906 में ब्रह्मचर्य का व्रत लिया था और 1901 से ही ब्रह्मचर्य का पालन करता रहा हूँ। आज मैं 1901 की तुलना में बेहतर ब्रह्मचारी हूँ। मेरे प्रयोग ने मुझे मेरे ब्रह्मचर्य में और दृढ़ बनाया है। वह प्रयोग इसी रूप में निरूपित किया गया था कि मुझे स्वयं को पक्का ब्रह्मचारी बना सके? और यदि ईश्वर

चाहेंगे तो यह सम्पूर्णता तक पहुँचेगा। आप मुझसे इस विषय पर बात करना और पूछना चाहते थे। आप दोनों ही कर सकते हैं। कृपया हिचकिचाएँ नहीं।"[16]

वर्ष 1945 के यह पत्र दावा करते हैं कि गाँधीजी का स्त्रियों के साथ सोने का सिलसिला अटूट रहा है। यद्यपि आत्मकथा में ऐसा कोई संकेत नहीं मिलता। पर अब गाँधी इसे अपने ब्रह्मचर्य प्रयोग का भी अंग और सहज व्यवहार अथवा आदत भी मानते हैं। जिस पर सदैव उनके सहयोगी, अनुयायी, मित्र आपत्ति करते रहे हैं, और गाँधी के तर्कों से सहमत कोई नहीं हुआ। अन्ततः गाँधी अपने ऊपर विश्वास करने, तथा विविध लोगों को भिन्न-भिन्न तरीके से सन्तुष्ट करने के लिए भिन्न-भिन्न दलीलों का उपयोग के सिवा कुछ उल्लेखनीय नहीं कह पाते। उन दलीलों में सिद्धान्त या दर्शन का एक शब्द भी नहीं है। वह वाद-विवाद जैसी सामयिक दलीलें हैं। फिर, गाँधी के उस व्यवहार से सम्बन्धित स्त्रियों को कोई हानि हो रही हो, या प्रतिकूल प्रभाव पड़ रहा हो, इसकी चिन्ता भी गाँधी करते कहीं नहीं दिखते। ध्यान दिलाने पर भी अपनी ओर से ही कह देते हैं कि किसी की कोई हानि नहीं हुई है। कोई और यह नहीं कहता। इस व्यवहार को स्थगित करने में दूसरों का दबाव ही कारण होता है, जो कुछ समय बीतते ही पुनः चालू हो जाता है। 1938 के बाद 1945 की यह संक्षिप्त झाँकी इसकी पुष्टि करती है।

नोआखली में ब्रह्मचर्य परीक्षण

अब नवम्बर 1946 से अप्रैल 1947 के बीच चले अन्तिम विस्तृत प्रसंग का आकलन आरम्भ करें। गाँधीजी नोआखली में हैं, जहाँ मुस्लिम बहुसंख्या के बीच हिन्दू संत्रस्त अवस्था में हैं। हाल की हिंसा में हिन्दुओं की भयंकर हत्याएँ, बलात्कार तथा लूट-पाट हुई है। उसी स्थिति को सुधारने तथा दोनों समुदायों के बीच सहज जीवन स्थापित करने का उद्देश्य लेकर गाँधी अपने कुछ निकट सहयोगियों के साथ आए हुए हैं। गाँधी के अनुसार यह 'उनके अहिंसा की परीक्षा है', तथा वे 'करो या मरो' के लिए आए हैं। उनके सहयोगी इलाके के अलग-अलग गाँवों में हैं। इस बीच के सम्पूर्ण पत्रों को पढ़कर गाँधी के निकटवर्ती सहयोगियों, सेवकों की स्थिति मोटे तौर पर इस प्रकार दिखती है :

अमतुस सलाम जो 1938 में भी गाँधी की सेविका थीं, अब भी गाँधी के साथ हैं। किन्तु गाँधी उनसे उखड़े दिखाई देते हैं। अमतुस सलाम किसी गाँव में अनशन पर बैठी हैं। वहाँ हिन्दुओं के मंदिरों का कुछ सामान लूट लिया गया

है, जिसे वापस दिलाने के लिए वह अनशन कर रही हैं। गाँधी किसी कारण इस अनशन के पक्ष में नहीं हैं। कारण जो भी हो, अमतुस सलाम को लिखा गाँधी का हरेक पत्र अत्यन्त रूखे, चिड़चिड़े स्वर में है। अमतुस सलाम का स्वास्थ्य बहुत खराब हालत में है। पर उस के लिए डॉक्टर भेजने या किसी इच्छित सेवक को भेजने से भी गाँधी इन्कार करते हैं। अमतुस सलाम से उसके जीने के बदले उसके मरने की चर्चा ज़्यादा करते हैं! अमतुस सलाम के अनुरोध पर भी उसे एक बार देखने तक नहीं जाते, जब कि उसकी मृत्यु का खतरा वास्तविक है। सुशीला नायर भी गाँधी से आग्रह करती हैं कि एक बार अमतुस सलाम को देखने जाएँ। पर गाँधी कहते हैं कि 'यह उपयुक्त न होगा'। (अमतुस सलाम को पत्र, 10 जनवरी 1947) प्यारेलाल भी वहीं गाँधी की सेवा में हैं। उनके प्रति भी गाँधी का स्वर वही रूखा, चिढ़ा हुआ-सा है। सुशीला नायर भी पास ही कहीं रहकर कोई सेवाधर्मी चिकित्सालय चला रही हैं, तथा बीच-बीच में गाँधी के पास आती हैं।

इस बीच दिसम्बर 1946 से गाँधी के साथ उन की दूर के रिश्ते की पौत्री मनु भी रहने आई है। गाँधीजी ने ही उसके पिता और उसे बार-बार पत्र लिखकर बुलवाया है, हालाँकि अपने अन्दाज़ में। मनु लगभग अशिक्षित और नितान्त सीधी 17 वर्षीया बालिका है जो गाँधी की सेवा करने आई है। वह पहले भी गाँधी और कस्तूरबा के साथ रही है। प्यारेलाल मनु के साथ विवाह करने के इच्छुक हैं। वह गाँधीजी से यह निवेदन कर चुके हैं। पर गाँधी इसे स्वीकार नहीं करते। अपने कई पत्रों में गाँधी प्यारेलाल को इस विचार से हटाने की कोशिश करते हैं। गाँधी मनु से आजन्म अविवाहिता रहकर समाज-सेवा कराना चाहते हैं, जो वह मनु को बता चुके हैं। यह किसी के गले शायद ही उतरता है। मनु स्वयं कुछ समझने, तय करने की स्थिति में नहीं दिखती। मनु के पिता जयसुखलाल मनु के स्वास्थ्य को लेकर और मनु-प्यारेलाल सम्बन्ध से भी चिन्तित हैं। सम्भवतः जयसुखलाल प्यारेलाल की इच्छा के विरुद्ध नहीं हैं। पर गाँधी ही इस प्रश्न पर साफ नहीं दिखते। मनु और प्यारेलाल को इस बिन्दु पर गाँधी द्वारा कही गई बातों में तरह-तरह की अस्पष्टता और अन्तर्विरोध दिखता है।

किन्तु सब से विकट विवाद गाँधी द्वारा मनु को अपने साथ सुलाने, तथा निर्वस्त्र सुलाने को लेकर चलता है। बड़े-बड़े तथा महत्त्वपूर्ण सहयोगियों, परिवारजनों द्वारा कड़े विरोध के बावजूद गाँधी इससे नहीं हटते। सुशीला भी गाँधी के साथ रहकर उनकी देखभाल करना चाहती हैं। पर गाँधी नहीं चाहते, वह उन्हें आने

से बार-बार मना करते हैं। प्रो. निर्मल कुमार बसु कलकत्ता विश्वविद्यालय में प्रोफेसर हैं, जो गाँधी के पुराने अध्येता होने के कारण उनकी मदद करने स्वतः नोआखली आ गए हैं। वह लोगों के साथ सम्पर्क में गाँधीजी के दुभाषिए तथा अन्य सहयोग देने के लिए गाँधी के साथ रह रहे हैं। परशुराम एक स्टेनोग्राफर हैं जो गाँधीजी की विविध सेवा करने अहमदाबाद से आए हैं। यह सभी लोग इन तीन महीनों की ब्रह्मचर्य-चर्चा में प्रत्यक्ष या परोक्ष रूप में उपस्थित हैं, इसलिए इनकी यह संक्षिप्त स्थिति दी गई, ताकि आगे पत्रों के सन्दर्भ समझने में सुविधा हो। निर्मल बाबू और परशुराम के अतिरिक्त सभी गाँधी के पुराने सहयोगी और निकट के लोग हैं।

17 दिसम्बर 1946 की घटना

जैसे पिछले अध्याय में 14 अप्रैल 1938 की घटना एक कारण बन जाती है जिस से गाँधीजी और उन के अनेक सहयोगी उनके ब्रह्मचर्य और स्त्री-संसर्ग पर महीनों तर्क-वितर्क करते रहे, वैसे ही इस बार 17 दिसम्बर 1946 की भी एक घटना कुछ समय तक चर्चा का कारण बनती है। पहले की अपेक्षा इस घटना में सुशीला नायर सीधे शामिल हैं, किन्तु इस बार चर्चा अत्यन्त सीमित लोगों के बीच होती है। कहीं-कहीं गाँधी व्यक्तियों का नाम न लेकर सांकेतिक रूप से 'अ', 'ब', 'स', जैसे नाम रखकर उसकी चर्चा करते हैं। निर्मल कुमार बोस और परशुराम भी उस घटना के साक्षी हैं। घटना का सम्पूर्ण विवरण गाँधी वाङ्मय में नहीं है, किन्तु जितना विभिन्न पत्रों, नोट तथा गाँधी जी के *कलेक्टेड वर्क्स*, खंड 93, के अन्त में दिए गए दस्तावेजों से सामने आता है, वह इस प्रकार है।

17 दिसम्बर 1946, मंगलवार की सुबह लगभग तीन बजे गाँधी जी के कमरे से ज़ोर से कष्टपूर्ण चिल्लाने और रोने की आवाज़ आती है। निर्मल बाबू और परशुराम दौड़कर वहाँ पहुँचते हैं तो देखते हैं कि गाँधीजी अपना माथा ज़ोर-ज़ोर से ठोक रहे हैं। गाँधी जी के साथ सुशीला सम्भवतः ऐसी स्थिति में है, जो शोभनीय नहीं थी। सुशीला नायर, गाँधीजी और निर्मल बाबू के लिखित पत्रों, नोट आदि से लगता है कि 20 दिसम्बर से किसी यात्रा में जा रहे गाँधीजी के साथ सुशीला भी जाना चाहती थी। किन्तु गाँधी उसे नहीं ले जाना चाहते थे। सुशीला किसी कारण इसे अपना अधिकार समझती थी, और किसी कारण गाँधी अभी इसे मंजूर नहीं कर रहे थे। अथवा कुछ और चाह रहे थे, जो सुशीला समझ न सकी। इस पर दोनों के बीच क्या विवाद या झंझट हुआ, यह स्पष्ट नहीं। (घटना को स्वयं

समझने का प्रयास करने के लिए देखें, *गाँधी, कलेक्टेड वर्क्स,* खंड 93 (द्वितीय संशोधित संस्करण, 2001, प्रकाशन विभाग, भारत सरकार, नई दिल्ली), पृ. 152, 155, 177-78, 415, 416, यहाँ से आगे दिए गए सभी उद्धरण इसी खंड से हैं, जब तक कि कोई और उल्लेख न हो)।

किन्तु बाद में, गाँधी जिस तरह से प्यारेलाल और निर्मल बाबू से इस विषय पर चर्चा करते हैं, उस से दिखता है कि वह सुशीला पर कोई कलंक लगने से बचाना चाहते हैं, और स्वयं को दोषी बताते हैं। लेकिन अपने ही अन्दाज़ में, जिसमें यह ध्वनि है कि वस्तुतः गाँधी दोषी हैं नहीं। (किसी बिन्दु पर गाँधीजी का यह अन्दाज़ कि 'मैं ही दोषी हूँ, मगर नहीं हूँ' उन के द्वारा लिखे सैकड़ों पत्र, आदि पढ़ लेने के बाद ही महसूस किया जा सकता है।) इसी प्रसंग में, गाँधीजी द्वारा प्यारेलाल को 17 दिसम्बर 1946 को लिखा हुआ पत्र [17] भी एक नमूना माना जा सकता है। सीधे यह पत्र पढ़कर कुछ समझ में नहीं आता, जब तक कि आगे अनेक सामग्रियों का अध्ययन करके उपर्युक्त घटना की जानकारी न हो जाए। इस पत्र में गाँधी वही 'अ' तथा 'ब' शैली में सुशीला और अपनी चर्चा कर रहे हैं।

पुनः 22 दिसम्बर को प्यारेलाल को लिखे पत्र में भी वही विषय कुछ अधिक स्पष्ट तथा इस बार तीखे अन्दाज़ में है। गाँधी लिखते हैं, "मेरे विचार में या तो उसका (सुशीला का) दिमाग खराब हो गया है, या मेरा। अपने में तो मैं इसके लक्षण नहीं देख रहा। इस घटना का कोई सम्बन्ध उस चीज़ से नहीं है जो देवदास (गाँधी) आदि चाहते हैं। मैं उसे (सुशीला को) दूर हटाना नहीं चाहता। झगड़े का बिन्दु यह है मैं उससे कोई सेवा नहीं लेना चाहता। मैं नहीं समझ पाता कि यह मेरा कर्तव्य कैसे है कि उससे सेवा लूँ। मैं समझता हूँ कि यह दृश्य मनु के लिए बहुत बुरा है। मैंने उसे बचाने के लिए अपनी आत्मा दे दी (?) है और मैं अभी भी वह कर रहा हूँ। उसे यहाँ आने देकर मैंने दो उद्देश्य पूरे करने चाहे हैं : पहला, वह अच्छी स्थिति में रहेगी, और दूसरे, तुम सामान्य हो जाओगे।" [18] यहाँ 'उसे' से अर्थ मनु है या सुशीला, यह स्पष्ट नहीं होता। क्योंकि बिना पैरा बदले आगे यह सर्वनाम सुशीला के लिए लक्षित है, जबकि यहाँ इस सर्वनाम के ठीक पहले संज्ञा में मनु लिखा हुआ है। सम्बन्ध की दृष्टि से सुशीला और मनु दोनों प्यारेलाल से जुड़ते हैं। सुशीला बहन है, और मनु प्रिया। मगर सम्भवतः यहाँ तक मनु के लिए कहा गया है। किन्तु पत्र में ठीक आगे, बिना पैरा बदले, गाँधी सुशीला के बारे में लिखते हैं, "मुझे जब ज़रूरत होगी, मैं किसी से भी

सेवा ले सकता हूँ। लेकिन मेरी सेवा करना चाहने वाला कोई शर्तें कैसे बाँध सकता है? यदि तुम्हारा रुख सुशीला जैसा ही है, तो तुम भी सोच लो कि मेरे साथ सम्बन्ध जारी रखना है या नहीं।...सुशीला जो रुख अपना रही है, मेरे विचार से वह धर्म के विरुद्ध है।''[19] आगे फिर मनु की कुछ चर्चा है जिस से पता चलता है कि प्यारेलाल मनु को भी पत्र लिखते रहते हैं, और गाँधी प्यारेलाल को सलाह देते हैं कि वह मनु को सुशीला सम्बन्धी सारी बातें न बताएँ। गाँधी यह भी संकेत करते हैं कि वह मनु से प्यारेलाल के बारे में सकारात्मक बातचीत करते रहते हैं।

इस तरह का पत्र-व्यवहार, और ऐसे विषयों पर इतनी आवेशपूर्ण चर्चा किसी 77 वर्षीय महात्मा की छवि से मेल नहीं खाती। बातों में तारतम्य और सुसंगत सन्देश से अधिक आवेग, आक्रोश और ज़िद झलकती है। वह भी एक बड़ा बल्कि किसी देश का सर्वोच्च राजनेता, जो जीवन के अन्तिम दौर में है, और एक विकट राजनीतिक स्थिति में उलझा हुआ है, वह ऐसी निजी व्यवहार और सेवा-सुश्रूषा से जुड़ी आशा-आकांक्षाओं पर भावनात्मक रूप से इतना समय देता रहे, यह भी अनुपातहीन लगता है।

अगले दिन, 23 दिसम्बर 1946 को गाँधी निर्मल कुमार बोस को एक नोट में लिखते हैं कि निर्मल सुशीला को वह पूरी बातचीत बता सकते हैं जो सुशीला को लेकर गाँधी और निर्मल बाबू में हुई। यह बातचीत 19 दिसम्बर की सुबह हुई थी, जब निर्मल बाबू गाँधीजी को नहला रहे थे। 17 दिसम्बर की प्रातः सुशीला और गाँधीजी के बीच घटी घटना के बाद अभी तक उस विषय पर निर्मल से गाँधी ने कुछ नहीं कहा था। अब गाँधी निर्मल और परशुराम की राय जानना चाहते हैं, ''(उस घटना के बाद) क्या सुशीला तुम्हारी नज़रों से गिर गई है?''[20] निर्मल बाबू उत्तर देते हैं कि वह परशुराम का तो नहीं जानते, पर अपने बारे में कह सकते हैं कि निस्सन्देह सुशीला गिरी है। कोई आदमी कितना ही बड़ा हो, उसे किसी को इस तरह तंग करने का अधिकार नहीं है जैसा सुशीला ने किया। तब गाँधी निर्मल बाबू से कहते हैं, ''मान लो, उस ने ऐसा अच्छी नीयत से किया हो, सम्भवतः मुझे मेरे काम में मदद करने के लिए किया हो? हो सकता है वह मेरे हित में कुछ सुझाव दे रही थी, अपने लिए नहीं; क्या तब भी तुम कहोगे कि वह गलत कर रही थी?''[21] निर्मल कहते हैं, ''हाँ, तब भी।'' फिर गाँधी बताते हैं, ''वह मेरे स्वास्थ्य की वर्तमान स्थिति में पैदल यात्रा के विरुद्ध है। वह सोचती है कि कम-से-कम एक ऐसा सेवक साथ होना चाहिए जो मेरी

निजी ज़रूरतों को पूरी तरह जानता हो, और उसने अपनी सेवाएँ प्रस्तुत कीं। उसने सलाह दी कि तुम्हारे और परशुराम जैसे नए कर्मियों पर निर्भर रहना सुरक्षित नहीं होगा, जो मेरी शारीरिक ज़रूरतों के बारे में इतना कम जानते हैं।''[22] इस पर निर्मल बाबू ने कहा, ''यदि मैं उसकी जगह पर होता तो मैंने अपना विचार पूरी तरह आपके सामने रख दिया होता और निर्णय करने के लिए आपको छोड़ दिया होता।'' गाँधी ने इसके बाद अपने शब्दों में वह दुहराया जो निर्मल बाबू ने कहा था, ताकि आश्वस्त हो लें कि उन्होंने निर्मल का मंतव्य सही समझा है।

एक बार फिर, गाँधी जाने-अनजाने कूटनीति कर रहे दिखते हैं। चार दिन पहले की एक ही घटना पर वह अलग-अलग लोगों से अलग-अलग तरह की बात, अलग-अलग उद्देश्य से कर रहे हैं। यह बातें महत्त्वपूर्ण हैं, उन्हें इसका पूरा आभास है। सभी लोग आपस में भी संवाद में हैं, यह भी स्पष्ट है। तब उस घटना पर इतने विस्तार से ध्यान देते हुए गाँधी सब से बार-बार अलग-अलग कोण से क्यों चर्चा कर रहे हैं? सम्भवतः वह सब को वैसा ही सोचने को प्रेरित कर रहे हैं, जैसा गाँधी चाहते हैं। एक घटना के बारे में एक बात नहीं, बल्कि अलग-अलग व्यक्ति उसे अलग-अलग उस रूप में देखें जैसा गाँधी चाहते हैं। प्यारेलाल, निर्मल बाबू, मनु, परशुराम, आदि। गाँधी एक ही सच को भिन्न-भिन्न व्यक्तियों द्वारा भिन्न-भिन्न क्यों देखा जाना चाहते हैं, इसका कारण स्पष्ट नहीं होता। साथ ही, वह घटना इतनी महत्त्वपूर्ण क्यों है?

घटना को सुशीला नायर की नज़र से भी देख लीजिए। यह उन्होंने 22 दिसम्बर 1946 को निर्मल बाबू को पत्र में लिखा है : ''(17 दिसम्बर को) सुबह तीन बजे मैं शोर से जग गई और देखा कि बापू बिछावन पर पाँव पटक रहे हैं। उन्होंने कहा कि उन्हें ठंड लग रही है और गर्म होने के लिए वे कसरत कर रहे हैं। तब उन्होंने मुझे पूछा कि क्या मैं जगी हूँ और मुझे अपना अनोखा सपना सुनाने लगे (जो मैंने पिछली रात उनसे पूछा था, और वह चुप रह गए थे)। उसके बाद वह मुझे बताने लगे कि उन का वर्तमान कदम उनके लिए एक तपश्चर्या है, और कैसे उन्हें तरह-तरह की असुविधाएँ उठानी पड़ रही हैं। पिछले दिन मैंने कहा था कि वह जो भी करेंगे, ईश्वर उन्हें सहयोगी भेज देंगे।...फिर मैंने हल्के से पूछा कि क्या मैं उनके साथ चल सकती हूँ। मैंने बताया कि तपश्चर्या वाली उनकी वात और मेरे द्वारा ईश्वर से सहायता मिलने वाली बात में विरोध नहीं है और इसे स्पष्ट करना चाहा। उन्होंने चिड़चिड़े स्वर में उत्तर दिया कि उन्होंने मुझे बात समझानी चाही मगर सफल नहीं हुए।...मैं

देख रही थी कि वह क्रोधित हो रहे हैं। इसलिए...मैं दूर हट गई। एकाएक मैंने उनके द्वारा अपना माथा ठोकने की आवाज़ सुनी। मैं दौड़कर गई और उन को रोका...मैं पूरी तरह परेशान हूँ।... भारी चिन्ता और भय के साथ मैं कल लौटी। बापू ने मुझे गीता के लिए बुलाया था...उन्होंने आज सुबह फिर वह चर्चा छेड़ी और मैंने पाया कि मेरा आत्म नियन्त्रण अभी तक नहीं लौटा है।''[23] (पृष्ठ 416)

जिन पाठकों ने महान जापानी फिल्म निर्देशक अकीरा कुरोसावा की प्रसिद्ध फिल्म 'रशोमन' देखी है, वे कुछ-कुछ उसी मनोभाव में डूब जाएँगे, कि 17 दिसम्बर की सुबह वास्तव में क्या हुआ था? गाँधी स्वयं प्यारेलाल व निर्मल बाबू से दो अलग तरह से उसकी चर्चा करते हैं। घटना के साक्षी निर्मल बाबू का एक विवरण है, और घटना की भागीदार सुशीला का भी एक कथन है। फिर प्यारेलाल से ही गाँधी उसी प्रसंग में दो बार दो तरह से बात को उठाते हैं। आखिर क्या हुआ था? सुशीला के विवरण से ऐसा कुछ नहीं दिखता, तब गाँधी सुशीला के निर्मल बाबू और परशुराम की ''नज़रों में गिर जाने'' की चिन्ता क्यों कर रहे थे? दूसरी ओर, सुशीला के विवरण से लगता है मानो गाँधी कुछ और चाह रहे थे, जो सुशीला समझ न सकी। यदि ऐसा था तो गाँधी अपनी चाह को स्पष्ट करके क्यों नहीं समझा सकते थे? यह सब एक अबूझ गोरखधन्धा लगता है, जिसका महत्त्व इसी बात में है कि यह मामूली बात से जुड़ा है। मगर क्या यह मामूली है जिस पर इतना क्षोभ और चिन्ता की जा रही हो?

यहाँ भी गाँधी की खीज और परेशानी उनके जीवन-दर्शन और व्यवहार से जुड़ी उलझनों से सम्बन्धित प्रतीत होती है। असत्य और बनाव-छिपाव से गाँधी को जन्मजात घृणा है। किन्तु जीवन की डगर पर, सामाजिक और निजी दोनों ही मामलों में, वह कई अवसरों पर ऐसे कदम उठाते रहे हैं, चाहे-अनचाहे, जिस में सत्य और सदाचार टूटता महसूस होता है। तब वह किसी प्रकार ऐसा उपाय करते हैं जो कम-से-कम शब्दों में सत्य है, चाहे भाव में नहीं। इससे गाँधी अपने मन को समझा लेते हैं कि उन्होंने कुछ गलत नहीं किया। पर अन्ततम में उन्हें कचोट होती है कि 'लेटर' में सत्य की रक्षा करते हुए भी 'स्पिरिट' में उसका पालन नहीं हुआ। अपने व्यवहार पर यह शब्द गाँधी के ही हैं, जो आत्मकथा में एकाधिक प्रसंगों में दिए गए हैं। अन्नाहार, परस्त्री-संसर्ग पर अपनी माता को दिए वचन का पालन करने तथा सम्भवतः और मामलों में भी। क्या 17 दिसम्बर वाले प्रसंग में भी कुछ ऐसी ही बात है? कहा नहीं जा सकता। किन्तु आगे और

पीछे ऐसे कई प्रसंग दिखाते हैं कि गाँधी सत्य और ब्रह्मचर्य के साथ जो 'प्रयोग' करते थे, उसके समस्याग्रस्त रूप भी थे। इससे स्वयं गाँधी अवगत थे। चाहे वह सत्य-भाषण और अपनी इच्छा पूर्ति का विकट सन्तुलन बनाने में कभी-कभी अन्तर्विरोधी कथनों में फँसे दिखते हैं। यह 1938 में हुई लम्बी चर्चा में भी कई स्थलों पर देखा गया और अब आगे भी मिलता है।

नोआखली में गाँधीजी के साथ मनु रह रही है। क्यों रह रही है, कैसे रह रही है, क्या कर रही है, गाँधी उसके साथ क्या कर रहे हैं? आदि प्रश्नों पर गाँधी जी द्वारा लिखे विविध पत्रों में पूरी संगति नहीं दिखती। यह प्रश्न उनके निकटवर्ती मित्र, सहयोगी और परिवार के लोग बार-बार पूछ रहे हैं। केवल अभी नोआखली में 1946-47 काल में ही नहीं, बल्कि पहले भी। मार्च-अप्रैल 1945 में पहले देखा जा चुका है कि मनु के साथ गाँधी का व्यवहार एक प्रश्न बना रहा है। लोग किन शब्दों में, किस अन्दाज़ में पूछ रहे हैं, इसका पता गाँधी वाङ्मय से नहीं चल सकता, क्योंकि इस में वे पत्र नहीं हैं। केवल गाँधी द्वारा उन लोगों को लिखे पत्रों से यह झलकता है कि यह प्रश्न निरन्तर पूछे जा रहे हैं, उसमें तीखी आपत्तियाँ भी हैं। गाँधी के विविध उत्तरों, और उनके अंदाज़ से ही झलकता है कि आज के पाठक ही नहीं, गाँधी के परम-स्नेही, दशकों साथ रहे लोग भी उन उत्तरों से असन्तुष्ट हैं। क्योंकि गाँधी के पास वास्तव में उत्तर नहीं है। उसके बदले प्रायः अपील है कि मैं सत्यवादी, अच्छा आदमी हूँ, इसलिए जो कर रहा हूँ, सही कर रहा होऊँगा, इसका विश्वास करो। यह किसी कर्म को कर्म की व्याख्या से नहीं, कर्ता के व्यक्तित्व से निपटाने की कोशिश है। जो प्रश्न का उत्तर नहीं, प्रश्न से बचने का निरीह उपाय है। यह स्वभावतः किसी को सन्तुष्ट नहीं करता। क्योंकि कौन नहीं जानता कि ब्रह्मचर्य ही ऐसा मामला है जिस में दशकों, सदियों तपस्या कर रहे तपस्वी, ऋषि-मुनि भ्रष्ट होते रहे हैं। स्वयं गाँधी के गुरु टॉल्स्टॉय के *फादर सेर्जियस* का यही हश्र हुआ था, जो बरसों प्रसिद्ध तपस्वी रहने के बाद एक रात पतित हो गए। इसलिए, गाँधी द्वारा अपने महात्मा होने की दलील ऐसे भी कोई कारगर दलील नहीं है। फिर जब वे स्वयं यह दलील देते हैं, कि 'मैं महात्मा' तो यह स्पष्टतः और भी हल्की हो जाती है।

मनु के साथ गाँधी

मनु को गाँधी अपने साथ सुलाते हैं। निर्वस्त्र करके सुलाते हैं। इसे वह अब 'प्रयोग' नहीं कहते, जो पिछले वर्ष तक विविध लड़कियों, स्त्रियों को अपने साथ सुलाने

वाले प्रसंगों पर कहते थे। मनु को अपने साथ इस तरह सुलाने को वह अपने किसी 'यज्ञ' का अंग कहते हैं। यह यज्ञ क्या है, यज्ञ के अंग, उपांग के रूप में इस की व्याख्या क्या है, यह कहीं नहीं मिलता। प्रायः बस एक वाक्य का दुहराव, कि यह मेरा यज्ञ है। इसके उदाहरण आगे मिलेंगे। अभी प्यारेलाल को पत्र में 30 दिसम्बर 1946 को गाँधी मनु के बारे में लिखते हैं, "मैं उसे अपने नजदीक सुलाता हूँ। वह नंगे सोती है पर गहरी नींद सोती है। जब भी कोई काम पड़े उसे जगाना पड़ता है, चाहे वह 2 बजे हों या 3 बजे। मैं इसे अच्छा लक्षण समझता हूँ कि वह ऐसे सोती है। मैं आगा खान महल वाले दिनों से जानता हूँ कि वह अपने बारे में पूरी अचेत है। मुख्य बात यह थी कि वह मेरे साथ रहे, मेरे संरक्षण में और तुम से जुड़कर सीखे। वह हो रहा है।" [24] यदि अभी मनु के गाँधी के साथ रहने सम्बन्धी पिछले पत्रों को खंगालें तो इस से भिन्न बातें मिलती हैं। जैसे, यह कि मनु अपनी और अपने पिता की इच्छा से आई, कि गाँधी मनु के साथ प्यारेलाल को जुड़ते नहीं देखना चाहते, आदि। मगर इस पत्र में दूसरी ध्वनि मिलती है। हो सकता है, सभी अपनी तरह से ठीक हो, यदि स्पिरिट में नहीं तो कम-से-कम लेटर में। मगर मनु को इस तरह निकट, निर्वस्त्र सुलाने की कैफियत कहीं नहीं है। जहाँ है, बस सूचना कि ऐसा किया जा रहा है। इसी पत्र में आगे गाँधी प्यारेलाल को इससे मना करते हैं कि वह गाँधी और मनु के साथ आकर रहें। "अभी हम तीनों साथ नहीं रह सकते।" [25] प्यारेलाल की ओर से यह चाह कई बार व्यक्त हुई है, और गाँधी सदैव उसे खारिज करते हैं। कारण? उसी पत्र में गाँधी लिखते हैं, "यह उचित नहीं है कि अभी मैं तुम्हें अपने साथ रखूँ। वर्तमान साधना इसी में है कि हम अलग रहें।" इस साधना का अर्थ देने के बदले गाँधी एक अन्य सहयोगी आभा का उदाहरण देते हैं कि वह पास के किसी गाँव में अलग रहकर काम कर रही है, और इसीलिए उन्नति कर रही है और आगे भी करेगी।

उसी दिन, 30 दिसम्बर को गाँधी प्यारेलाल को एक और पत्र लिखते हैं। "यदि मैंने ठीक समझा है तो जो सुशीला ने बताया वह बेहद आश्चर्यजनक है। मुझे लगा कि तुम भारी निराश हुए हो। तुमने मुझे मनु के बारे में सब कुछ नहीं बताया है। तुम ठीक से खा-पी भी नहीं रहे हो। यदि तुमने मुझसे किसी भी कारण कुछ छिपाया है तो मेरे साथ मामला खत्म समझो। मुझे लगता है कि कोई गलतफहमी हुई है। कम-से-कम इतना तो [26] तुम्हें स्पष्ट है कि मैं मनु को तुम्हारे

लिए ही यहाँ लाया हूँ, लाया हूँ कि नहीं?" यह अन्तिम बात गाँधी के पिछले पत्रों से पुष्ट नहीं होती, बल्कि उन का भाव तो विपरीत दिखता है। उसी दिन प्यारेलाल को गाँधी एक तीसरा नोट भी लिखते हैं, जिस में प्यारेलाल के किन्हीं सन्देहों को दूर करने का प्रयास कर रहे हैं। प्रसंग सम्भवतः मनु का ही है। किन्तु सर्वनाम में उसका उल्लेख होने के कारण पक्के तौर पर कहा नहीं जा सकता। किन्तु एक दिन में प्यारेलाल को तीन बार लिखा जाना, और आवेगों की भरमार दिखाती है कि यह आपसी भावनात्मक संघर्षों, समस्याओं से जुड़ा है।

इस बीच परशुराम ने गाँधीजी को पत्र लिखा है। सम्भवतः 17 दिसम्बर की घटना के बाद उसने लम्बा पत्र लिखा है, जिसमें वह अब गाँधीजी के साथ काम नहीं करना चाहता, यह बात भी लिखी है। गाँधी के निजी व्यवहारों पर जो बातें यहाँ-वहाँ होती रहती हैं, और जो स्वयं परशुराम ने देखा, महसूस किया है, सम्भवतः उन सब को समेट कर परशुराम ने लिखा है। गाँधी को उसका पत्र पढ़ने में एक घंटा लगा। वह उत्तर में 2 जनवरी 1947 को लिखते हैं, "इस (परशुराम के पत्र) में अर्धसत्य भरे हुए हैं जो खतरनाक है। तुमने मेरे साथ, और जिन लोगों का नाम तुमने लिया है, उनके साथ, अपने साथ और जिस उद्देश्य से हम लोग काम कर रहे हैं, इन सब के साथ गलत किया है। उनके बारे में तुम्हारी जो राय है वह मुझ से और उनसे इतने दिन छिपाकर गलत किया है। मुझे दुःख है कि तुमने मुझे लिखा हुआ अपना पत्र बिना मेरी जानकारी और अनुमति के सुशीलाबेन (नायर) को पढ़ने दिया। पर कोई हानि नहीं हुई है। मैं इसे किसी को नहीं दिखाऊँगा, न प्रकाशित करूँगा।...मैं तुम्हारी बातें नहीं मान सकता।... चूँकि मेरी राय यही है और विचारों में मतभेद है, और स्वयं तुम ने ही अपने को कार्य-मुक्त करने की इच्छा व्यक्त की है, इसलिए तुम मुझे छोड़कर जाने के लिए आज से स्वतन्त्र हो। यही सम्मानजनक और सत्यनिष्ठ होगा। मैं तुम्हारी स्पष्टवादिता पसन्द करता हूँ।...मेरी सलाह है कि अपना भविष्य का मार्ग तय करने में तुम्हें कनुभाई की सलाह लेनी चाहिए।...अन्ततः तुम्हें बता दूँ कि तुमने मुझ में और मेरे परिवेश में जो गड़बड़ियाँ पाई हैं, वह तुम प्रकाशित करने के लिए स्वतन्त्र हो।"[27] परशुराम ने जो गड़बड़ियाँ देखी थीं, उनमें अधिक गलती की गुंजाइश नहीं है, यह दो-तीन कारणों से झलकता है। पहला, उसने दूसरे सहयोगियों से इस की पूरी चर्चा की। दूसरा, स्वयं गाँधी उसे झूठ नहीं, 'अर्धसत्य' कहते हैं, अर्थात् उसमें तथ्यों की नहीं, व्याख्या के मतभेद हो सकते हैं। तीसरे,

उन गड़बड़ियों से परशुराम ही नहीं, गाँधी जी के पुत्र देवदास, रामदास, राजगोपालाचारी, समेत अनेक निकटवर्ती मित्रों, सहयोगियों को इतना तीखा विरोध था कि उनमें से कई ने गाँधी के ही शब्दों में उनका 'बहिष्कार' आरम्भ कर दिया था। परशुराम वस्तुतः उन लोगों में से एक भर थे। वह मामूली हैसियत के व्यक्ति थे, अन्तर बस इतना ही जान पड़ता है।

प्यारेलाल और मनु

फिर 6 जनवरी 1947 को गाँधीजी प्यारेलाल को लिखते हैं, जिस में प्यारेलाल से मनु के सम्बन्ध को लेकर तीखी बातें हैं। इस बीच दूसरे निकटवर्ती व्यक्तियों का हस्तक्षेप भी हुआ है, जिस का वातावरण पर असर पड़ा है। "मनु को कुछ अच्छा नहीं लग रहा है। यदि तुम आते हो तो यह और बिगड़ेगा। मुझे यह निर्मल बाबू के पत्र से पता चला। मनु की सहजता खो गई है। किशोरलाल के पत्र ने इसमें बड़ी भूमिका निबाही है। तुम यदि मनु की पूजा करने के बजाए भगवान की पूजा करो–यदि यह तुम्हारे लिए सम्भव हो–तो सब कुछ आसान हो जाएगा। यदि तुम ऐसा नहीं कर सकते, तो सब कुछ बिगड़ेगा।...मैं देख सकता हूँ कि तुम मनु को पत्नी रूप में नहीं प्राप्त कर सकोगे। यदि भगवान ही चाहता हो तो बात और है। किन्तु यदि तुम अपने तईं मनु के बारे में इरादे पूरे करना चाहते हो तो मनु, जो अभी मेरे साथ है, तुम से खो जाएगी और वह तुम से निश्चय ही कुछ नहीं सीखेगी।...किन्तु यदि तुम भगवान से प्रार्थना करो कि वह उसे तुम्हारी पत्नी बना दें तो तुम उसे छात्रा के रूप में पा सकोगे। यह कठिन स्थिति है। जो कर सकते हो करो। मैं तो कुछ और नहीं देख पाता।"[28] देखा जा सकता है कि गाँधी स्वयं मनु से प्यारेलाल के सम्बन्ध के बारे में उलझे हुए हैं। सम्भवतः दूसरे लोग उन दोनों का सम्बन्ध जुड़ने में कोई बुराई नहीं देखते। मगर गाँधी को यह सम्बन्ध पसन्द नहीं, चाहे वह इसे एकदम खत्म कर सकने में भी समर्थ नहीं लगते। इसमें क्या ग्रन्थि है, पता नहीं, किन्तु गाँधी स्पष्ट नहीं दिखते।

गाँधी के निकटववर्ती मित्रों, परिवारजनों के पत्रों में मनु की चर्चा प्रायः रहती है। यह गाँधीजी द्वारा उन्हें लिखे उत्तरों से पता चलता है। एकसाथ सोने वाली बात पर लगभग सब को चिन्ता है। इसीलिए गाँधी किसी-न-किसी रूप में इसे सामान्य बनाकर पेश करने का यत्न करते दिखते हैं। मनु को भी कहते हैं कि वह इस बारे में लिखे। इन चर्चाओं में गाँधी स्वतः कहीं उल्लेख नहीं करते

कि इस साथ सोने में क्या 'साधना' या 'यज्ञ' चल रहा है। या किसी अन्य चल रहे 'यज्ञ' में इस साथ सोने का क्या महत्त्व है। केवल जब किसी की तीखी आपत्ति और इस आदत को छोड़ने की माँग आती है, तभी वह प्रत्युत्तर में यह दलील देते हैं कि यह उन के यज्ञ का अंग है। यदि यज्ञ है, तो उसे सब को व्यवस्थित रूप से, एक तरह, और स्वतः क्यों नहीं बताते? बल्कि उलटा दिखता है। कई लोगों को अपनी ओर से इस बारे में बताते हुए गाँधी केवल यही लिखते हैं कि वह नज़दीक सोती है, ताकि रात में गाँधी को कोई ज़रूरत हो, तो उसे उठा कर कह सकें। कि वह बहुत काम करती है, पत्र पढ़ देती है, सभाओं में भजन सुनाती है, आदि। यह सब सामान्यतः किसी सेवा-सुश्रूषा के काम या ज़रूरतों की पूर्ति से तनिक़ भी भिन्न नहीं लगता। इस कार्यों से किसी विशेषा साधना या विशिष्ट आवश्यकता का संकेत तक नहीं मिलता। इसलिए, यह प्रश्न दूसरी तरह भी उठता है कि एक सेविका को अपने ही बिछावन पर साथ सुलाने की जिद क्यों? या ऐसा सेवक कोई पुरुष क्यों नहीं रखा जा सकता, जिसे गाँधी को सहारा देने से लेकर नहलाने, पैर दबाने, मालिश करने आदि तक का काम करना हो?

8 जनवरी 1947 को श्रीकृष्णदास जाजू को पत्र लिखते हुए गाँधी मनु की वैसी ही स्वतः चर्चा करते हैं। इस समय गाँधी पैदल यात्रा कर रहे हैं। गाँधीजी ने सहयोगियों को साथ नहीं लिया है। इसलिए काम का भार बहुत है, गाँधी सुबह ढाई-तीन बजे से ही जगकर पत्र आदि लिखाने लगते हैं। "सहयोगी कर्मियों को स्वतन्त्र कार्य देना निस्सन्देह उचित था। बहुत कुछ इस पर निर्भर करता है मनु कितना भार उठा सकती है। और किसी का सहयोग लेना मेरे निश्चय के विरुद्ध जाता। पूरी यात्रा के दौरान मुझे धर्म और अधर्म के बीच विवाद का सामना करना है। मनु मेरे साथ एक ही बिछावन पर सोती है। जब मैं जगता हूँ उसे जगाकर लिखवाने लगता हूँ।"[29] उसी दिन, 8 जनवरी को ही, राजेन्द्र प्रसाद को लिखे पत्र में भी मनु को साथ रखने और सेवा लेने की कैफियत सी दी गई है, "मैं कनु को साथ नहीं रख सकता। मैंने सब को स्वतन्त्र काम दे दिया है। मनु अपनी स्वेच्छा से मेरे साथ आई है। वह केवल मेरे साथ काम करने की इच्छा से आने को उत्सुक थी और मैंने इसे स्वीकार कर लिया और वह लगन से काम कर रही है।..."[30] यह पत्र राजेन्द्र बाबू को केवल मनु के बारे में लिखने के लिए ही लिखा गया था। भाव से लगता है कि मनु के बदले कनु (गाँधी के पौत्र) या अधिक समर्थ व्यक्ति को साथ न लेने पर कुछ पूछा गया है। अपने-अपने तरह

से विविध लोग प्रश्न पूछ रहे हैं। कोई बेबाकी से, तो कोई सांकेतिक रूप से पूछ रहा है और सब को गाँधी अलग-अलग तरह से सन्तुष्ट करने की कोशिश कर रहे हैं। राजेन्द्र बाबू को मनु के आने के बारे में कही गई बात प्यारेलाल को ऊपर (30 दिसम्बर 1946) लिखी बात से भिन्न है। प्यारेलाल को गाँधी कहते हैं, तुम्हारे लिए मैंने मनु को बुलवाया। राजेन्द्र बाबू को लिखते हैं, वह अपनी इच्छा से आई।

10 जनवरी 1947 को गाँधी अपने पुत्र रामदास गाँधी को भी लिखते हुए मनु का उल्लेख करते हैं। "मनु ने बहुत सा काम उठा लिया है और मैं आशा करता हूँ कि समय के साथ वह और भी जिम्मेदारियाँ उठाएगी। मैंने उसे कहा है कि वह मेरे साथ एक ही बिछावन पर सोने के बारे में लिखे।"[31] किसे लिखे? किस उद्देश्य से? वह बेचारी तो न कोई प्रयोग कर रही है, न यज्ञ। वह तो सिर्फ आज्ञापालन कर रही है। इसलिए साथ सोने के बारे में उस से लिखवाना गाँधी द्वारा अपना ही प्रच्छन्न बचाव करने का प्रयास लगता है।

प्यारेलाल को 13 जनवरी को लिखे नोट्स में गाँधी फिर पूरी रुखाई से उन्हें मनु से विवाह का इरादा त्याग देने का आदेश देते हैं। स्वर में क्रोध की झलक भी है कि बार-बार समझाने पर तुम समझ नहीं रहे हो।[32] मजे की बात है कि गाँधी प्यारेलाल को बार-बार फटकारते हैं, और जब प्यारेलाल लिखते या बोलते हैं कि उन्हें फटकारा क्यों जा रहा है, तब गाँधी कहते हैं, मैंने कब तुम्हें फटकारा? यह दोनों बातें गाँधीजी द्वारा प्यारेलाल को लिखे अनेक पत्रों में हैं। अभी ही नहीं, 1938 वाले पत्रों में भी हमने यह देखा है।

अपने इतने पुराने, विश्वस्त सहयोगी के साथ गाँधी का यह रूखा व्यवहार ध्यान देने की चीज़ है। इसमें और दोष जो भी हो, अहंकार भी अवश्य है, कि गाँधी प्यारेलाल को अपेक्षित मान नहीं देते। 13 जनवरी वाले नोट में मुख्यतः मनु के बारे में ही है कि प्यारेलाल को इसी से सन्तोष करना चाहिए कि मनु जहाँ है, ठीक है, सन्तुष्ट है और प्यारेलाल अपना काम देखे। पत्नी के रूप में उसे पाने की चाह भूल जाए। पर प्यारेलाल ऐसा नहीं कर पाते। वह मनु के स्वास्थ्य और पढ़ाई की चिन्ता करते रहते हैं, और नियमित रूप से पाठ्य-सामग्री भेजते रहते हैं। शायद इस बार कुछ ज़्यादा ही सामग्री भेज दी है। 18 जनवरी 1947 को गाँधी पुनः प्यारेलाल को लिखते हैं, "हम सबको अपना काम करना चाहिए और सब कुछ भगवान पर छोड़ देना चाहिए। तुम्हारा पत्र कुछ और कहता है। मुझे यह सही नहीं लगता। मनु परेशान हो गई है। वह कठिन प्रयास कर रही है।

वह दिन-भर काम करती है। वह कैसे सब कुछ सम्भाल सकती है? उसे भगवान की दया पर छोड़ दो। उसके पैर अब अच्छी स्थिति में हैं। जो भी दवाई करनी थी वह मैंने ही की है। मैं उसके भोजन आदि का ध्यान रख रहा हूँ। तुम उसे पाठ भेजते रहो।''[33] इसके दूसरे दिन भी प्यारेलाल को लिखे पत्र में मनु की चर्चा है।

मनु की स्थिति की एक झलक गाँधीजी द्वारा मनु को लिखे 19 जनवरी के नोट से भी मिलती है। इस बात की भी कि मनु के पिता निरन्तर मनु के लिए चिन्तित हैं। ''मैं जयसुखलाल को लिखने वाला हूँ। वह चाहता है कि मैं तुम्हारे लिए कुछ करूँ। लेकिन मैं नहीं जानता कि मैं क्या कर सकता हूँ यदि तुम हर समय डरी हुई रहो।''[34] मनु किस बात से डरी हुई थी, यह पता नहीं चलता।

गाँधी परिवार में क्षोभ

इस बीच मणिलाल गाँधी ने गाँधीजी को मनु पर कुछ कड़ी बात लिखी है। सम्भवतः पूछा है कि किस प्रकार की साधना या यज्ञ कर रहे हैं, जिसमें मनु का गाँधी के साथ सोना ज़रूरी है। गाँधी मणिलाल को 1 फरवरी 1947 को लिखते हैं, ''मेरे साथ मनु के सोने से तुम परेशान मत होओ। मुझे विश्वास है कि भगवान ने ही मुझे यह कदम उठाने को कहा है। किन्तु, यदि, तुम यह नहीं समझ सकते, तो परेशान मत होओ और मुझे करने दो। मैं यह इसलिए लिख रहा हूँ कि किशोरलाल और दूसरे लोग इससे परेशान हैं। मुझे इसका कोई कारण नहीं दिखता।''[35] इस प्रकार, एक बार पुनः गाँधी प्रोफेट का रूप धर लेते हैं, कि मैं भगवान के कहने से यह कर रहा हूँ। परेशान न हो। अर्थात्, कोई बौद्धिक, सैद्धान्तिक, मानवीय तर्क नहीं। केवल मानो कि यह ईश्वरीय कार्य है। यह मैं कह रहा हूँ। बस। इसका फिर एक उदाहरण कि गाँधी अलग-अलग लोगों को अलग-अलग बात बोलते हैं। उसी दिन सुशीला गाँधी को भी वह मनु वाले मामले पर लिखते हैं। इसमें गाँधी 'व्यक्तिगत मामले' की चर्चा भी करते हैं, लेकिन स्पष्ट नहीं होता कि यह मनु के सम्बन्ध में है या किसी और मामले की बात है। किन्तु सुशीला गाँधी को भी वह यह लिखते ही हैं, ''मैं चाहता हूँ कि तुम मनु के मेरे साथ सोने को लेकर परेशान न होओ। किन्तु मुझे लगता है कि जब किशोरलाल जैसा व्यक्ति इससे परेशान है तो तुम कैसे बिना परेशान हुए रह सकती हो।''[36] पत्र यहीं समाप्त हो जाता है। किन्तु इससे यह पता तो चलता ही है कि गाँधी परिवार के कितने लोग मनु प्रसंग पर क्षुब्ध हैं।

इस बात पर ध्यान देना चाहिए कि जब देवदास, रामदास, मणिलाल, उनकी पत्नी आदि मनु के साथ गाँधी के व्यवहार पर उंगली उठाते हैं या परेशान हैं, तो इसके पीछे गाँधी परिवार के दूसरे लोगों की भी भावना है। विशेषकर, स्वयं मनु के पिता और सगे-सम्बन्धियों की, जिन्हें न जाने क्या-क्या सुनना पड़ रहा होगा। यह सरलता से अनुमान किया जा सकता है कि जब गाँधी जैसे महान व्यक्ति पर तीखी, खुली आपत्ति हो रही है, उनसे मनु को साथ सुलाने, रखने को छोड़ने की माँग हो रही है, तो बेचारे जयसुखलाल का क्या होता होगा। जो मनु के दुर्बल पिता होने के कारण स्वयं गाँधी को कुछ कहने की स्थिति में नहीं थे, सम्भवतः उन्हें गाँधीजी की मदद लेने की विवशता का दबाव भी था। (जयसुखलाल पर नवजीवन प्रेस के काम में कोई गड़बड़ी, सम्भवतः वित्तीय, करने के आरोप लगे थे, जिस से वे उबरे नहीं थे। यह वही समय था। देखें, *गाँधी, कलेक्टेड वर्क्स,* खंड 93, पृ. 390)। किन्तु परिवारजनों की भावनाएँ देवदास, किशोरलाल जैसी ही थीं, इसका अनुमान दो बातों से लगाया जा सकता है। एक तो यह कि विशाल गाँधी परिवार से कोई भी गाँधीजी का बचाव करते हुए नहीं बोल रहा है। दूसरे, परिवार के लोगों को गाँधी जब भी पत्र लिखते हैं, निरन्तर सफाई देने जैसा यत्न करते नज़र आते हैं।

क्योंकि यहाँ गाँधी के अपने ब्रह्मचर्य, अहिंसा और 'यज्ञ' एवं 'साधना' वाले कथनों के अलावा एक सामान्य नैतिकता का प्रश्न भी उलझता है, जिसका गाँधी को सामना करना पड़ रहा है। और जिसका उनके पास कोई संतोषजनक उत्तर नहीं है कि दूर के रिश्ते की एक गरीब, नाबालिग लड़की के साथ वे मनमाना व्यवहार कर रहे हैं जो लोक-दृष्टि से अनुचित और कलंक लगने-लगाने जैसा विवादास्पद व्यवहार है।

गाँधी-भक्ति में मनु-प्रसंग में इस बिन्दु को नज़रअन्दाज़ करना गलत है। मनु गरीब और दुर्बल परिवार की है, यह गाँधी द्वारा ऊपर प्यारेलाल को लिखे पत्र से भी झलकता है कि वह मनु को इसलिए लाए कि वह 'अच्छी तरह' रहेगी। यानी उसके अपने परिवार में रहन-सहन की स्थिति सम्भवतः अच्छी नहीं है। मगर तब, इस तरह आधी-आधी रात को उसे जगाकर काम लेना क्या बहुत स्वास्थ्यकर है, विशेषकर मनु के लिए जो स्वास्थ्य की दृष्टि से वैसे ही कमज़ोर है? मनु पूर्णतः स्वस्थ नहीं रही है, यह गाँधी द्वारा जयसुखलाल को लिखे हरेक पत्र से झलकता है, जिस में गाँधी उसके स्वास्थ्य की विशेष सूचना देते रहते हैं। क्योंकि पिता बेटी की स्थिति के बारे में चिन्तित है।

मनु प्रसंग सार्वजनिक टीका-टिप्पणी और शिकायत का बन चुका है। आखिर गाँधी बंगाल के देहात में रहते हुए एक नाबालिग लड़की, चाहे वह उनकी रिश्ते की पौत्री ही है, उसे निर्वस्त्र करके साथ सुलाते हैं। वहाँ रहते एक महीने से अधिक हो चुका है। गाँधी सत्यवादी भी हैं और सार्वजनिक आदमी भी। लिहाज़ा अधिकांश बात वहाँ सभी जानते हैं और आज से 64 वर्ष पहले यह सब हो रहा है। वातावरण भी कोई गाँधी-भक्तिमय है, सो बात नहीं। मुस्लिम इलाका है, जहाँ गाँधी के सार्वजनिक प्रवचन, तथा उनके द्वारा कुरान के पाठ तक पर आपत्ति हो रही है। मुसलमान उनके प्रवचनों में नहीं आते। इस पृष्ठभूमि में कल्पना करें कि गाँधी का मनु के साथ व्यवहार कैसी कलुषित टिप्पणियों का विषय रहा होगा। सबके लिए नहीं, तब भी असंख्य व्यक्तियों के लिए। जो गाँधी के सहयोगियों, परिवारजनों और दूसरे बड़े कांग्रेस नेताओं को भी झेलना रोज़ भारी पड़ता होगा। विशेषकर तब, जब उसकी कोई सन्तोषजनक व्याख्या स्वयं गाँधी के पास न थी। 'मैं भगवान के कहने से यह कर रहा हूँ' तो कोई व्याख्या है नहीं। यह परिवार के लोग और दूसरे बड़े कांग्रेसी नेता भी समझते हैं। अतएव गाँधीजी को इस पर सार्वजनिक रूप से भी कुछ कहना पड़ा।

जनता की राय माँगना

1 फरवरी 1947 को अमीशापारा, बंगाल में गाँधी अपनी प्रार्थना सभा में इस पर कुछ कहते हैं। जिसका सार-संक्षेप विभिन्न समाचार-पत्रों में इस प्रकार छपा है :—'गाँधीजी ने 'काना-फूसी, क्षुद्र बातों और सांकेतिक आरोपों' का उल्लेख किया [37] जो वहाँ आस-पास चल रही हैं। गाँधीजी ने सभा को कहा कि उन पर पहले ही से इतना सन्देह और अविश्वास किया जा रहा है, कि वह नहीं चाहते कि उनके एकदम निष्पाप कार्यों को भी गलत समझा और गलत रूप में रखा जाए। उनके साथ उनकी पौत्री रहती है। वह उन्हीं के बिछावन पर सोती है। पैगम्बर (मुहम्मद) ने उन हिजड़ों को खारिज कर दिया जो ऑपरेशन कराकर हिजड़े बने थे। मगर उन्होंने उन हिजड़ों का स्वागत किया जो अल्लाह की इबादत करके वैसा बने। गाँधीजी की चाह वैसी ही है। अल्लाह के हिजड़े की भावना से वे ऐसा कर रहे हैं जिसे अपना कर्तव्य समझते हैं। यह उन के द्वारा किए जा रहे यज्ञ का अभिन्न अंग है और वह चाहते हैं कि लोग उसे अपना समर्थन और आशीर्वाद दें। वह जानते हैं कि उनके कदम की आलोचना उनके मित्रगण भी

कर रहे हैं। लेकिन कर्तव्य को तो अपने सब से नजदीकी दोस्तों की खातिर भी छोड़ा नहीं जा सकता।[38]

यह वक्तव्य अपनी तरह से अनोखा है और महत्त्वपूर्ण भी। क्योंकि बाद में गाँधी सरदार पटेल, बिनोबा और कई महत्त्वपूर्ण सहयोगियों को, जिन्हें मनु प्रसंग पर आपत्ति थी, अपने इस वक्तव्य का हवाला देते हैं। मानो इसमें गाँधी द्वारा पर्याप्त या महत्त्वपूर्ण सफाई दे दी गई है। मगर यह वक्तव्य क्या है? 'अल्लाह के हिजड़े' और प्रोफेट मुहम्मद के उदाहरण से यदि गाँधी अपनी सभा को कायल करना चाह रहे हैं तो अब तक अनेकानेक सहयोगियों से इसकी सोदाहरण, विस्तृत चर्चा करने में उन्हें क्या कठिनाई थी? किन्तु चूँकि पहले और बाद में भी पुनः गाँधी को इस विचित्र उदाहरण का प्रयोग करते नहीं देखा जाता। इसलिए यह भी हो सकता है कि मुस्लिम वातावरण वाली सभा को कायल करने के लिए उन्होंने एक तात्कालिक बात कही। क्योंकि यदि यह तात्कालिक ज़रूरत पूरा करने की चाह वाला वक्तव्य नहीं था, तो कहीं विस्तार से इसकी सुसंगत प्रस्तुति क्यों नहीं मिलती? विशेषकर, देवदास, राजगोपालाचारी, राजेंद्र प्रसाद जैसे प्रबुद्ध, विद्वान लोग तो इस ऐतिहासिक व्याख्या या उदाहरण को समझने योग्य थे ही। दूसरे ही दिन, 2 फरवरी को किशोरलाल को तार में गाँधी लिखते हैं कि "तुम्हारा पत्र मिला। मेरा कल का सार्वजनिक बयान देखो। फिर लिख रहा हूँ।"[39] उसी दिन सरदार पटेल को भी मनु प्रसंग में ही लिखते हैं, "तुम दुखी मत होओ। कृपाकर मुझे भगवान के हाथ में छोड़ दो।"[40]

प्यारेलाल को 3 फरवरी को गाँधी मनु के सम्बन्ध में लिखते हैं, "चाहे तुम अभी मेरे कहने से बँधे हुए हो, तुम दोनों के बीच सतत सामंजस्य चल रहा है। भविष्य तो भगवान के ही हाथों छोड़ देना चाहिए। चूँकि तुम अभी भी यह नहीं कर रहे हो, इसलिए मनु भी उद्वेलित हो रही है। यह ठीक नहीं है।...यदि तुम्हारे हृदय में मनु की भलाई ही है, तब भी उसे भगवान के हाथ छोड़ देना चाहिए और उसे स्वयं बनने देना चाहिए।"[41] यहाँ मानो गाँधी स्वयं को ही भगवान कहते दिखते हैं। जिस तरह मनु पूरी तरह उनके कहने से हर कार्य कर रही है, जैसी 'आत्म-अचेतन' (गाँधी के शब्द) है, उसमें उसे स्वयं बनने देने का प्रश्न ही नहीं उठता। वह तो अहर्निश वही कर रही है, जो गाँधी कहते हैं। तब यहाँ भगवान के हाथ छोड़ देने के आग्रह का अर्थ गाँधी के एकाधिकार में छोड़ देना ही है, जो प्यारेलाल पूर्णतः मानते प्रतीत नहीं होते। उनको लिखा गाँधी का हर पत्र यही दिखाता है।

उसी दिन, 3 फरवरी को अपनी प्रार्थना सभा में गाँधी फिर उस विषय को उठाते हैं। इस बार मनु के साथ व्यवहार को वह अपने 'निजी जीवन' का मामला कहकर हमें कुछ चौंकाते हैं। अब तक वे इसे 'यज्ञ', 'साधना', 'कर्तव्य', 'अहिंसा को सबल बनाने के लिए ब्रह्मचर्य को सबल बनाना' ताकि महान सामाजिक लक्ष्य की पूर्ति हो सके, 'दुनिया का और भला करने' में योगदान, आदि कहते रहे हैं। यह पहली बार है कि वे मनु के साथ अपने व्यवहार को निजी जीवन भी कह रहे हैं।

देखिए, *हरिजन* और *अमृत बाज़ार पत्रिका* समाचार-पत्रों की रिपोर्टें क्या कहती हैं—''आरम्भ में ही गाँधीजी ने कहा कि उन्होंने अपने निजी जीवन के बारे में जो कुछ कहा था वह अन्ध-अनुकरण के लिए नहीं है। उन्होंने कोई असामान्य शक्तियों के स्वामी होने का दावा नहीं किया है। जो वह कर रहे हैं वह सब कर सकते हैं यदि उन शर्तों के साथ किया जाए जिन का गाँधी पालन कर रहे हैं। यदि उसका पालन नहीं किया जाता, तब जो गाँधी के व्यवहार का अनुकरण करेंगे, भयंकर पाप में डूब जाएँगे। गाँधी जो कर रहे हैं, वह निस्सन्देह खतरनाक है, लेकिन यह खतरनाक नहीं रह जाता यदि शर्तों का ठीक से पालन किया जाए।''[42] यह पुनः रहस्यमय बना रह जाता है कि वे 'शर्तें' क्या हैं, और वस्तुतः वह 'कार्य' भी क्या है, जो गाँधी कर रहे हैं। स्वयं गाँधी के वर्णनों, सफाइयों में इसकी व्यवस्थित प्रस्तुति नहीं है। कार्य को तो दूसरे लोगों ने ही स्वयं जो देखा, सुना वह नाम दिया है। स्वयं गाँधी औपचारिक रूप से कहीं बताते नहीं मिलते कि वह मनु के साथ, कर्तव्य रूप में या निजी जीवन व्यवहार के रूप में, क्या कर रहे हैं। बहरहाल, इस सार्वजनिक वक्तव्य में इतना भर ही है जिससे कोई मदद नहीं मिलती। एक सफाई जैसे कथन से यह कुछ भिन्न नहीं है।

7 फरवरी को निर्मल बाबू को सांकेतिक शैली में लिखे पत्र में गाँधीजी प्यारेलाल और मनु के प्रेम-सम्बन्धों का विश्लेषण करते हैं। व्यक्तियों के नाम न लेकर 'अ' और 'ब' रूप में, जिस में पूरा वर्णन पढ़कर दिखता है कि 'ब' मनु है और 'अ' प्यारेलाल। यह निर्मल बाबू के किसी पत्र के उत्तर में लिखा गया है। पत्र से स्पष्ट है कि मनु और प्यारेलाल से निर्मल बाबू की बातें होती रही हैं और निर्मल बाबू गाँधीजी से किसी तरह की सिफारिश या अनुरोध कर रहे हैं। सम्भवतः निर्मल बाबू गाँधीजी को दोनों के विवाह में बाधक बनता देख रहे हैं। इसमें जिन बिन्दुओं पर गाँधीजी की असहमति है, उसे सुधारने या बदलने

का प्रयास इस पत्र में झलकता है। उस मामले को निपटा कर अन्त में गाँधीजी निर्मल बाबू को कहते हैं कि "अहिंसात्मक व्यवहार, चाहे वह वैयक्तिक हो या सार्वभौमिक, उस में निजी, व्यक्तिगत तथा सार्वजनिक जीवन में एक अखंडित सम्बन्ध होता है। पुरुषों का मूल्यांकन करने में तुम कितने ही उदार और दयालु क्यों न हो, मगर सदाचार से अन्दरूनी भटकाव को तुम अनेदखा नहीं कर सकते। यदि तुम इस बात से सहमत हो, तो तुम्हें मनु के साथ मेरे सम्बन्ध पर ध्यान रखना चाहिए और यदि तुम्हें कोई भटकाव दिखे, तो मुझे दिखाने की कोशिश करो।"[43] क्या यह एक चुनौती है? या कि एक तरह की परोक्ष सफाई कि मनु के प्रति प्यारेलाल के प्रेम में तो भटकाव है, किन्तु मनु के साथ मेरे सम्बन्ध में नहीं है! जो भी हो, गाँधी द्वारा मनु के सम्बन्ध में यह तुलनात्मक कथन बहुत दिलचस्प हो जाता है, क्योंकि यहाँ गाँधी समझ में आने वाली भाषा में कुछ कह रहे हैं।

आगे 9 फरवरी को अमतुससलाम को लिखे पत्र में भी यही चुनौती दिखती है, जब गाँधी छोटे से पत्र के अन्त में 'पुनश्च' के अन्तर्गत दो पंक्तियाँ लिखते हैं—"मनु मेरे साथ सोती है। यदि तुम्हें कुछ कहना हो, तो कहो।"[44] इससे यह आभास तो मिलता ही कि इस बिन्दु पर अमतुससलाम की राय गाँधी के पक्ष में नहीं है। अमतुससलाम स्वयं स्त्री है, अविवाहित। जो कम-से-कम पिछले दस बरस से गाँधीजी की सेवा में रही है। अतः उसकी राय का नकरात्मक होना विशेष अर्थ रखता है।

इसी दिन 9 फरवरी को गाँधी जीवनजी देसाई को तार देते हैं, जिस से पता चलता है कि नवजीवन प्रेस के संचालकों ने गाँधी से कुछ माँग की है, जिसे न मानने पर वे नवजीवन से गाँधी को अलग करने का विचार रखते हैं। गाँधी के तार में लिखा है कि किशोरलाल से भी ऐसा ही तार मिला है।[45] मैं असमर्थ हूँ। इसलिए अखबारों को चलाने में मेरा सहयोग लेना है या नहीं, तय कर लो।

विनोबा से गाँधी की अपील

मनु के साथ गाँधी के व्यवहार पर जिन लोगों ने बहुत कड़ा रुख लिया था, उनमें गाँधी के परिवार जनों से बाहर विनोबा भावे भी प्रमुख थे। 10 फरवरी 1947 को गाँधी उन्हें पत्र लिखते हैं, जो इसी प्रश्न पर केन्द्रित है। इससे पता चलता है कि विनोबा ने गाँधीजी के व्यवहार पर जो आपत्तियाँ कीं, उनमें वह अकेले नहीं बल्कि दूसरे सहयोगियों के अलावा सेवाग्राम की महिलाएँ भी शामिल हैं।

इस पत्र में गाँधी अपने बचाव में वह दलील देते मिलते हैं जो 1938 में सुशीला नायर को अपनी अन्तरंग सेवा में बुलाने के लिए दी थी कि मेरे द्वारा स्त्रियों से अन्तरंग सेवाएँ लेने पर किसी को कुछ गलत नहीं लग रहा है, केवल मीराबेन अंट-शंट बोल रही है। इसलिए तुम चिन्ता न करो, आ जाओ। वही अन्दाज़ झलकता है, जब गाँधी विनोबा को लिखते हैं, ''मनु के मेरे साथ सोने पर मेरी मित्र-मंडली के लोग बहुत क्षुब्ध हैं। किशोरलाल तो असह्य कष्ट में है। वही हाल नरहरि और स्वामी का है। मैं नहीं जानता सेवाग्राम और अन्य स्थानों पर महिलाएँ कैसे दुखी हैं। यहाँ तो, उलटे, हर कोई जानता है कि क्या हो रहा है मगर मैं नहीं देखता कि इसका कोई प्रभाव पड़ा है।''[46] क्या यहाँ फिर गाँधी सत्य के साथ 'प्रयोग' कर रहे हैं? नहीं तो 1 फरवरी को सार्वजनिक वक्तव्य देने की क्या विवशता हुई थी? तब 'कानाफूसी, क्षुद्र बातें, आरोप' आदि का क्या सन्दर्भ था?

आगे विनोबा को गाँधी लिखते हैं कि चूँकि जहाँ गाँधी रह रहे हैं वहाँ इस पर कोई परेशानी नहीं है, शायद इसीलिए वे और जगहों पर लोगों की प्रतिक्रिया का प्रभाव नहीं समझ पाए हैं। पर मेरा विश्वास दृढ़तर हुआ है कि सच्चे ब्रह्मचर्य को किसी आड़ की ज़रूरत नहीं है। मेरा प्रयोग इसी विश्वास से चल रहा है। गलतियाँ हुई होंगी। उस प्रयोग के अन्धानुकरण से किसी को हानि भी हुई होगी। पर मैं कभी नहीं गिरा हूँ। ''मनु के साथ मेरा सोना मेरे प्रयोग का हिस्सा नहीं है, बल्कि वर्तमान यज्ञ का अंग है। मेरा दिमाग तो निष्पाप रूप से लाखों स्त्रियों के साथ हर दिन सोता है, और मनु भी, जो मेरी रक्त-सम्बन्धी है, उन लाखों स्त्रियों के समान ही मेरे साथ सोती है।''[47] यहाँ वास्तविक और काल्पनिक को मिला दिया गया है, जिस से समझ में आने वाली भाषा खत्म हो जाती है और बात ऐसे क्षेत्र में चली जाती है, जहाँ आप कुछ नहीं कर सकते। सिवा विश्वास के। मनु को अपनी रक्त-सम्बन्धी बताने की ज़रूरत क्या आ पड़ी, यदि वह भी लाखों स्त्रियों में एक है? क्या इसलिए कि विश्वास करने में मदद मिले? उसके ठीक बाद गाँधी एक और बात लिखते हैं जो सत्य के साथ प्रयोग नहीं, खिलवाड़ ही है। वह मनु के साथ सोने को मनु की इच्छा जैसा दिखाते हैं, जो मूलतः गलत कथन है। ऊपर असंख्य स्थितियों में देखा जा चुका है कि न केवल मनु केवल वही करती है जो गाँधी चाहते हैं, बल्कि स्वयं गाँधी जतला चुके हैं कि वही सब कुछ तय कर रहे हैं। उसका काम, सोना, खाना-पीना, इलाज, प्यारेलाल के साथ सम्बन्ध, आदि। सच तो यह है कि गाँधी की अवज्ञा करके शायद ही कोई उनके

साथ रह सकता है। वे स्वयं लिख चुके हैं कि उन्होंने तो 'बा को दरवाज़ा दिखा दिया'। अब वे विनोबा को लिखते हैं, ''यदि मनु परम्परा का लिहाज़ करते हुए या सहयोगियों की सन्तुष्टि के लिए मेरे साथ सोना बन्द कर दे, तो क्या मैं भगवद्‌गीता के भाग तीन में वर्णित पाखंडी नहीं दिखूँगा?...यदि मैं मनु को अपने साथ सोने न दूँ, यद्यपि मुझे यह ज़रूरी लगता है कि वह मेरे साथ ही सोए, क्या वह मेरी कमज़ोरी का द्योतक नहीं होगा, और उस स्थिति में क्या मेरी मृत्यु ही मेरे लिए सब से अच्छी चीज़ नहीं होगी, क्योंकि मैं पूर्ण अहिंसा को प्राप्त करने में विफल रहा होऊँगा?''[48]

यह दलील अपनी विचित्रता में भी विचित्र है। पहले तो, मनु के किसी स्वैच्छिक निर्णय, यदि वह सम्भव हो, से गाँधी कैसे पाखंडी दिखेंगे, यह समझ से परे है। अन्यथा यह एक अखंड तानाशाही मस्तिष्क की विचार-तरंग है जो किसी अनुयायी के स्वतन्त्र कार्य की कल्पना भी अपने दास के रूप में ही करती है। मानो इस तानाशाह महानायक के आस-पास के लोग, अनुयायी, जनता आदि का अस्तित्व केवल महानायक के जीवन और कार्य के लिए ही हो। और कुछ हो ही कैसे सकता है! पत्र के अन्त में गाँधी विनोबा को अपने 1, 2, 3 फरवरी वाले सार्वजनिक वक्तव्यों का हवाला देते हैं कि उसे देख लो, बाकी व्याख्या उसमें है। इस पत्र के उत्तर में विनोबा 25 फरवरी 1947 को गाँधी को लिखते हैं कि वह गाँधी से इस बात में सहमत नहीं हैं। क्योंकि आदर्श ब्रह्मचर्य में तो स्त्री और पुरुष में भेद ही नहीं किया जाता, किन्तु वह गाँधी से बहस नहीं करना चाहते। (यह टिप्पणी गाँधी वाङ्मय में दिए गाँधी के पत्र के नीचे फुटनोट में है। पृ. 392)

उपर्युक्त सफाई का सार अन्ततः यही है कि गाँधी मनु को साथ न सुलाएँ तो गाँधी का ब्रह्मचर्य और अहिंसा अधूरी रहेगी। ऐसी स्थिति में वे जी नहीं सकते। इस व्याख्या या सफाई का अन्तिम अर्थ यह है कि मनु के साथ सोना गाँधी के अस्तित्व से जुड़ा है। इसलिए यदि उनका अस्तित्व चाहते हो, तो इस पर गाँधी जो कहें मान लो, या चुप हो जाओ। इसका व्यावहारिक अर्थ और कुछ नहीं किया जा सकता।

जहाँ तक गाँधी द्वारा बिनोबा को दी गई सफाई में 'मनु द्वारा किए जाते निर्णय' का सत्य है, वह दो ही दिन बाद प्यारेलाल को लिखे पत्र से खंडित हो जाता है। 12 फरवरी को गाँधी किसी शैक्षिक बिन्दु पर प्यारेलाल को लिखते हैं, ''इस विषय पर मनु के बदले मैं सोचूँ, यही अच्छा रहेगा। अभी मैं उसे गढ़

रहा हूँ और मैं यह करता रहूँगा जब तक मैं जो कहूँ वह करती रहे।''[49] इस सत्य के आलोक में गाँधी ने क्या विनोबा को मनु के बारे में सही भाषा में लिखा था? प्यारेलाल को लिखे इस पत्र में ठीक आगे सूचना मिलती है कि ''किशोरलाल आदि अपने हमले जारी रखे हुए हैं। अच्छा रहे तुम इस मामले में न पड़ो। मुझे अकेले उसका बोझ उठाना चाहिए।'' *गाँधी वाङ्मय* में नीचे फुटनोट में दिया हुआ है कि 'हमले' का सन्दर्भ मनु के साथ सोने सम्बन्धी गाँधी के प्रयोग का है। (पृ. 397)। इसमें पहली चीज़ तो यह है कि गाँधी यहाँ अपने निकट सहयोगियों की आलोचना को 'हमला' कहकर विकृत कर रहे हैं। स्वयं उन्होंने सुशीला गाँधी और दूसरों से ऐसा नहीं कहा है, बल्कि उलटे बड़े सहज भाव से किशोरलाल आदि की चिन्ताओं का उल्लेख किया है। प्यारेलाल से उसी बात को विकृत करके रखने में यहाँ या वहाँ, कहीं तो असत्य या सत्य में अनुचित मिश्रण किया ही गया। दूसरे, गाँधी प्यारेलाल को इस अन्दाज़ में इस मसले से 'दूर' रहने की सलाह दे रहे हैं, मानो वह तो गाँधी के पक्ष में है ही। मगर गाँधी को स्वयं उस 'हमले' का सारा 'बोझ' उठाना चाहिए, प्यारेलाल पर उसका भार नहीं देना चाहिए। किन्तु सत्य तो यह है कि स्वयं प्यारेलाल वैसे हमले करने वालों में न भी हों, चाहे विवशतावश ही, फिर भी मनु के साथ गाँधी के व्यवहार से पूर्णतः असहमत तो हैं ही। यह गाँधी जानते भी हैं। तब प्यारेलाल को इस मामले से 'दूर' रहने की सलाह का वास्तविक अर्थ तो यह हो जाता है कि गाँधी हमले की मोर्चेबन्दी को कमज़ोर करने के लिए उससे प्यारेलाल को हटाना चाहते हैं कि जितने कम लोग इस विषय पर बोलें, उतना गाँधी के लिए सुभीता रहेगा। हर हाल में, विविध लोगों को इस बिन्दु पर विविध, अन्तर्विरोधी, कृत्रिम बातें करते गाँधी को बार-बार देखा जा सकता है। वह भी लगभग एक ही समय।

प्यारेलाल को 'दूर' रखने वाली बात पर हमारा सन्देह गाँधीजी द्वारा प्यारेलाल को तीन ही दिन बाद लिखे पत्र से पुष्ट हो जाता है। 15 फरवरी को लिखे इस पत्र में गाँधी प्यारेलाल को उनके आरोप की सफाई दे रहे हैं कि गाँधी ने प्यारेलाल से किशोरलाल का पत्र छिपा कर रखा। ''मैंने सपने में भी नहीं सोचा है कि किशोरलाल या किसी का भी पत्र तुम से गोपन रखूँगा। मगर मैं तुम्हें मानसिक तकलीफ से बचाना चाहता था। पर यदि तुम अपनी उत्सुकता पर नियन्त्रण नहीं रख सकते तो यही ठीक है कि तुम उसे देख लो। इसलिए मैं तुम्हें वह पत्र भेज रहा हूँ। पढ़ने के बाद लौटा देना।''[50] इसके बाद गाँधी किशोरलाल की आलोचना

पर प्यारेलाल को समझाने की कोशिश करते हैं, "मेरी दृष्टि से इस (किशोरलाल के पत्र) में उतना ही अज्ञान है जितना प्रेम।" यह पंक्ति गाँधी के कथन में, विशेषकर महत्त्वपूर्ण लोगों को लिखे जाने वाले पत्रों में, झलकने वाले बनावटीपन का उदाहरण है। जो गाँधी प्यारेलाल, अमतुससलाम, आदि की किसी छोटी सी असहमति पर कड़वी बातें कहने लगते हैं, वह अपने ऊपर चरित्र सम्बन्धी 'हमला' करने वाले में प्रेम देख रहे हों, यह औपचारिक बयान है। एक राजनेता वाली कूटभाषा। इसमें सत्य की ध्वनि बिलकुल नहीं है, चाहे स्वयं गाँधी इसे कुछ और समझाना चाहते हों।

आगे–"उस (किशोरलाल) की दृष्टि में लोगों का एक पूरा समूह है जो समझते हैं कि मेरा व्यवहार कामेच्छा से प्रेरित है। मैं कैसे कह सकता हूँ कि इस समूह की बात पूरी तरह गलत है? क्योंकि मनुष्य स्वयं को नहीं जानता। तुम इन पत्रों में कोई खुला आरोप नहीं पाओगे, हालाँकि देवदास के पत्र में यह खुलकर लगाया गया है। मैं शारीरिक कामेच्छा से मुक्त हूँ या नहीं, यह सम्भवतः मेरी मृत्यु के बाद ही पता चल सकेगा। 'सम्भवतः' शब्द यहाँ सोच-समझ कर लगाया है क्योंकि हमेशा यह नहीं होता कि हम किसी व्यक्ति का मरने के बाद भी सही मूल्यांकन कर सकें।"[51] यह फिर गाँधी की उस शैली का उदाहरण है जिसमें वह स्वयं को दोषी या सम्भावित दोषी मानते हुए भी यह ध्वनि देते हैं कि वस्तुतः वह दोषी नहीं हैं। कम-से-कम किसी गाँधी-भक्त के लिए इसमें भरपूर सामग्री रहती है कि वह गाँधी को पूर्णतः निर्दोष माने। इस पंक्तियों को पुनः पढ़ें और स्वयं इसका सौन्दर्य देखें। आप जो चाहें अर्थ निकाल सकते हैं। ऐसा नहीं कि गाँधी को स्पष्ट बोलना नहीं आता। इसीलिए जब गाँधी ऐसी दोहरी बोली बोलते हैं तो समस्या पैदा होती ही है।

यह पत्र महत्त्वपूर्ण है। आगे देखें, "केवल भगवान ही मनुष्य के हृदय को जानते हैं। जब मैं ही अपने बारे में निश्चयपूर्वक नहीं कह सकता कि जो हो रहा है उसका भार मैं महसूस नहीं कर रहा हूँ, तब मनु के बारे में कौन कह सकता है? वह बेपरवाह न हो। मैं उसे इसके बारे में परेशान नहीं करता। मैं अपने काम में लगा हूँ, हर चीज़ भगवान के हाथ में छोड़कर। मेरे लिए यह सब यज्ञ का अविभाज्य अंग है और यह देखना शेष है कि मेरी निर्लिप्तता कहाँ तक इसे चला सकती है।"[52] एक बार फिर दूसरों से मनु को गाँधी के हाथ में यथावत् छोड़ देने का प्रच्छन्न आग्रह। नहीं तो स्वयं मनु से इस मर्मभूत प्रश्न पर पूछने,

उसकी इच्छा जानने, आदि से जान-बूझकर बचने की ज़िद क्यों? एक ओर, यह दावा कि मनु ही गाँधी के साथ सोना चाहती है, कि मैं उसे क्यों रोकूँ, आदि; दूसरी ओर, यह संकेत कि वह भोली है, उसे क्यों इन 'हमलों' में घसीटें, मैं अकेला ही यह सलीब ढो लूँगा, आदि। यह दोनों भंगिमाएँ अन्तर्विरोधी हैं, चाहे लेटर में गाँधी अपने सत्य का बचाव कर ले रहे हों, किन्तु स्पिरिट में सत्य की रक्षा नहीं हो रही। ऊपर लिखी गाँधी की अन्तिम पंक्ति में फिर वह रहस्यमय दावा भी कर ही दिया गया है कि मनु के साथ सोना उनके किसी यज्ञ का अंग है। इतने लम्बे पत्र में भी वह यह नहीं बता सके हैं कि यह यज्ञ क्या है, कैसे है? मगर यज्ञ जैसे भारी, आध्यात्मिक शब्द से अपनी साधारण सी आदत, 'निजी जीवन' के विवादास्पद व्यवहार का बचाव करने से नहीं चूकते। साथ ही, गाँधी स्वयं को निर्लिप्त, यज्ञकर्ता, आदि कहकर आत्म-प्रशंसा भी करते हैं। मनु के साथ सोने वाले व्यवहार में उनके सिवा कोई व्यक्ति, गाँधी के पक्षधर भी, यह कहते नहीं मिल रहे हैं। अतः गाँधी द्वारा स्वयं ही अपने को यह प्रमाणपत्र देना आत्म-प्रशंसा ही है। चाहे कितनी ही छिपी हुई हो। चाहे स्वयं गाँधी इसे देखने से चूक गए या न देखना चाहते हों।

निकटतम बन्धु-बाँधवों द्वारा गाँधी की कितनी तीखी आलोचना, और कार्रवाई तक हो रही है, यह उसी दिन गाँधीजी द्वारा घनश्यामदास बिड़ला को लिखे पत्र से भी पता चलता है। 15 फरवरी को लिखे इस पत्र से पता चलता है कि सरदार पटेल ने भी गाँधीजी को कड़ा पत्र लिखा है। देवदास ने तो बहुत ही कड़ा लिखा है। इसमें गाँधी बिड़ला से विनती-सी करते मिलते हैं कि कम-से-कम वह गाँधी का बचाव करें। सरदार पटेल ने लिखा है कि मनु के साथ जिस व्यवहार को गाँधी धर्म कह रहे हैं, वह वस्तुतः अधर्म है।[53] देवदास भी यही मानते हैं। अपने सुपरिचित अन्दाज़ में पुनः भारी व्यक्तित्व वाले सरदार के प्रति गाँधी अतिरिक्त सद्भाव दिखाते हैं। "मुझे सरदार की समझ पर बहुत विश्वास है। देवदास की समझ पर भी है, मगर वयस्क हो जाने के बावजूद, मेरे लिए तो वह बच्चा ही है। यह सरदार के बारे में नहीं कहा जा सकता। किशोरलाल और नरहरि भी वयस्क हैं, पर उनके विरोध का कारण मैं समझ सकता हूँ।"[54] यहाँ फिर गाँधी कूटनीति कर रहे हैं। ऊपर वह इसी मुद्दे पर सुशीला गाँधी और प्यारेलाल को किशोरलाल के बारे में जो लिखते हैं, यहाँ उससे बिलकुल भिन्न भंगिमा है। यहाँ सांकेतिक रूप में बिड़ला को बताया जा रहा है कि कोई विशेष कारण है

कि किशोरलाल विरोध कर रहे हैं, जबकि दूसरों को किशोरलाल के प्रेम, अज्ञान अथवा प्रज्ञावान होने तक की बात कही गई थी। बिड़ला के साथ मानो किसी तरह उन्हें अपने साथ लेने का प्रयास हो रहा है कि अलाँ-फलाँ की बातें इन-इन कारणों में महत्त्वहीन हैं। जिन की महत्त्वहीन नहीं कही जा सकती, उनको समझाने या चुप करने में मदद करो।

देखिए, बिड़ला को पत्र में ठीक आगे गाँधी क्या लिखते हैं, "आपके और मेरे बीच जो सम्बन्ध है वह इसी बात पर है कि मेरा जीवन पवित्र, बेदाग और धर्माचरण को पूरी तरह समर्पित है। यदि वह नहीं तो फिर कुछ खास नहीं बचता।"[55] क्या इससे भी बड़ी आत्म-प्रशंसा हो सकती है? भारतीय प्ररम्परा में कोई महात्मा तो छोड़िए, कोई सामान्य विनम्र गृहस्थ भी अपने बारे में ऐसा कहता नहीं पाया जा सकता। किन्तु यहाँ अधिक महत्त्वपूर्ण बात यह है कि गाँधी बिड़ला को अपनी सफाई केवल इसी बिना पर दे रहे हैं कि मैं तो पवित्र और धर्मनिष्ठ हूँ, इसलिए मनु के सम्बन्ध में सब ठीक है। एक बार फिर, *बेगिंग द क्वेश्चन!* गाँधी को तो उत्तर ही इसी बात का देना है कि जो वह कर रहे हैं, पर अधर्म है, गलत है, अनुचित है। इसलिए इस व्यवहार का त्याग करो। नहीं तो, कुछ निकटतम लोग कह चुके हैं, हम आपका त्याग करेंगे और कर भी रहे हैं। इस के उत्तर में गाँधी बिरला को कह रहे हैं कि मैं बेदाग रहा हूँ, इसलिए यहाँ भी बेदाग हूँ, यह मानो। नहीं तो फिर कुछ कहने के लिए नहीं रह जाता।

हालाँकि, एक बार पुनः गाँधी सत्य के साथ भारी छूट ले रहे हैं। 1935 और 1938 में दो बार हम ही देख चुके हैं कि गाँधी पर आश्रमवासियों और एकाधिक महत्त्वपूर्ण सहयोगियों द्वारा वचन-भंग का गंभीर आरोप लगा है। उस आरोप का गाँधी खंडन भी नहीं कर पाते। केवल यह कहते हैं कि मेरा मतलब यह नहीं, वह था। कि वचन स्थायी पालन के लिए नहीं दिया गया था, आदि। मीरा बेन जैसी महान विदुषी गाँधी पर स्त्रियों से अन्तरंग सेवा लेने वाली लत पर अधर्म का कठोर आरोप लगा ही चुकी हैं। तब गाँधी ने स्वयं कई स्थल पर स्वीकार किया है कि उन्होंने ब्रह्मचर्य की मर्यादा का उल्लंघन किया है, आदि। अपनी काम-ग्रस्तता का भी कई बार उल्लेख किया है। इसलिए गाँधी द्वारा अभी बिरला को कही जा रही बात दूसरी तरह से भी सत्यानुकूल नहीं है। आत्मप्रशंसा, मूल प्रश्न से बचना, तथा गम्भीर महानुभावों द्वारा लगाए गए सीधे आरोपों का उत्तर देने से कतराना तो है ही। गाँधी इस पत्र में सीधे बिड़ला से आग्रह करते

हैं कि वह इस बिन्दु पर सम्बन्धित महत्त्वपूर्ण व्यक्तियों से बात करें और गाँधी का बचाव करें।

इसके बाद अपने सुपरिचित अन्दाज़ में गाँधी यह भी कहते हैं कि, "यदि मैं पाप कर रहा हूँ तो सभी मित्रों का कर्तव्य है कि वे मेरा पुरज़ोर विरोध करें। कोई सत्याग्रही यदि असत्य को सत्य समझने लगे तो वह दुराग्रही में बदल जाता है—कि मुझे लगता कि मैं ऐसा नहीं हूँ। मगर इसका कोई महत्त्व नहीं, क्योंकि आखिर मैं कोई भगवान तो नहीं। मुझसे भूल हो सकती है। मुझसे भूल हुई है। यह जो अभी हो रहा है, हो सकता है कि मेरे जीवन के अन्तिम दौर में यह सबसे बड़ी भूल हो रही हो। यदि यही बात है तो मेरे सारे शुभचिन्तक विरोध करके मेरी आँखें खोल सकते हैं। मैं जो कर रहा हूँ, वह यज्ञ का अंग है। यहाँ तक कि मैं जब आराम भी करता हूँ तो वह भी मेरे यज्ञ का अंग है।...यह मनु वाला मामला मेरा भारी समय ले रहा है, मगर मुझे इसकी कोई चिन्ता नहीं क्योंकि उसकी यहाँ उपस्थिति भी यज्ञ का अंग है। उसकी परीक्षा भी इस यज्ञ का अंग है। मैं यह आपको समझा नहीं सकता—यह दूसरी बात है। मैं जो बात अपने मित्रों को समझने के लिए कहता हूँ वह यह है—जब मैं मनु को अपनी गोद में बिठाता हूँ, तो क्या मैं यह एक शुद्ध-हृदय पिता जैसा करता हूँ या ऐसे पिता द्वारा जो सही मार्ग से भटक गया है? जो मैं कर रहा हूँ, वह नया नहीं है। विचारों में यह मैं पिछले पचास साल से कर रहा हूँ। (मतलब) व्यवहार में पिछले कई सालों से। यदि आप सभी लोग मुझ से सम्बन्ध तोड़ भी लें, मुझे कोई चोट नहीं पहुँचेगी। जैसे मैं अपने धर्म से बँधा हुआ हूँ, वैसे ही आपको भी अपने धर्म से बँधे रहना है।"[56]

बिड़ला को लिखा हुआ गाँधी का यह पत्र कुल मिलाकर अन्तर्विरोधों का थकाने वाला जमावड़ा है। मैं गलत नहीं हूँ, मगर हो भी सकता हूँ, पर मैं गलत हो ही कैसे सकता हूँ, पचास साल से यही कर रहा हूँ। मेरी मदद करो, पर करने की ज़रूरत नहीं, क्योंकि मैंने कुछ गलत किया ही क्या है। मित्र लोग मेरी गलती सुधार सकते हैं, मगर मैंने गलती की ही नहीं। क्योंकि यदि मैंने गलती की होती तो मुझे पता चलता ही। चूँकि मुझे नहीं लगता कि मैंने गलती की है, इसलिए मैंने गलती नहीं की है। वे जिसे गलती कह रहे हैं, वह तो मेरा धर्म है। उसे मैं छोड़ कैसे सकता हूँ। ऐसे उलझाव भरे दुहराव के सिवा इस पत्र का कोई सार देना कठिन है। स्थिरचित्त से विचार करने पर गाँधी निरुत्तर अड़ियल प्रतीत होते हैं। भारी आसक्तिपूर्ण एवं सत्य के साथ खिलवाड़ करते भी, विशेषकर जब वह मनु की

ओर से बोलने की कोशिश करते हैं। ज़िद और आसक्ति, आत्म-प्रशंसा और विविध कथनों में असंगति, यह सब गाँधीजी के अनेकानेक पत्रों से अनायास झलकते हैं।

18 फरवरी को मणिलाल देसाई को लिखे पत्र में गाँधी इस बात पर ज़ोर देते हैं कि मनु उनकी पौत्री समान है। हालाँकि दूसरे एकाधिक मित्रों को लिखे पत्रों में उलटा ज़ोर भी मिलता है कि मनु के पौत्री होने की बात महत्त्वपूर्ण नहीं है। किसी भी लड़की के साथ उनका यही व्यवहार समान रूप से उचित समझना चाहिए। किन्तु कुछ विशेष लोगों को गाँधी इस पर खास ध्यान दिलाते हैं कि मनु तो पौत्री है, उसके साथ अनुचित व्यवहार मैं कैसे कर सकता हूँ! छोटा ही सही, यह दोहरा अन्दाज़ भी नोट करने योग्य है। मणिलाल को गाँधी लिखते हैं, "मनु मेरे साथ सोती है। वह मेरी पौत्री की तरह है, क्योंकि उस के पितामह मेरे पिता के बड़े भाई के पुत्र हैं। इसलिए, वह सचमुच मेरे लिए पौत्री के समान है।...तुम जो महसूस करते हो वह बेहिचक कहो।"[57]

निकट सहयोगियों का बहिष्कार

उसी दिन, 18 फरवरी 1947 को दूसरे निकटवर्ती बालकृष्ण भावे को भी गाँधी लिखते हैं, जो इस दृष्टि से महत्त्वपूर्ण है कि पता चलता है कि मनु के साथ गाँधी के सोने की ज़िद के क्या-क्या परिणाम हो चुके हैं। और इस दृष्टि से भी कि गाँधी अपने लिए गुटीय मोर्चेबन्दी जैसा प्रयत्न भी कर रहे हैं। "सम्भवतः आप नहीं जानते कि मनुबेन मेरे साथ सोती है। इस बात से भाई किशोरलाल, नरहरि, स्वामी तथा दूसरों को बहुत दुःख हुआ है और इसलिए उन लोगों ने *हरिजन* (समाचार-पत्र) से सम्बन्ध तोड़ लिया है। सरदार (पटेल) भी मुझ पर बहुत क्रुद्ध हैं। मेरे लिए मनु के साथ सोना धर्म की बात है और मैंने तय कर लिया है कि यह दिखा कर रहूँगा कि कोई व्यक्ति अपने लिए धर्म की बात को किन्हीं निकटजनों के प्रेम या किसी के भय से छोड़ नहीं सकता। यदि इस स्थिति में अपने मित्रों का झूठा ख्याल कर या प्रेम या भय से मैं वह छोड़ दूँ जिसे अपना धर्म समझता हूँ तो मेरा यज्ञ अपूर्ण रहेगा और कोई फल न देगा। यह मेरा पक्ष है। किशोरलाल का पक्ष, जैसा मैं समझ रहा हूँ, इसके विपरीत है। वह सोचते हैं कि मैं अधर्म को धर्म समझने लगा हूँ, इसलिए मेरा व्यवहार मेरे ब्रह्मचर्य को लज्जित कर रहा है और लोगों के समक्ष बुरा उदाहरण प्रस्तुत कर रहा है। यह विचार कि मेरे जैसा आदमी कोई बुरा उदाहरण प्रस्तुत करे, उनके लिए असह्य

है और इसलिए उन लोगों ने मेरे साथ असहयोग आरम्भ कर दिया है। वे अपना आगे का कदम उठाने के लिए स्वतन्त्र हैं। मैं नहीं जानता कि विनोबा क्या सोचते हैं। मगर ऊपर वर्णित मित्र उनसे पत्राचार कर रहे हैं, और इसलिए मैंने भी उन्हें लिखकर उनकी राय जाननी चाही है। या तो आप मेरे पत्र का विनोबा द्वारा दिए गए उत्तर से चले या स्वयं सोचें और मुझे लिखें कि आप क्या सोचते हैं। मैंने इस पर तीन भाषणों में भी कहा है जिसकी प्रतियाँ साथ भेज रहा हूँ। उन्हें वापस करने की ज़रूरत नहीं है। उन्हें दूसरे मित्रों को दिखाएँ।''[58]

इस पत्र में धर्म पर अड़ने का दावा, और फिर अदद महत्त्वपूर्ण व्यक्तियों को अपने पक्ष में लाने का प्रयास, यह दोनों बातों में संगति नहीं दिखती। स्वयं गाँधी यह स्पष्ट कर चुके हैं कि 'मित्रों का झूठा ख्याल कर' या प्रेम, चिन्ता आदि किसी चीज़ से वह अपनी टेक से हटने वाले नहीं हैं। तब बिनोबा, बाल्कोबा (बालकृष्ण भावे) जैसे महत्त्वपूर्ण व्यक्तियों को अपने पक्ष में लाने का छद्म प्रयास क्यों? यह छद्म प्रयास है, जो इससे प्रमाणित है कि गाँधी विनोबा और बाल्कोबा से उनकी राय देने का निवेदन कर रहे हैं। किन्तु यदि वह राय गाँधी के अनुरूप न हो, तो उसे दो कौड़ी का मानने में गाँधी हिचकने वाले नहीं हैं, यह वे दूसरे महत्त्वपूर्ण मित्रों की राय पर जाहिर कर ही चुके हैं। तब यह गुटीय मोर्चा बनाने के प्रयास के सिवा क्या है? बिड़ला को भी लिखा पत्र याद करें। उसमें तो सीधा ही अनुरोध है, कि भाई मेरे लिए बोलो! तब यह मनु के साथ सोने की ज़िद कोई 'धर्म की बात' नहीं रह जाती। वह समीकरणों को मजबूत बनाने पर भी निर्भर हो जाती है। नहीं तो गाँधी कई महत्त्वपूर्ण व्यक्तियों को मनु के साथ सोने की बात अपनी ओर से बता-बता कर उनका वैचारिक समर्थन लेने की विचित्र कोशिश नहीं करते।

यहाँ इस बात पर भी ध्यान दिया जाना चाहिए कि कैसे समय में गाँधी इस विचित्र ज़िद और अबूझ अनुष्ठान में इतना समय दे रहे हैं, और सहयोगियों से असहयोग मोल ले रहे हैं। मुस्लिम लीग भारत विभाजन की माँग पर अड़ी है, जहाँ-तहाँ हिन्दुओं को सामूहिक रूप से मार कर कांग्रेस नेताओं को दंगों से डरा रही है कि पाकिस्तान की माँग मान लो, नहीं तो और हिन्दुओं को मारेंगे। यह 1946 के उत्तरार्द्ध में जिन्ना के खुले शब्द थे! इसके बाद नोआखली में गाँधी स्वयं हिन्दुओं की दुर्दशा देख रहे हैं। कांग्रेस संगठन में आसन्न सत्ता की झलक देखते हुए अवसरवाद और भ्रष्टाचार बढ़ रहा है। इतने गम्भीर राष्ट्रीय संकट की घड़ी में कांग्रेस का सर्वोच्च नेता एक लड़की को अपने साथ नंगे सुलाने को अपना

'धर्म' बताकर अपने अच्छे-अच्छे सहयोगियों, परिवारजनों और सब से निष्ठावान नेताओं से उलझने पर आमादा है।

1946-47 के घोर संकटपूर्ण काल को ध्यान में रखते हुए, एक राजनेता के रूप में भी गाँधी, एक बार फिर, सबसे अनुचित व्यवहार कर रहे हैं। अपने महत्त्वपूर्ण सहयोगियों को 'दिखा देने' की ज़िद ठाने हुए हैं कि धर्म के लिए मैं कुछ भी छोड़ सकता हूँ। सचमुच छोड़ सकते थे? मगर क्या वह धर्म भी था? गाँधी न तब एक अदद व्यक्ति भी पा सके जो कहता कि गाँधी का कार्य धर्म था, न आज गाँधी के भक्त किसी को प्रस्तुत कर सकते हैं जो गाँधी की उपर्युक्त सारी बातें पढ़कर कह दे कि वह धर्म था। विशेषकर यह देखते हुए, कि मनु के साथ सोने की इस ज़िद का पटाक्षेप कितनी सहजता और अनायास रूप में हुआ—और गाँधी की चाह के विरुद्ध हुआ—वह जानकर गाँधी की इस बचकानी आसक्ति के लिए, राष्ट्रीय हानि की दृष्टि से, कड़ी से कड़ी बात कही जा सकती है। पर वह कुछ आगे।

यह बात बार-बार हैरत में डालती है कि गाँधी अपने मनु प्रसंग को विविध व्यक्तियों के समक्ष कितने अलग-अलग रंग में रखते रहे हैं। मृदुला साराभाई एक अन्य महत्त्वपूर्ण हस्ती हैं जिन्हें 19 फरवरी को गाँधी अपनी सफाई देते हुए समर्थन जुटाने का यत्न कर रहे हैं। इसमें मनु के साथ सोना बन्द न करने के लिए एक और नया तर्क है। यह दूसरी बात है कि घटनाक्रम के अन्त को देखते हुए यह तर्क कुछ ही दिनों बाद स्वतः दयनीय रूप से खंडित होता है। स्त्रियों के साथ सोने की अपनी पुरानी क्रिया पर वह लिखते हैं, "मैंने सेवाग्राम में जो किया वह एक तरह का प्रयोग था। प्रयोग किसी भी समय रोका जा सकता है। इसलिए सहयोगियों की भावना का ध्यान कर मैंने उसे स्थगित कर दिया था। अपना बयान मैंने तुम्हारे या (ठक्कर) बापा का ध्यान रखकर प्रकाशित नहीं कराया। यहाँ स्थिति पूरी तरह भिन्न है। मनु के साथ सोना यज्ञ का अविभाज्य अंग है। ऐसा क्यों है, इसकी व्याख्या करने की यहाँ ज़रूरत नहीं है।"[59]

क्या इससे अधिक असंगत कथन हो सकता है? जो दावा अपनी टेक के पक्ष में गाँधी का एकमात्र आधार है, कि मनु के साथ सोना 'यज्ञ' का अंग है, इसी को व्याख्यायित करने की ज़रूरत नहीं कैसे है? इस के बिना मृदुला साराभाई या बाल्कोबा या बिड़ला या कोई भी गाँधी के पक्ष में बोलने का आत्मबल कैसे एकत्र करेंगे। यह गाँधी को नहीं दिखता, तो इसका यही कारण हो सकता है

कि लेनिन की तरह गाँधी को भी अपने सदैव-सही होने का असामान्य अन्धविश्वास था, और इसका भी उनके किसी भी सहयोगी, मित्र को भी गाँधी के बारे में यही विश्वास होना ही चाहिए। इसमें गाँधी को रंच मात्र भी अटपटा नहीं लगता था।

हालाँकि पत्र में गाँधी आगे लिखते हैं कि मृदुला जब आएँगी तब गाँधी यह समझाएँगे। किन्तु हम कई व्यक्तियों के साथ देख चुके हैं, और आगे देखेंगे, कि आमने-सामने बैठे होने पर भी गाँधी कभी किसी को यह विस्तार से नहीं बताते कि यह 'यज्ञ' क्या है, और मनु के साथ सोना उस यज्ञ का अंग कैसे है। पर आगे देखें : "चूँकि मेरे इस कदम ने भारी हंगामा खड़ा किया है, मेरा बहुत सारा समय अपने सहयोगियों के साथ बहस करने और उन्हें शान्त करने में चला जा रहा है। मगर जहाँ तक मैं इस कदम को यज्ञ का अंग समझता हूँ, इस पर इतना समय देना मुझे परेशान नहीं करता। इसलिए तुम बिना चिन्तित हुए अपना काम करती रहो। यदि तुम केवल इसी विषय पर बातें करने आना चाहती हो, तो मेरा अनुरोध है कि मत आओ।"[60] पुनः इसका प्रमाण कि गाँधी अपने सदैव-सही-होने और दूसरों से भी इसे सहज स्वीकार किए रहने को मान कर चलते हैं। नहीं तो 'भारी हंगामा' खड़ा करने वाला कदम 'यज्ञ' कैसे है, और क्या है, यही चीज़ न स्पष्ट करने; और इस पर बात करने आना चाहने वाले को रोकने, और साथ ही उसे अपने विचार के पक्ष में मानते हुए चलने की कोई संगति नहीं मिलती। जब मृदुला को चिन्ता और उलझन है, तभी वह इसी पर बात करने आना चाहती हैं। मगर 'यह मेरा यज्ञ है' की एक पंक्ति की तोता-रटंत के सिवा गाँधी कहीं कुछ बोलते नज़र नहीं आते। किन्तु मानकर चलते हैं कि किसी को भी इतने से न केवल सन्तुष्ट हो जाना चाहिए, बल्कि दूसरों को भी समझा देना चाहिए। ऐसी विचित्र मति का अन्धविश्वास मिलना कठिन है।

अब तक किसी गम्भीर पाठक को सन्देह होने लगता है कि वास्तव में गाँधी के पास 'यज्ञ' पर कहने के लिए कुछ है ही नहीं। वह जो कर रहे हैं उसे कोई गम्भीर कार्य बताने की गरज़ से उन्होंने अपने अटपटे लगने वाले कार्य को यह नाम भर दे दिया है। नहीं तो, विविध लोगों को गाँधी यह एक वाक्य 'मनु के साथ मेरा सोना यज्ञ का अविभाज्य अंग है' दर्जनों बार लिख चुके हैं, और कहते हैं कि लिखते रहेंगे, थकेंगे नहीं। पर कहीं इस एक वाक्य की व्याख्या, पुष्टि, प्रमाण, विवरण या रूपरेखा तक क्यों नहीं देते? इसीलिए, लगता है कि इस भारी-भरकम संज्ञा से हम ही भ्रम में हैं। स्वयं गाँधी के लिए यह एक शब्द

से अधिक कुछ नहीं है। मानो यह एक ऐसा निबन्ध है, जिसमें शीर्षक लिखकर निबन्ध को पूरा मान लिया गया है। भय से सिहरन होती है कि क्या गाँधी ने अपने कई राजनीतिक कार्यक्रम भी इसी तरह से तो नहीं लिखे थे?

देखिए, फिर प्यारेलाल को 22 फरवरी 1947 को गाँधी लिखते हैं, ''क्या मैंने तुम्हें कहा नहीं है कि तुम, सुशीला (नायर) और मनु इस यज्ञ की सफलता में सबसे बड़ी भूमिका निभा सकते हो। और इसमें भी मनु के लिए कड़ी परीक्षा होगी। अभी तक संकेत अच्छे हैं। इसकी पूरी सफलता मेरी दक्षता पर निर्भर करेगी। एक ओर किशोरलाल तथा दूसरों के गम्भीरतम सन्देह हैं और दूसरी ओर मेरी ज़िद है। मेरा मस्तिष्क दोनों के बीच झूल रहा है। मगर यह कार्य करने की ओर अधिक झुकता है।''[61] क्या गाँधी अपने निरीह सहयोगियों के साथ खेल भी करते थे? भावनात्मक खेल? अन्यथा यह कितने आश्चर्य की बात है कि गाँधी-जीवन-चरित में और राष्ट्रीय आन्दोलन के उस दौर के इतिहास में इन तीनों के नाम फुट-नोट से अधिक मूल्य नहीं रखते। स्वयं मनु, तथाकथित 'यज्ञ का अविभाज्य अंग', उन मनु के जन्म-मृत्यु का वर्ष तक कहीं नहीं मिलता। जबकि वह 1960 के दशक तक जीवित रहीं, किन्तु उनके बारे में यह जानकारी भी गाँधी-विवरणों में कहीं नहीं है कि 1948 के बाद वह कहाँ गईं, क्या करती रहीं, और कब, कहाँ स्वर्ग सिधार गईं? यदि गाँधी के जीवन के अन्तिम दौर में वह इतनी बड़ी भूमिका निभा रही थीं तो उनके नाम का लोप कैसे हो सकता था। बहरलाल, प्यारेलाल को लिखे इस पत्र में 'किशोरलाल और दूसरों के गम्भीरतम सन्देहों' के उल्लेख से स्पष्ट है कि गाँधी मनु के साथ अपने निजी व्यवहार को ध्यान में रखकर वह यज्ञ वाली बात लिख रहे थे। क्या वह कष्ट को, सन्देह को कम करने की कोशिश भर थी?

कांग्रेस नेतृत्व पर दबाव

24 फरवरी को जे.बी. कृपलानी को गाँधी का लिखा हुआ एक *वेरी पर्सनल बट नॉट प्राइवेट* पत्र मिलता है। विषय वही है, जिसे हम इस पूरे अध्याय में समझने का यत्न कर रहे हैं, ''मनु गाँधी, मेरी पौत्री क्योंकि हम स्वयं को रक्त-सम्बन्धी मानते हैं, वह मेरे बिछावन पर साथ सोती है। यह कोई मुझे पाशविक तुष्टि देने के लिए नहीं, बल्कि मेरे जीवन के सम्भवतः अन्तिम यज्ञ के अंग के रूप में। इसने सबसे प्रिय सहयोगियों को मुझ से अलग कर दिया है, अर्थात्, वल्लभभाई,

किशोरलाल, सम्भवतः राजगोपालाचारी भी तथा दूसरे अन्य। उनमें देवदास (गाँधी) भी है। मेरा उनसे साथ-सम्बन्ध टूट गया है। तुम जो मेरे सबसे प्रिय और पुराने मित्रों में से एक हो, वल्लभभाई और किशोरलाल से निश्चय ही पहले से, तुम्हें उन लोगों की बातों के आलोक में अपनी स्थिति पर पुनर्विचार करना होगा। शायद सुचेता (कृपलानी) तुम्हारी कुछ मदद करेगी। वह इस प्रकरण के बारे में कुछ जानती है।...यह (जो मैं कर रहा हूँ) हो सकता है कि एक झूठ, भ्रम और एक फंदा हो। यदि वही बात है, तो मुझे ही (!) वह समझना है। मैंने भयंकर गर्त का खतरा पहले भी लिया है।...मुझे इस पर बहस नहीं करनी है। मैंने सिर्फ अपने विचारों की तीव्रता तुम तक पहुँचा दी है। मेरी सलाह है कि तुम सरदार (पटेल) और राजाजी से बात करो। फिर अपना निष्कर्ष लो और मुझे बताओ। तुम्हें (मेरे साथ) सम्बन्ध को न केवल मित्र की बल्कि (कांग्रेस) अध्यक्ष की दृष्टि से भी तय करना है। तुम निश्चय ही जवाहरलाल और मौलाना (आज़ाद) से इसकी चर्चा कर सकते हो। मेरी भावनाओं का ध्यान इस मामले में न रखो। मेरी कोई भावना नहीं है। मैं बस इतना चाहता हूँ कि हर हाल में सत्य करता रहूँ जैसा मैं इसे देखता हूँ।"[62]

यह कितना गम्भीर पत्र है, अब समझा जा सकता है। भारत के स्वतन्त्र होने के पहले के संकटपूर्ण, नाजुक दौर में कांग्रेस अध्यक्ष को गाँधी से अपने सम्बन्ध को तय करना है। कई महत्त्वपूर्ण लोग गाँधी से निजी नाता इस बिन्दु पर तोड़ चुके हैं कि गाँधी अपने रिश्ते की पौत्री के साथ सोते रहे हैं और बार-बार कहने पर भी बंद नहीं कर रहे। अब कृपलानी को तय करना है, कि क्या रुख लें? गाँधी निश्चय ही उन्हें अपने पक्ष में करने की कोशिश कर रहे हैं। नहीं तो सुचेता की मदद लेने की बात नहीं करते, जो मनु के साथ सोने वाले 'इस प्रकरण में कुछ जानती है'। (1938 में गाँधी के स्त्री-संसर्गों पर चली लम्बी चर्चा और विवाद में भी हम ने देखा था कि इस विषय पर गाँधी स्त्रियों से बार-बार चर्चा में कुछ अधिक ही रुचि लेते थे। उनकी शैली भी स्त्रियों से बात करते हुए अन्तरंग भाव से संपृक्त रहती थी। यहाँ भी कुछ वैसी ही सूचना मिलती है। इतने पत्र-व्यवहारों में किसी का नाम नहीं आया जो इस प्रकरण पर अलग से कुछ जानता हो, पर सुचेता कृपलानी इस पर कुछ ऐसी बात जानती हैं जो उनके पति जे.बी. कृपलानी को अपनी राय बनाने में मदद कर सकती है।) यहाँ पूरा प्रसंग राजनीतिक महत्त्व भी धारण कर लेता है, कि कांग्रेस का शीर्ष नेतृत्व गाँधी की इस ज़िद पर विभक्त है, या होने वाला है। क्या गाँधी कांग्रेस अध्यक्ष

को लुभाने या धमकाने का प्रयत्न कर रहे हैं, कि राजनीतिक स्थिति के इस नाजुक बिन्दु पर मेरे सहयोग के लिए इस मनु प्रकरण पर चुप रहो या मेरे साथ आओ? अन्यथा इस पर निर्णय करते हुए 'कांग्रेस अध्यक्ष के रूप में' निर्णय करने का ध्यान क्यों दिला रहे हैं?

उसी दिन, 24 फरवरी को प्यारेलाल को लिखे गाँधी के पत्र से सूचना मिलती है कि अखबार *हरिजन* से गाँधी का सम्बन्ध विच्छेद होने को है।[63] कारण मनु प्रसंग ही है। गाँधी लिखते हैं, ''मैं ज़रा भी चिन्तित नहीं हूँ। मैं मनु की मानसिक स्थिति के बारे में चिन्तित हूँ। यह एक दुःसह अनुभव है।''

यहाँ तक पहुँचकर यह सोचे बिना नहीं रहा जा सकता कि गाँधी के लिए मनु क्या प्रयोग-जंतु थी या निजी ज़रूरत की एक वस्तु भर? जिस तरह से उस कमज़ोर बालिका को अपनी ज़िद का विषय बनाकर गाँधी अपने परिवार, मित्रों और राष्ट्रीय राजनीति तक को क्षुब्ध स्थिति में डाल रहे हैं—क्या मनु की इसमें सहमति थी? क्या वह सहमति देने योग्य भी थी? कानूनन भी वह नाबालिग थी। फिर भी, क्या उसकी इच्छा को कोई स्थान भी गाँधी के कथित यज्ञ या निजी व्यवहार की ज़िद में था? अब तक जिन असंख्य पत्रों को हमने पढ़ा, उद्धृत किया है उनमें मनु के विचार या इच्छा को कहीं किसी हिसाब में ही नहीं लिया गया है। जबकि वह पूर्णतः अबोध बालिका नहीं थी। गाँधी के साथ लंबे समय से रहते हुए, उनके पत्र-व्यवहार में मदद करते हुए, तथा असंख्य लोगों, कार्यकर्ताओं के बीच विविध चर्चाएँ सुनते हुए वह 17 वर्षीया लड़की अपनी ही निजी स्थिति पर कोई विचार न रखती होगी, यह असंभव था। किन्तु गाँधी कभी उसे महत्त्व देने की सोचते तक नहीं। मनु के साथ गाँधी के सोने के इस सम्पूर्ण विवाद में गाँधी का सारा लेखन, वाचन केवल 'मैं' 'मेरा' विचार, धर्म, साधना, यज्ञ आदि का अनवरत जुलूस है। उसमें मनु के अपने विचार की कहीं गिनती ही नहीं है। यह किस पैमाने का अहंकार, लालसा और वैचारिक दोष है, इसका निर्णय सम्भवतः स्त्री-विचारकों को ही करना होगा।

ठक्कर बापा से वार्ता

मनु की अपनी भावना और विचार की गाँधी द्वारा उपेक्षा अन्ततः गाँधी को कितनी हास्यास्पद स्थिति में ले गई, यह इस प्रसंग के पटाक्षेप से पता चलेगा। पटाक्षेप का समय आ गया है। पर उसके पहले उन विविध महापुरुषों की चिन्ता और

विचार जानने का क्रम पूरा कर लें जो गाँधी की इस ज़िद पर व्यक्त हुई थी। अब तक स्वयं गाँधी द्वारा लिखे पत्रों की गवाही से ही अनेक महत्त्वपूर्ण लोगों की राय जान चुके हैं। अब ठक्कर बापा के प्रत्यक्ष विचार भी जान लें, जो मनु के साथ गाँधी के सोने वाले विषय पर ही बात करने के लिए 24 फरवरी 1947 को गाँधी के पास पहुँचे हैं। वह भी पास के ही किसी गाँव में सेवाकार्य करते रहे हैं। स्थान है नोआखली में ही हेमचर, जहाँ गाँधी और बापा की बातचीत होती है। बापा गाँधी से पहला प्रश्न सीधे पूछते हैं, ‘‘यह प्रयोग यहाँ क्यों?’’[64]

उत्तर में गाँधी ‘यहाँ, क्यों’ का सीधा उत्तर नहीं देते। बल्कि पहले वही सब बातें बोलते हैं जो अब तक कहीं न कहीं दुहराते रहे हैं, कि यह प्रयोग नहीं है, बल्कि मेरा यज्ञ है जिसे मैं किसी को खुश करने के लिए छोड़ नहीं सकता। कि ब्रह्मचर्य मेरे आध्यात्मिक जीवन के पाँच नियमों में एक नियम है, कि यहाँ पाँचों अन्तःसम्बन्धित और अन्तःनिर्भर हैं, कि एक भी छोड़ने से सत्य, अहिंसा और दूसरे भी टूटते हैं। कि यदि मैं ब्रह्मचर्य में ढिलाई करूँ तो यह मेरे सत्य के व्यवहार को भी दुर्बल करेगा। यह सब कहकर, ‘‘जब से मैं नोआखली आया, मैं स्वयं से पूछता रहा हूँ, ‘वह क्या चीज़ है जो मेरी अहिंसा को निष्प्रभावी बना रही है?’ इसका जादू काम क्यों नहीं करता? क्या ऐसा तो नहीं कि यह मेरे द्वारा ब्रह्मचर्य में ढिलाई का परिणाम हो?’’[65] यह उत्तर विचित्र और खतरनाक दोनों ही है। बाद में, इस प्रयोग या ‘यज्ञ’ का जो हुआ, वह देखते हुए हास्यास्पद भी। सरल शब्दों में इसका अर्थ है कि लोग गाँधी की सुन नहीं रहे हैं। हिंसा जारी है। यह ज़रूर गाँधी की कमी है, क्योंकि अहिंसा तो अमोघ है ही। (पता नहीं कब, किस आज़माइश से ऐसा निष्कर्ष निकला?) वह कमी गाँधी के ब्रह्मचर्य की हो सकती है। इसलिए उसे मज़बूत करो। मज़बूत करने के लिए मनु को निर्वस्त्र करके निकट सुलाओ, और आत्मनियन्त्रण बढ़ाओ। इस तरह गाँधी का ब्रह्मचर्य मज़बूत होकर, उनकी अहिंसा मज़बूत होगी, और सामाजिक शान्ति कायम हो जाएगी। यह कितना भी विचित्र क्यों न लगे, यदि मनु के साथ सोने के गाँधी ‘यज्ञ’ का कोई अर्थ किया जा सकता है, तो वह यही है। जिन्हें यह अविश्वसनीय लगे, वह स्वयं पिछले दो महीने के गाँधी के लेखन, वचन को पढ़कर इस की पुष्टि कर सकते हैं।

गाँधी के इस उत्तर की यही विचित्रता महसूस कर ठक्कर बापा उनसे कहते भी हैं, ‘‘दुनिया ब्रह्मचर्य को ऐसे नहीं देखती जैसे तुम कर रहे हो।’’ इसका सुपरिचित गाँधी उत्तर मिलता है कि दुनिया के नाखुश होने से जिसे मैं सही समझता हूँ,

वह छोड़ नहीं सकता। यदि मैं जीवन में वैसे चलता तो कहीं गढ्ढे में पड़ा होता। इसलिए–'मैं अपने वर्तमान प्रयास को एक यज्ञ–एक बलिदान, एक आत्मदंड मानता हूँ। इसका अर्थ है सर्वोच्च आत्म-शुद्धि। वह आत्म-शुद्धि कैसे हो सकती है जब मैं अपने मन में ऐसी चीज़ पर सोचूँ जिसे बाहर खुले में कर नहीं सकता? किसी को अपना सुविचारित कर्तव्य करने के लिए किसी की अनुमति की ज़रूरत है? वर्तमान स्थिति में (मेरे) मित्रों के लिए दो ही मार्ग हैं। या तो वे मेरी नीयत की शुद्धता, मेरी सचाई पर विश्वास करें, चाहे वे मेरे तर्कों को समझने या मुझसे सहमत होने में असमर्थ भी हों, या फिर वे मुझसे अलग हो जाएँ।''[66]

इस उत्तर को आगे जारी रखने से पहले यह स्मरण रखना आवश्यक है कि वास्तव में गाँधी ने अपने मित्रों को अभी तक कोई तर्क नहीं दिया है, सिवा यही एक दुहराव के कि यह मेरा यज्ञ है, मेरी नीयत खराब नहीं, और मुझ पर विश्वास करो। वस्तुतः किसी व्याख्या के अभाव के केवल ज़िद ने ही वह समस्या खड़ी की है जिस से मित्र गाँधी का बहिष्कार कर रहे हैं। और गाँधी सब के साथ इसी अन्दाज़ में बात करते हैं, मानो गाँधी ने अपने तर्क दे दिए हैं, जिनसे मित्र सहमत नहीं, और इसलिए वे साथ छोड़ना चाहें तो जाएँ। इसी रौ में गाँधी बापा को आगे कहते हैं, ''अ, ब, और स को जिस रास्ते जाना हो, जाएँ, मगर मैं अपना परीक्षण कैसे छोड़ सकता हूँ? मेरा निश्चय हो चुका है। भगवान की ओर बढ़ने के अकेले मार्ग में मुझे किसी साथी की ज़रूरत नहीं है।'' इसके बाद ऐसी ही तीन-चार भारी-भरकम पंक्तियाँ और हैं जिन से विश्वास नहीं होता कि मूलतः प्रश्न मात्र यह है कि मनु के साथ सोने की ज़िद या ज़रूरत पर गाँधी क्यों आमादा हैं!

ऐसी अप्रासंगिक पाँच-छः पंक्तियों के बाद गाँधी पुनः प्रसंग पर आते हैं, और अपने विचित्र तर्क-भंडार से एक महाविचित्र तर्क पेश करते हैं, ''हज़ारों हिन्दू और मुस्लिम औरतें मेरे पास आती हैं। वे मेरी अपनी माँ, बहनें और बेटियाँ हैं। मगर यदि कोई ऐसा अवसर आए कि मुझे उनमें से किसी के साथ एक ही बिछावन पर सोना पड़े तो मुझे एकदम हिचकना नहीं चाहिए, यदि मैं वह ब्रह्मचारी हूँ जैसा अपने को कहता हूँ। यदि इस परीक्षा से मैं घबराऊँ तो मैं एक कायर और मक्कार कहलाऊँगा।''[67] गाँधी द्वारा अहिंसा, ब्रह्मचर्य, धर्म आदि पर जो एक से एक विचित्र, अटपटी और हैरतअंगेज़ बातें कही गई हैं, यह उनमें पहली पंक्ति में रखी जाने लायक है। साधारण किसान और अनपढ़ ग्रामीण स्त्री एक

ऐसा 'अवसर' आने की बात पर अवाक् रह जाएगी। ऐसा कोई अवसर हो सकता है क्या कि आपको अपनी बहन, बेटी के साथ सोने की ज़रूरत आ पड़े। रेलवे प्लेटफार्म पर या तीर्थयात्रा के खुले मैदान या बाढ़-राहत तंबुओं में असंख्य आबाल-वृद्ध-नर-नारी सपरिवार एक साथ सोए ज़रूर नज़र आते हैं। पर यह क्या वही साथ सोना है जैसे गाँधी मनु, सुशीला, कंचन, आभा, प्रभावती आदि को अपने आवास में, एक बिस्तर पर सोने के लिए कहते हैं? किसी को 'अपने को गर्म करने के लिए', किसी को निर्वस्त्र होकर गाँधी के ब्रह्मचर्य की 'परीक्षा' के लिए? उस व्यवहार के बचाव के लिए एक काल्पनिक स्थिति गढ़कर महाविचित्र तर्क देना, जिसका वास्तविक प्रश्न से कुछ लेना-देना ही नहीं।

एक समस्याग्रस्त, ठोस विवाद को काल्पनिक लफ्फाज़ी से समटेने की आदत गाँधी में अपवादस्वरूप नहीं मिलती। ऐसा वह कई स्थलों पर, गंभीर मुद्दों पर भी करते मिले हैं। *हिन्द स्वराज* में भी चोर, डाकुओं को भी मारना-पीटना नहीं चाहिए, इसके लिए गाँधी ने तर्क दिया था, 'यदि तुम्हारा पिता तुम्हारे घर में चोरी करने आ जाए, तो क्या उसे मारोगे?' यह भी वैसी ही कठदलीली का उदाहरण है कि मनु को साथ सुलाने की अपनी ज़िद सही ठहराने के लिए गाँधी ने वैसा विचित्र, असम्भव परिदृश्य पेश किया है। कोई बहन, बेटी के साथ बिस्तर पर सोने के लिए कैसे विवश हो सकता है। वह ज़मीन पर सो जाएगा, बाहर चला जाएगा, बिना सोए रह लेगा, किसी मित्र, पड़ोसी के यहाँ एकाध रात सोने चला जाएगा। सामान्य जीवन में, पर्व-त्यौहार आदि में ऐसे अवसर आते हैं जब चारपाई कम हो और सोने वालों की संख्या अधिक हो जाए। पर जो दृश्य गाँधी उपस्थित करते हैं, न तो ऐसा कोई अवसर होता है, न ही गाँधी के सामने जो समस्या ऱखी गई है, उससे इसका कोई संबंध है। सारा विवाद उनके मनु को साथ सुलाने, वह भी नंगे सुलाने की ज़िद को लेकर है, जिसे गाँधी धर्म, यज्ञ, साधना आदि कहने के अलावा ऐसे विचित्र वायवीय शब्दजाल से भी उड़ाने की कोशिश करते हैं कि हैरत होती है।

सच तो यह है कि गाँधी के दुराग्रह, और बचाव में ऐसे ही घटाटोप प्रवचनों, दावों, उच्छ्‌वासों, नाराज़गी, उबाऊ दुहरावों आदि से निकट के लोग चुप भर हो जाते थे। सहमत शायद ही कोई होता था, क्योंकि हो ही नहीं सकता था। इसीलिए गाँधी के ऐसे कदमों के पक्ष में उनके समकालीन भक्त भी कोई सुसंगत बात कहते हुए नहीं मिलते। क्योंकि विवेक बुद्धि, सहज-बोध, तथ्य, तुलना, संगति,

अनुभव, परिणाम आदि ठोस आधारों पर गाँधी की बहुतेरी बातें अनर्गल प्रमाणित होती हैं।

गाँधी के सहयोगियों को भी इसका आभास था। वे चुप हो जाते थे, गाँधी के राजनीतिक कद के दबाव से। गाँधी स्वयं यह दबाव डालते थे जैसा बाल्कोबा तथा जे.बी. कृपलानी को लिखे पत्रों से झलकता है। यह कहना कि जिसे मेरी बात ठीक न लगे, वह साथ छोड़कर रास्ता अलग कर ले, वही दबाव है। आगे बापा तीसरा प्रश्न करते हैं, "क्या होगा अगर लोग तुम्हारे उदाहरण का अनुकरण करने लगें?" इसके उत्तर में गाँधी को क्या कठिनाई होनी थी! वह अनेक बार इसका उत्तर दे चुके थे, जिसका कोई पक्का अर्थ हो ही नहीं सकता था कि अंध-अनुकरण या बेईमानी भरा अनुकरण खराब है, और समाज को उसे स्वीकार नहीं करना चाहिए। पर यदि वह 'वास्तविक, सच्चा प्रयास' है तो समाज को उसका स्वागत करना चाहिए। "जैसे ही मेरा शोध पूरा होगा, वैसे ही पूरी दुनिया को उसका परिणाम बताऊँगा।" गाँधी इसके ग्यारह महीने बाद ही दुनिया से विदा हुए, और इस बीच कोई शोध-परिणाम प्रकाशित न हुआ। मगर वह शतायु भी होते तो कोई परिणाम आना संदिग्ध ही था। क्योंकि यदि पचास वर्ष से चल रहे ब्रह्मचर्य व्यवहार, और तत्सम्बन्धी प्रयोग करते रहने के बाद गाँधी दो-चार वाक्यों के सतत दुहराव के सिवा कुछ सुसंगत नहीं कह पाते थे, तो जाने किस 'शोध' का क्या परिणाम वह देते, यह अनुमान कठिन नहीं है।

यह ध्यान से हटना नहीं चाहिए, कि 'शोध-अध्ययन', 'साधना', 'यज्ञ', 'आत्म-शुद्धि', 'बलिदान', 'आत्म-दंड' जैसी भारी-भरकम धारणाओं का उपयोग इस छोटे-से स्पष्ट प्रश्न का उत्तर देने के लिए किया जा रहा है कि गाँधी मनु को अपने बिछावन पर साथ क्यों सुलाते हैं? और इतने विरोध के बावजूद इसे बंद क्यों नहीं करते? ठक्कर बापा फिर अन्त में गाँधी को कहते हैं, "मैं तो तुम में किसी नीच बात की कल्पना नहीं कर सकता। आखिरकार, मनु तुम्हारे लिए पौत्री के समान है।" बापा यह भी कहते हैं। कि इस बातचीत के बाद वह आश्वस्त हैं कि गाँधी अपने प्रयत्न में कोई गहरा अर्थ रखते हैं। पर गाँधी दार्शनिक उदासीनता के साथ इस पर बल देते हैं कि मनु का पौत्री समान होने से कोई अन्तर नहीं पड़ता—कि उनके लिए तो सभी लड़कियाँ उनकी बेटियों समान हैं।

यहाँ फिर महसूस होता है कि गाँधी अलग-अलग लोगों से अलग कोण से दलील या अपील करते हैं। यदि मनु का पौत्री समान होने से कोई अन्तर

नहीं पड़ता तो ऊपर कई लोगों को (जैसे, देखें 18 फरवरी 1947 को मणिलाल देसाई को लिखा पत्र) गाँधी बल देकर क्यों समझा रहे थे कि वह मेरी पौत्री है, इसलिए मानो कि मैं कुछ गलत नहीं कर रहा हूँ? कहा जा सकता है कि जिस पर जो दलील कारगर हो, गाँधी वह प्रयोग कर रहे थे। लेकिन इससे सिद्धान्त या प्रयोग का प्रश्न अनुत्तरित रह जाएगा। तब मुख्य बात यह सामने आएगी कि गाँधी किसी तरह आलोचनाओं, आपत्तियों को शान्त करने की कोशिश कर रहे थे। उसमें किसी दर्शन या धर्म का प्रतिपादन नहीं था। क्योंकि धर्म या दर्शन या सिद्धान्त की बातें मुँह देखकर नहीं की जातीं। उसमें एक ही बात कही जाती है, चाहे सामने वाला व्यक्ति समझे या नहीं, माने या नहीं।

ठक्कर बापा से इस बातचीत के दो-तीन दिन बाद ही गाँधीजी का नोआखली दौरा समाप्त हो जाता है। वह बिहार चले जाते हैं, जहाँ से मुसलमानों पर हिन्दुओं के अत्याचारों की खबरें लगातार आ रही थीं। विविध मुस्लिम नेताओं की ओर से गाँधीजी से अपील की जा रही थी कि वहाँ आएँ और राज्य (कांग्रेस) सरकार पर दबाव डालें कि वह कुछ और करे, आदि। यह प्रश्न फिर मन में उठता है कि नोआखली के 'करो या मरो' का क्या हुआ? गाँधी ने कहा था कि या तो नोआखली में सामुदायिक सद्भाव स्थापित करेंगे या जान दे देंगे। कि यह उनकी 'अहिंसा की परीक्षा' है, आदि। 3 मार्च 1947 को कलकत्ता में यू.पी.आई. को इंटरव्यू में गाँधी जो कहते हैं उससे नहीं लगता कि नोआखली में उन्हें सफलता मिली। यह वे ज़रूर कहते हैं कि बिहार से वापस फिर नोआखली आएँगे। पर 11 मार्च को पटना से बी.जी. खेर को लिखे पत्र में गाँधी लिखते हैं, "मैं नहीं समझता कि मैं यहाँ से निकट भविष्य में कहीं जा सकता हूँ। यहाँ तो 'करो या मरो' की स्थिति है।" पता नहीं कितने अवसरों पर गाँधीजी ने ऐसे निर्णायक वक्तव्य दिए, और उन्हें अधूरा छोड़ या भूल कर दूसरे कार्य में लग गए। अतः फिर वह नोआखली गए या नहीं, यह हम ने खोजने की कोशिश नहीं की।

मनु के साथ प्रयोग का अन्त

यहाँ हमारे प्रसंग में उल्लेखनीय यह है कि नोआखली प्रवास खत्म होते-होते मनु प्रसंग से जुड़ा यह विवादास्पद व्यवहार भी संयोगवश बन्द हो गया। हालाँकि उससे जुड़ा विवाद चलता रहा। पटना से 10 मार्च 1947 को विनोबा भावे को लिखे पत्र में गाँधी सूचना देते हैं, "आजकल मनु मेरे साथ नहीं सोती। यह उसकी

अपनी इच्छा है और यह सब (ठक्कर) बापा के एक दयनीय पत्र के कारण हुआ।"[68] इन पंक्तियों से ठीक पहले गाँधी यह भी लिखते हैं कि वे विनोबा की बात से सहमत नहीं है। अर्थात्, मनु के साथ सोने वाले प्रश्न पर विनोबा भी गाँधी के साथ नहीं आए। उसी दिन किसी और को लिखे पत्र में, जिसमें सम्बोधित व्यक्ति का नाम नहीं दिया गया है (गाँधी, *कलेक्टेड वर्क्स,* खंड 94, पृ. 91), पर वह कोई अन्तरंग व्यक्ति है (सम्भवतः सुशीला नायर, क्योंकि उसमें एक ऐसा मुहावरा है जो गाँधीजी ने सुशीला को लिखे कई पत्रों में प्रयोग किया है, पर यह अनुमान भर है)। इसमें गाँधी लिखते हैं, "...मुझे त्याग देता है तो त्याग दे, यदि मैं अधर्म को धर्म कहने लगा हूँ।" यहाँ भी नाम मूल में ही हटाया हुआ है। पर ऊपर कई बार यह बातें मनु के साथ सोने वाले प्रसंग में ही आई हैं। यहाँ गाँधी को 'त्यागने' वाले या तो किशोरलाल या देवदास हो सकते हैं, क्योंकि गाँधी के पहले के पत्रों में उन दिनों के बारे में लिखा जा चुका है कि वे इसी प्रसंग में गाँधी द्वारा अधर्म को धर्म कहने का आरोप लगा रहे थे। पत्र में आगे लिखा है कि गाँधी का विश्वास दृढ़ हुआ है, मगर कौन जाने यह गाँधी की सुबुद्धि है या दुर्बुद्धि? आदि।

किन्तु विनोबा को लिखे 10 मार्च वाले पत्र में ध्यान देने की बात यह है कि मनु के साथ सोने वाली 'साधना' बन्द होने से गाँधी कुछ रुष्ट हैं। 'बापा' के 'दयनीय पत्र' को दोषी के रूप में रखने से यही भाव निकलता है। यह और बात है कि गाँधीजी ने मनु या बापा को ऐसा नहीं जताया था।

हेमचर में 24 फरवरी 1947 को ठक्कर बापा से हुई गाँधीजी की बातचीत के बाद ही मनु के साथ गाँधी के सोने की आदत आकस्मिक रूप से स्थगित हो गई! इस रूप में, कि गाँधी की अब तक की सारी भारी-भरकम बातें बचकानी और हास्यास्पद हो कर रह गईं। हुआ यह कि बातचीत गाँधी जी के अस्थायी निवास पर हो रही थी, जहाँ अपनी नोआखली यात्रा के दौरान उस समय गाँधी ठहरे हुए थे। मनु वहीं थी। लंबे समय से वह देख, सुन रही थी कि गाँधीजी के साथ उसके सोने को लेकर कितना विवाद, टीका-टिप्पणी, विरोध और बहिष्कार तक हो रहे हैं। स्वयं निकट सहयोगियों, परिवारजनों में कितनी चिन्ता और क्षोभ है, यह सब वह जानती ही थी। उस दिन बापा और बापू की बातचीत भी वह सुन रही थी। बापा ने गाँधीजी को पत्र भी लिखा था, जिसमें उन्होंने इतने तीव्र विरोध को देखते हुए गाँधी से आग्रह किया था कि कम-से कम कुछ दिन के

लिए वह इस 'प्रयोग' को स्थगित कर दें। तब एकाएक मनु को भी कुछ मन में आया और उसने गाँधीजी से कहा कि क्यों नहीं बापा का यह अनुरोध मान कर साथ सोने वाले व्यवहार को स्थगित कर दें, यदि गाँधी को कोई आपत्ति न हो तो। गाँधीजी के पास कोई उपाय न बचा। वह मान गए। इस तरह वह विवादास्पद व्यवहार स्थगित हो गया![69]

अब तक इस स्थगन के विरोध का गाँधी का मुख्य तर्क यही था कि इससे साबित होगा कि अब तक वे गलत कर रहे थे। मगर यह मनु द्वारा प्रस्तावित कर देने के बाद गाँधी के समक्ष कोई चारा न रहा। अब यदि वह ज़ोर देते कि मनु को गाँधी के साथ ही सोना चाहिए तो वह स्वतः भयंकर अपराध की श्रेणी में जाता। अपनी 'यज्ञ'-निष्ठा में भी गाँधी यह महसूस किए बिना नहीं रह सकते थे। हालाँकि प्रश्न फिर उभरते हैं। क्या गाँधी जिसे अपनी साधना, यज्ञ, तथा ब्रह्मचर्य को एवं इस प्रकार अहिंसा को सबल बनाना, आदि कह रहे थे, क्या वह मनु के साथ सोने से ही जुड़ा था, या किसी भी लड़की के साथ? उनके तर्कों से तो यही निकलता कि किसी भी लड़की या स्त्री के साथ। कई लोगों को वह कह ही चुके थे, कि मनु का पौत्री समान होना महत्त्वपूर्ण नहीं है। वह लाखों स्त्रियों के साथ मानसिक रूप से रोज़ सोते थे। तब तो वह परीक्षण या यज्ञ किसी दूसरी लड़की के साथ भी हो ही सकता था। विशेषकर जब वह गाँधी के लिए इतना महत्त्वपूर्ण था। फिर गाँधी ने उस यज्ञ को अधूरा कैसे छोड़ दिया? इस तरह, अब तक के अपने सारे तर्कों को उन्होंने स्वयं झुठला कर रख दिया।

अपना जो व्यवहार बन्द नहीं करने के लिए गाँधी सतत रूप से इतने भारी-भरकम दावे कर रहे थे, वह स्वयं मनु के सुझाव से बन्द हो गया। तब उस 'यज्ञ','धर्म', 'साधना' आदि का क्या हुआ, जिसे गाँधी मनु के साथ सोने को अनिवार्य रूप से जोड़े हुए थे? वह साधना खंडित हो गई, या ब्रह्मचर्य व्यवहार भंग हो गया, अहिंसा ध्वस्त हो गई, शोध अधूरा रह गया—ऐसा कुछ तो बाद में गाँधी को कहते नहीं देखा गया। उनका जीवन, कार्य, प्रवचन और विविध कार्यक्रम यथावत् चलते रहे। कहीं इसका संकेत तक नहीं कि मनु के साथ सोना स्थगित हो जाने से कोई हानि हुई हो। तब वह दलीलें, बल्कि एक ही दलील का अनन्त दुहराव क्या था? जिस में कांग्रेस के शीर्ष-नेतृत्व एवं अपने पुत्रों समेत कइयों को कहा गया था कि चाहे वे अपने रास्ते अलग कर लें, पर गाँधी मनु के साथ सोने से जुड़ा अपना 'धर्म' नहीं छोड़ सकते?

यह हमारे लिए भले ही प्रश्न है, पर गाँधी के सहयोगियों, परिवारजनों आदि के लिए नहीं हुआ था। क्या इसीलिए कि उन्होंने गाँधी की दलील को कभी गम्भीरता से नहीं लिया? इसलिए किसी भी कारण मनु के साथ सोना बन्द होने के बाद बात खत्म समझी गई। ऐसा पहले भी हुआ था। तो क्या गाँधी की कुछ भारी-भरकम बातों को निकट के लोग उनकी सनक के रूप में लेते थे? जिस का कुछ किया नहीं जा सकता। जैसे घर के किसी बुजुर्ग की विचित्र माँग को लोग किसी सिद्धान्त का प्रश्न नहीं मानते, चाहे वह स्वयं कितना ही उस पर ज़ोर दे। गाँधीजी की कई बातों, आग्रहों और दावों को निकट के लोग उसी तरह लेते थे। ऐसा वे नासमझी में नहीं, बल्कि समझ-बूझ कर करते थे। यह अकारण नहीं कि गाँधी के ब्रह्मचर्य 'प्रयोग' या सिद्धान्त-व्यवहार पर ही सब से कम लिखा, बोला जाता है। गाँधी के आज के भक्तों को भी आभास है कि इसमें कहने-सुनने के लिए कुछ विशेष नहीं है। जो है, वह गाँधी की महानता और गरिमा को बढ़ाने में सहायक नहीं। इसलिए, इस फसाने को छोड़ना अच्छा!

किन्तु हमें कुछ और दूर तक गाँधी के वक्तव्यों को देखना होगा। क्योंकि मनु का साथ सोना बंद होने से उससे जुड़े प्रश्न भी खत्म नहीं हो गए थे। कुछ निकटवर्ती सहयोगियों ने उस पर गाँधी से सवाल-जबाव जारी रखा। उनमें महत्त्वपूर्ण लोग थे, इसीलिए गाँधी उन्हें समय भी देते थे। वैसी कुछ बातचीत और पत्र-व्यवहार में गाँधी ब्रह्मचर्य पर कुछ और बातें कहते हैं, जिनका आकलन कर लेना उपयुक्त है। वह बातें मनु प्रसंग को ही केन्द्र में रख कर की गई हैं।

कटघरे में गाँधी

स्वामी आनन्द और केदारनाथ गाँधी से इस विषय पर गंभीर चर्चा करने के लिए विशेष रूप से पटना गए थे। यह चर्चा दो दिन, 15-16 मार्च 1947, चली। दूसरे दिन, 17 मार्च को गाँधीजी सरदार पटेल को पत्र में इसकी सूचना भी देते हैं, ''नाथजी और स्वामी आए थे। लम्बी चर्चा हुई। वे आपको लिखेंगे।'' यह लम्बी चर्चा गाँधी से मनु के साथ सोने के प्रकरण पर ही केन्द्रित थी। इसे चर्चा नहीं, कठोर जिरह कहना उपयुक्त होगा, जिसमें गाँधी अभियुक्त के कटघरे में खड़े थे। चाहे उत्तर देते हुए गाँधी में लेनिन वाला अहंकार था। (जब लेनिन की अपनी ही पार्टी की अदालत में औपचारिक पेशी हुई थी, कि वे पार्टी की अंदरूनी बहस में उनसे असहमत साथियों के प्रति विषैली भाषा का प्रयोग करते हैं। उद्धत अंदाज़

में जबाव देते हुए लेनिन ने पार्टी जजों को भी धमकाते हुए कहा था कि मैं किसी को कायल करने के लिए बहस नहीं करता, बल्कि इसलिए करता हूँ कि उसे ध्वस्त कर दूँ। इसलिए कामरेड जजो, आप भी फैसला देने से पहले सोच लो कि विषैले हथियार से कोई नई लड़ाई लड़नी है क्या? यह मार्च 1907 की बात है, जब लेनिन के हाथ में रूस की सत्ता भी नहीं आई थी। (लेनिन, *'स्पीच फॉर द डिफेंस...डेलिवर्ड एट द पार्टी ट्रिब्यूनल', कलेक्टेड वर्क्स,* खंड 12, मास्को, 1987, पृ. 424-32)

देखिए, अपनी निकट-मंडली में गाँधी को किन प्रश्नों का सामना करना पड़ा था। पटेल को लिखे गाँधी के पत्र में स्पष्ट आभास मिलता है कि स्वामी आनन्द और केदारनाथ गाँधीजी की निकट मंडली के थे और सब के प्रतिनिधि के रूप में आए थे। दो-तीन दिन चली यह बातचीत एकदम निजी थी, जिसे उस समय सार्वजनिक नहीं किया गया था। इससे मामले की गम्भीरता का पता चलता है। मनु के साथ गाँधी के सोने वाले प्रकरण पर वे दोनों पहला ही प्रश्न पूछते हैं, ''जैसा आपका तरीका रहा है, यह नया अभ्यास आरम्भ करने से पहले आपने अपने सहयोगियों को क्यों नहीं बताया? यह गोपनीयता क्यों?''[70]

गाँधीजी का उत्तर, ''कोई इरादतन गोपनीयता नहीं थी। सब कुछ संयोगवश हुआ। इस कार्य की प्रकृति को ही देखते हुए मित्रों से पहले विमर्श की बात छोड़ दी गई। फिर, मैंने पहले सहमति ले लेना आवश्यक समझा। मगर साथ ही मैं समझता हूँ कि अभ्यास के आरम्भ के साथ ही इस पर वैचारिक आदान-प्रदान कर लेना चाहिए। यदि मैंने वह कर लिया होता तो आज यह समस्या और हंगामा नहीं हुआ होता। यह एक बड़ी भूल हुई। मैं सोच ही रहा था कि इसके लिए क्या समुचित आत्मदंड हो, जब ठक्कर बापा आए। बाकी तो आप जानते ही हैं।''[71]

अगले प्रश्न और उत्तर पर जाने से पहले इस प्रश्न और उत्तर के महत्त्व को देख लेना ज़रूरी है। इससे हमें पहली बार पता चलता है कि गाँधी के मनु के साथ यह 'अभ्यास' किसी को बिना बताए किया था। इसी में यह नई बात भी कहीं मिलती है कि यह आरम्भ हो जाने के बाद भी मित्रों को इस पर विचार-विमर्श न करने देना गाँधी अपनी 'गम्भीर भूल' मानते हैं, और कि ठक्कर बापा के आने (24 फरवरी 1947) से पहले वे इसका प्रायश्चित्त सोच रहे थे। फिर बापा आए, और उन के सुझाव के मुताबिक अभ्यास स्थगित ही हो गया। किन्तु इस उत्तर के साथ गाँधी की सत्यनिष्ठा पर एक सीधी छाया पड़ती है।

क्योंकि दूसरे ही दिन, 17 अगस्त को निर्मल बाबू को लिखे पत्र के अन्त में गाँधी साफ लिखते हैं कि इस अभ्यास में कुछ नया नहीं था, इसलिए किसी को पहले से बताने जैसा कोई कारण ही न था। यह बात स्वामी और नाथ जी से मानी गई 'गम्भीर भूल' के साथ बैठती नहीं है।

दूसरे, गाँधी किसी 'प्रायश्चित्त' पर सोच ही रहे थे कि ठक्कर बापा आ गए, और उनकी सलाह से अभ्यास बन्द हो गया—यह भी सचाई से मेल नहीं खाता। क्योंकि बापा को उत्तर देते हुए गाँधी कहीं ऐसा आभास नहीं देते कि वह अभ्यास स्थगित कर सकते हैं। बल्कि तब तक गाँधी का सम्पूर्ण बचाव इसी बिन्दु पर केन्द्रित था कि स्थगन का मतलब होगा, मैंने पहले गलत किया, 'इसलिए उसे स्थगित कैसे कर सकता हूँ। यही बात ठक्कर बापा को भी कही गई थी, कि किसी को तुष्ट करने के लिए मैं जिसे अपना 'धर्म समझता हूँ, वह कैसे छोड़ दूँ, आदि। फिर, ऊपर हम देख चुके हैं, कि मनु के साथ सोने वाला अभ्यास मनु के प्रस्ताव पर स्थगित हुआ, उसमें गाँधी के किसी मनोभाव या ठक्कर बापा की बातचीत से गाँधी पर पड़े किसी प्रभाव का हाथ न था। 10 मार्च को विनोबा भावे को लिखे पत्र में भी इसकी झलक है कि गाँधी उस अभ्यास के बन्द होने से रुष्ट-से हैं और बापा के लिखे किसी पत्र को इसका दोषी जैसा बता रहे हैं। यह दोनों तथ्य स्वामी और नाथजी को दिए जा रहे उत्तर से बिलकुल मेल नहीं खाते।

स्वामी और नाथजी आगे कहते हैं, कि गाँधीजी ने मनु के साथ वह अभ्यास करके 'अपूरणीय हानि' की है, क्योंकि इससे उस नैतिक व्यवस्था के आधार को कमज़ोर किया गया जिस पर समाज स्थित है। जबकि उस अभ्यास से "कोई लाभ हुआ नहीं दिखता, जो स्थापित परम्परा को तोड़ने को उचित ठहरा सके। आप की इस पर क्या सफाई है? हम आपको नीचा दिखाने की कोशिश नहीं कर रहे हैं, बल्कि समझना चाहते हैं।"[72]

इसके उत्तर में गाँधी ठोस उत्तर देने के बदले सामान्य वक्तव्य देते हैं कि यदि कोई परम्परा की लकीर पर चलता रहे तब तो कोई प्रगति सम्भव ही नहीं होगी—कि परम्परा के लौह-बंधनों में जकड़े रहने से ही हम हारे हैं—कि मेरे मत में ब्रह्मचर्य के बारे में परम्परागत दृष्टि अपर्याप्त और दोषपूर्ण है। पारम्परिक बातों को मानने से सच्चा ब्रह्मचर्य पाया ही नहीं जा सकता। जैसा स्पष्ट दिखता है, इसमें उस प्रश्न का कोई उत्तर नहीं कि मनु के साथ वह अभ्यास करने से लाभ क्या हुआ?

उसके बदले गाँधी परम्परा बनाम प्रगति पर सामान्य वक्तव्य देकर एक नई बात कहते हैं, जो हमारे आकलन में अभी तक नहीं आई थी। गाँधी कहते हैं कि वे दक्षिण अफ्रीका में बीस वर्ष तक पश्चिमी दुनिया के निकट सम्पर्क में रहे। सेक्स के सम्बन्ध में हैवलॉक एलिस, बर्ट्रेंड रसेल, आदि पश्चिमी विद्वानों के विचारों का अध्ययन किया। वे लोग बड़े, सम्मानित और अनुभवी चिन्तक हैं। उनके कुछ विचारों को गाँधी ने पसन्द किया। साथ ही, "मैं पश्चिम में बहुतेरे स्त्री-पुरुषों से सम्पर्क में आया जो पारम्परिक मान्यताओं को नहीं मानते किन्तु पवित्र जीवन जीते हैं। मेरा शोध कुछ उसी दिशा में है।"[73] यहाँ गाँधी स्पष्टतः स्वीकार करते हैं कि वे सेक्स सम्बन्धी विषयों पर पश्चिमी सुधारकों से प्रभावित हैं, और मनु के साथ किया गया अभ्यास उसी दिशा में किया गया 'शोध' था।

यहाँ सहज प्रश्न उठता है, तब गाँधी अपने शोध को ही यज्ञ कह रहे थे? मगर उन्हें क्या अधिकार था कि सेक्स और पवित्र जीवन सम्बन्धी अपनी सुधारवादी खोज या प्रयोग को 'यज्ञ' जैसा आध्यात्मिक नाम दें? विशेषकर जब कि इसी विषय पर उन्होंने भारतीय मनीषा का अध्ययन नहीं किया। उन्होंने इस विषय पर केवल पश्चिमी विद्वानों के विचारों का हवाला दिया जो 'बड़े, प्रतिष्ठित और अनुभवी' थे। क्या भारतीय मनीषा में अनुभवी और प्रतिष्ठित चिन्तक नहीं हुए? वात्स्यायन का *काम-सूत्र* तो क्लासिक रचना है। उसका अध्ययन गाँधी को क्यों ज़रूरी नहीं लगा, यह एक अलग प्रश्न है। पर पाम्परिक नैतिक व्यवहार को तोड़ते हुए मनु के साथ अपने सोने सम्बन्धी 'रीसर्च' को 'यज्ञ' कहना क्या सामान्य भारतीयों को चुप करने का एक तरीका नहीं था? हम ने पहले भी देखा था कि गाँधी मनु के साथ सोने वाले प्रसंग में 'यज्ञ', 'साधना', 'कर्तव्य', 'धर्म' आदि शब्दों का पर्यायवाची जैसा प्रयोग करते रहे हैं।

अपने को सुधारक कहते हुए गाँधी आगे कहते हैं, "सुधारक तब तक प्रतीक्षा नहीं कर सकता जब तक कि दूसरे लोग उसके मत में मतान्तरित न हो जाएँ। उसे सार्वभौमिक विरोध के बावजूद अकेले आगे बढ़ना होगा। मैं ब्रह्मचर्य की उस वर्तमान परिभाषा को अपने अवलोकन, अध्ययन और अनुभव से जाँचना, विस्तृत करना और संशोधित करना चाहता हूँ, जिस की आप कसम खाते हैं। इसलिए जब भी कोई अवसर मिलता है मैं इससे कतराता नहीं, या भाग नहीं खड़ा होता। बल्कि मैं इसे अपना धर्म समझता हूँ कि उसका सामना करूँ और देखूँ कि यह कहाँ पहुँचता है और मैं कहाँ खड़ा हूँ। मैं यह नहीं कहता कि कामेच्छा मुझ में

पूरी तरह खत्म हो गई है। पर मेरा दावा है कि मैं उसे नियन्त्रण में रख सकता हूँ।''[74] यह 78 वर्ष के गाँधी कह रहे हैं, और इसे अपनी उपलब्धि या विशेषता के रूप में रख रहे हैं कि वे कामेच्छा को नियन्त्रण में रख सकते हैं। कोई सामान्य भारतीय ग्रामीण यह सुनकर चकित रह जाएगा, कि इस आयु में ऐसा कहने वाले पर हँसे या रोए।

इस बयान में गाँधी फिर नई बात कहते नज़र आते हैं, जो अब तक कितने ही लोगों द्वारा बार-बार पूछे जाने पर भी नहीं कही थी। बल्कि पुनः अन्तर्विरोध झलकता है। पहले कितने ही पत्रों में वह ज़ोर देकर कह चुके हैं, कि मनु के साथ सोना प्रयोग नहीं था। लेकिन अभी-अभी मनु प्रसंग पर पूछे गए कठोर प्रश्न के उत्तर में अपनी 'सुधारक' क्रिया बयान करते जो कहते हैं, 'ब्रह्मचर्य की परिभाषा को अपने अवलोकन, अध्ययन और अनुभव से जाँचना—यह प्रयोग के सिवा और कुछ नहीं हो सकता। तब मनु भी प्रयोग-जंतु के सिवा कुछ नहीं रह जाती, क्योंकि वह अबोध तो इतनी बड़ी-बड़ी बातों की कल्पना भी नहीं कर सकती थी।

क्या एक अकेली, दुर्बल, नाबालिग बालिका का साथ मिलना ही वह 'अवसर' था जिस की घोषणा उक्त उत्तर में गाँधी कर रहे हैं? नोआखली में हिन्दू-मुस्लिम दंगों के सन्दर्भ में वे अहिंसा का निर्णायक उपयोग करने गए थे। वहाँ उनपर बर्ट्रेंड रसेल की तरह सेक्स पर समाज के सुधारक बनने का अवसर या भार कहाँ से आ गया, कि वे ठसक से कह रहे हैं, ''जब भी कोई अवसर मिलता है मैं इस से कतराता नहीं, या भाग नहीं खड़ा होता। बल्कि मैं इसे अपना धर्म समझता हूँ कि उसका सामना करूँ और देखूँ कि यह कहाँ पहुँचता है और मैं कहाँ खड़ा हूँ।''[75] यह भी गाँधी के अधिक विचित्र तर्कों में एक है। मानों नोआखली में उन्हें किसी ने चुनौती दी थी कि मनु के साथ सोकर, ब्रह्मचर्य की परिभाषा विस्तृत करके दिखाओ! यह भी विशिष्ट गाँधी शैली है, कि अपनी स्वेच्छा से चुने गए अटपटे कार्य के लिए भी दूसरों को कारक ठहराओ।

केदारनाथ और स्वामी आनन्द अगला प्रश्न पूछते हैं, जो वही बात है जो अभी हमने भी महसूस किया, ''हम इस से अवगत नहीं कि आपने पहले इस तरह की बातें लोगों के समक्ष रखी हों। उलटे हम तो आपको अपनी बातें सार्वजनिक रूप से रखने वाले के रूप में ही जानते हैं। इस पर आप क्या कहेंगें?'' इसके उत्तर में गाँधी कहते हैं कि मैं पारम्परिक होने के साथ-साथ आधुनिक विचारों से भी प्रभावित हूँ। फिर स्वामी और नाथजी पर आरोप-सा लगाते कहते हैं, ''आप

लोग पुरानी परम्परा में पले-बढ़े हैं। मेरी परिभाषा से आप सच्चे ब्रह्मचारी नहीं हैं। आप बीमार पड़ जाते हैं, आप रोग-व्याधियों से पीड़ित होते हैं। मेरा दावा है कि मैं आप लोगों में किसी से भी बेहतर ब्रह्मचारी हूँ।''[76] इस आत्म-प्रशंसा में ब्रह्मचर्य की एक अजीब पहचान भी जुड़ी है कि जो स्वस्थ रहता है, वह ब्रह्मचारी होगा, और अस्वस्थ रहने वाला ज़रूर ब्रह्मचर्य विहीन है।

इसके बाद उसी साँस में गाँधी ब्रह्मचर्य और ब्रह्मचारी की अपनी धारणा निरूपित करते हैं, ''आपके लिए सत्य, अहिंसा, अस्तेय, आदि कोई गम्भीर चीज नहीं है। बस स्त्री-पुरुष सम्बन्ध में किसी काल्पनिक भूल से भी आप पूरी तरह परेशान हो जाते हैं। ब्रह्मचर्य की इस धारणा को मैं संकीर्ण, जड़ और प्रतिगामी समझता हूँ। मेरे लिए सत्य, अहिंसा और ब्रह्मचर्य सभी बराबर महत्त्व के आदर्श हैं। इन सबके लिए हमें समान प्रयत्न करना चाहिए, और इनमें से किसी में भी कोई भूल मेरे लिए समान चिन्ता की बात है। मैं मानता हूँ कि मेरा व्यवहार ब्रह्मचर्य के सच्चे आदर्श से किसी तरह भिन्न नहीं है। इसके विपरीत ब्रह्मचर्य को केवल यह करने एवं वह न करने की आदेश सूची में बाँध देना जो आज हमारे बीच प्रचलित है, उसका समाज पर बुरा प्रभाव पड़ा है। इससे आदर्श गिरा है और उसका सारतत्व खत्म हो गया। यह मेरा सर्वोच्च कर्तव्य है कि मैं इन गलत धारणाओं और वर्जनाओं को उचित जगह पहुँचाऊँ और वास्तविक आदर्श को बँधन से मुक्त करूँ।''[77]

अन्त में स्वामी और नाथजी भी चुनौती भरे प्रश्न पूछते हैं, ''यदि आपका तरीका और व्यवहार वास्तविक ब्रह्मचर्य के विकास के लिए इतना ही उन्नत है, तब आपके आस-पास के वातावरण में इसका अच्छा प्रभाव दिखाई क्यों नहीं पड़ता? क्यों हमें आपके चारों ओर (निकट सहयोगियों, सेवकों में) इतनी अशान्ति और अप्रसन्नता दिखाई पड़ती है? आपके साथ रहने वाले भावनात्मक रूप से इतने उखड़े हुए-से क्यों हैं?''[78] यह सचमुच मारक प्रश्न थे, किन्तु अनुभवी राजनीतिक गाँधी के लिए इससे कोई समस्या होने वाली न थी। वह आराम से प्रश्न को दूसरी दिशा में मोड़कर कहते हैं, ''मैं अपने सहयोगियों की कमी और खूबियों को अच्छी तरह जानता हूँ। आप उन के दूसरे पहलू को नहीं जानते। आप सतही अवलोकन में जल्दबाज़ी में निष्कर्ष निकालते हैं जो सत्याग्रही के लिए अनुचित बात है।'' यह उत्तर प्रश्न की सचाई से इंकार नहीं करता, केवल उससे ध्यान हटाने भर का काम करता है।

इस बातचीत या जिरह के अन्त में स्वामी और नाथ जी कहते हैं कि "हम नहीं कह सकते कि आपकी बातों से हम कायल हुए। बल्कि हम दुःखी हैं। हम इस मामले को ऐसे ही नहीं छोड़ सकते। यदि आप आगे भी ऐसा कुछ करने की सोचें जो मान्य नियमों के विरुद्ध हो, तो अपने दुःखी मित्र-परिजनों के बारे में भी सोचें।"[79] इसके उत्तर में गाँधी कहते हैं कि "जब मैं कर्तव्य से स्वयं को प्रेरित महसूस करूँ, तब मैं क्या कर सकता हूँ?"

इस लम्बी वार्ता के दूसरे दिन, 17 मार्च 1947 को गाँधी निर्मल बाबू को पत्र लिखते हैं, जो मनु प्रसंग और उस पर नाथजी और स्वामी से हुई वार्ता से अभिन्न रूप से जुड़ा हुआ है। यह इसलिए भी महत्त्वपूर्ण है, कि इसी के बाद प्रोफेसर निर्मल कुमार बोस भी गाँधीजी की सेवा छोड़कर चले जाते हैं। यह मनु प्रसंग पर सैद्धान्तिक मतभेद है, और एक प्रबुद्ध गाँधी-भक्त का है। निर्मल बाबू कितनी दूर तक गाँधी के साथ थे, और कितने सुसंगत रूप से इस प्रकरण में अपने अवलोकन से गाँधी के आचरण के दोषपूर्ण हिस्से को रेखांकित करते हैं, यह दोनों ही देखने और विचारने की चीज़ होगी। किन्तु पहले गाँधी का पत्र, जो निर्मल बाबू द्वारा लिखे पत्र के उत्तर में है। हुआ यह था कि केदारनाथ और स्वामी ने गाँधी जी के निकट सेवकों से भी मनु प्रसंग पर पूछा था। निर्मल बाबू ने उन्हें जो कहा था उसी की एक प्रति गाँधीजी को भी दी। उसी पर गाँधी का रोष-भरा पत्र है, जो पटना से मसौढ़ी जाते हुए ट्रेन में लिखा गया था, जब निर्मल बाबू सामने ही बैठे हुए थे।

गाँधी जी निर्मल बाबू को : "तुम्हारा पत्र गलत और मनमानी बातों से भरा हुआ है। मैंने तुम से पहले ही कहा था कि पहले मुझ से बात कर लेना। तुम वह नहीं कर सके। परिणाम बुरा हुआ।...मैं उसे ब्रह्मचर्य नहीं मानता जिस का मतलब किसी स्त्री को न छूना है। मैं जो आज कर रहा हूँ वह मेरे लिए कुछ नया नहीं है। जहाँ तक मैं स्वयं को जानता हूँ, मेरा विचार आज भी वही है जो 45 वर्ष पहले था जब मैंने (ब्रह्मचर्य का) व्रत लिया था।...मेरे लिए ब्रह्मचर्य वह विचार और व्यवहार है जो किसी को असीम से जोड़ता है और उसकी (भगवान की) उपस्थिति तक ले जाता है। इस अर्थ में दयानन्द सरस्वती ब्रह्मचारी नहीं थे।"[80] यह एक विचित्र और अवांछित टिप्पणी है जो महान कर्मयोगी तथा समाज सुधारक स्वामी दयानन्द पर कर दी गई है। पर गाँधी के जीवन में आत्म-प्रशंसा और दूसरों की, बड़े-बड़े महापुरुषों तक की मनमानी, क्षुद्र आलोचना करना, यह दोनों ही प्रायः मिलने वाली चीज़ है।

वहीं आगे लिखा है, "मैं भी नहीं हूँ। मगर मैं उस स्थिति तक पहुँचने का प्रयास कर रहा हूँ और मेरा विश्वास है कि मैंने उस दिशा में बड़ी प्रगति की है।...चाहे मैं तुम्हें और दूसरों को कितना ही नंगा दिखता हूँ। तुमने अ, ब और स के साथ न्याय नहीं किया है।" [81] यहाँ पात्रों के वास्तविक नाम न देकर संकेतों में अ, ब और स कहा गया है, जो विविध लड़कियाँ, स्त्रियाँ हैं। इनमें एक निश्चय ही सुशीला नायर है, दूसरी मनु, अमतुससलाम आदि कोई हो सकती हैं। बहरहाल, "तुम उन्हें नहीं जानते। इससे पहले कि तुम उन्हें यथासम्भव पूरी तरह जानने का कष्ट करो, क्या तुम्हें उन पर निर्णय देने को कोई अधिकार है?...मैं तुम्हारी यह बात जानकर चकित हूँ कि मेरे प्रयोग में स्त्री को नीचा समझना अन्तर्निहित है। वह नीची होती, यदि मैंने उस की ओर काम-भावना से देखा होता, चाहे उसकी सहमति या उसके बिना।...मेरी पत्नी तब तक नीची थी जब तक वह मेरी कामेच्छा की वस्तु थी। वह नीची नहीं रही जब वह मेरे साथ बहन की तरह नंगी लेटी रहती थी। तब यदि वह और मैं शरीर और मस्तिष्क में काम-भाव से उत्तेजित नहीं होते थे, तो वह संसर्ग हम दोनों को ऊँचा उठाता था।...मैं आशा करता हूँ कि तुम मुझे उन लड़कियों और स्त्रियों के प्रति किसी कामेच्छा से प्रेरित नहीं समझोगे, जो मेरे साथ नंगी रही हैं। मुझे लगता है, कि अ या ब के हिस्टीरिया का मेरे प्रयोग से कोई सम्बन्ध नहीं है। उस प्रयोग से पहले भी वे वैसी ही थीं, जैसी आज हैं। बल्कि आज कम (हिस्टीरिक) भी हुई हो सकती हैं। मनु और दूसरी लड़कियों में अन्तर हमारे विषय के लिए निरर्थक है। उसका मेरी पौत्री होना मुझे आलोचना से बचा सकता है। मगर मुझे यह छूट नहीं चाहिए।...मुझे कोई नया काम करने से पहले लोगों को विश्वास में लेना चाहिए था, यह मैंने पहले भी सुना है। पर इस मामले में (मनु के साथ सोने वाले व्यवहार में) कुछ नया नहीं है।" [82] यह पढ़कर धक्का लगता है कि गाँधी वैसी लड़कियों के साथ भी नंगे सुलाने वाला प्रयोग करते थे, जिन के बारे में उन्हें मालूम था कि उन्हें हिस्टीरिया रहा है। यह न केवल गाँधी के प्रयोग को शुरू से ही दोषपूर्ण बनाता है, बल्कि गाँधी के व्यवहार को दूसरी दृष्टि से भी अत्यन्त अनुचित ठहराता है।

इसके दूसरे दिन निर्मल बाबू गाँधीजी की सेवा से मुक्ति लेकर वापस कलकत्ता चले जाते हैं।

अब अन्त में वह पत्र भी देख लें जो निर्मल बाबू ने केदारनाथ और स्वामी आनन्द आदि को लिखा था, जिसमें गाँधी जी के मनु प्रकरण पर उनकी राय

माँगी गई थी। क्योंकि पिछले दो-तीन महीनों से निर्मल बाबू गाँधीजी की सेवा में थे, जब मनु के साथ गाँधी के सोने का व्यवहार चलता रहा था। यही पत्र पढ़कर गाँधी ने उक्त रोष भरा उत्तर लिखा। यह पत्र अत्यन्त सुविचारित है, और ब्रह्मचर्य पर गाँधीजी के सभी दावों को मानकर लिखा गया है।

केदारनाथ जी तथा अन्य को सम्बोधित 16 मार्च 1947 के निर्मल बाबू के पत्र में लिखा है : "...स्वामी आनन्द ने आज सुबह मुझसे पूछा कि क्या वे (वापस जाकर) मित्रों को कह सकते हैं कि निर्मल बाबू ने गाँधी के (मनु प्रसंग में) व्यवहार को ठीक नहीं माना है? इसी प्रश्न के सम्बन्ध में मुझे अपनी स्थिति स्पष्ट करनी है।...जब मैंने पहली बार गाँधीजी के प्रयोग का विवरण सुना तो सचमुच आश्चर्य में पड़ गया। मुझे बताया गया कि कभी-कभी वे स्त्रियों को अपने साथ बिछावन पर सोने के लिए कहते थे, यहाँ तक कि वही चादर भी ओढ़ने के लिए जो वे स्वयं ओढ़ते थे। और तब जानने की कोशिश करते थे कि क्या उनमें या उनके साथ सोई स्त्री में तनिक भी कामेच्छा पैदा होती थी या नहीं...लेकिन जब मुझे आत्म-परीक्षण की इस तकनीक के बारे में पता चला, तब मैं समझ सका कि क्यों कुछ लोग (लड़कियाँ/स्त्रियाँ) गाँधीजी को अपनी निजी सम्पत्ति की तरह देखती थीं। इस भावना ने उन (लड़कियों) में एक तरह का भावनात्मक असन्तुलन पैदा किया। अ, ब या स का व्यवहार किसी स्वस्थ मनोवैज्ञानिक सम्बन्ध का प्रमाण नहीं देता। गाँधीजी के प्रयोग का जो भी मूल्य हो, इससे दूसरों (स्त्रियों) के व्यक्तित्व पर चोट के निशान ज़रूर पड़े जो नैतिक स्तर पर गाँधीजी के बराबर नहीं थे, और जिन्हें गाँधी के प्रयोग में हिस्सा लेने की अपनी तरफ से कोई आध्यात्मिक आवश्यकता महसूस नहीं हुई थी। यही कारण है कि मैंने कभी-कभी गाँधीजी को कठोरता से इस दमन के विषय में लिखा या कहा, जिसका असर उन लोगों पर पड़ा जो निजी या सार्वजनिक जीवन में गाँधीजी के प्रभाव में आए। लेकिन यह आरोप उससे एकदम भिन्न है जो आप लोग (गाँधी पर) लगा रहे हैं। इसीलिए मैंने मनु के मामले में अन्तर किया है, जिस का सम्बन्ध गाँधीजी के साथ बिल्कुल भिन्न स्तर पर है।"[83]

इस पत्र के अन्त में पुनश्च लिखकर, निर्मल बाबू ने दो बिन्दु और जोड़े हैं। वह भी महत्त्वपूर्ण हैं : "यहाँ तक कि 'प्रयोग' के सम्बन्ध में भी, मैं गाँधीजी के पक्ष में रहूँगा, यदि 1. दूसरा पक्ष (स्त्री) स्वेच्छा से इस प्रयोग में भाग लेने के लिए तैयार हो, इस जानकारी के साथ कि उसके व्यक्तित्व पर इसका क्या

सम्भावित असर पड़ सकता है; 2. लोग इस प्रयोग के बारे में जानते हों और इस पर अपना मत दे चुके हों। यह दूसरा बिन्दु आवश्यक होता, किन्तु चूँकि गाँधीजी ने स्वयं इस विषय पर अपनी प्रार्थना सभाओं (1-3 फरवरी 1946, नोआखली) में जनमत को निमन्त्रित किया था। उन्होंने लोगों से अपनी राय देने के लिए कहा, जब कि लोग स्थिति पर पूरा विवरण नहीं जानते थे। किन्तु, यदि पूरा विवरण जान लेने के बाद लोगों ने गाँधीजी को गलत ठहराया होता, और गाँधीजी स्वयं को सही मानते, तो मैं गाँधीजी के साथ रहता।''[84]

स्वाभाविक है, कि गाँधी इस पत्र को पढ़कर तिलमिला उठे थे। क्योंकि स्वयं गाँधीजी अपने ही नैतिक मानदंडों पर कम से कम दो गंभीर दोषों के ज़िम्मेदार ठहरते थे। पहला, अपने प्रयोग में लड़कियों-स्त्रियों पर पड़ने वाले बुरे प्रभाव की पूर्ण अनदेखी। यहाँ तक कि हिस्टीरिक लड़कियों तक का अपने प्रयोग में उपयोग करना। यानी, प्रकारान्तर, अपनी तुलना में उन्हें महत्त्वहीन समझना। दूसरा, लोगों से किसी विषय की पूरी बात न बताकर उस पर राय माँगना, यानी छिपाकर कोई काम करना, या अधकचरा काम करना।

यह आश्चर्यजनक नहीं, कि इतने सटीक, विवेकशील रूप में रखी गई बात से भी गाँधीजी को अपने प्रयोग या यज्ञ या स्त्री-सम्बन्धी व्यवहार में कोई गड़बड़ी दिखाई नहीं पड़ी। क्योंकि लेनिन की तरह वह भी अपने विचार के सामने किसी भिन्न विचार को समझने में असमर्थ थे। यही क्रान्तिकारी, तथा तानाशाही किस्म के मज़बूत चरित्रों की विशेषता भी होती है। तभी वे सारी दुनिया के तर्क, विवेक, विरोध को दरकिनार करते हुए अपनी इच्छा के बल पर बढ़ते, जीतते रहते हैं। जब तक कि दुर्निवार परिस्थितियाँ उन्हें परास्त न कर दें। गाँधीजी के साथ विडम्बना यही रही कि उनकी क्रान्तिकारी कटिबद्धता सब के प्रति एक-सी नहीं थी। यहीं वे लेनिन या माओ जैसे क्रान्तिकारियों से भिन्न और दुर्बल भी हो जाते हैं।

गाँधी अपने प्रभाव में रहने वाले, अपने सहयोगियों, मित्रों, समर्थकों की असहमति के प्रति जितनी निर्ममता से व्यवहार करते थे, वह चीज़ वास्तविक प्रबल विरोधियों, शत्रुओं के समक्ष बदल जाती थी। कटिबद्ध शत्रुओं, विरोधियों के प्रति वे अपना ईसाई सिद्धान्त प्रयोग करने लगते थे, कि उन्हें प्यार करो, प्रेम से जीतो। हार भी जाओ, अपमानित भी होओ, तब भी वही करो। यही कारण है कि भारत आने के बाद की गई राजनीति में गाँधी एक बार भी अपने वास्तविक विरोधियों से कभी जीत नहीं पाए। उनकी जो भी एकाध राजनीतिक जीत गिनी जा सकती

है, जैसे डॉ. अम्बेडकर के अभियान के विरुद्ध, वह एक तरह से अपनी ही समर्थक जनता के बीच मिली जीत है। अम्बेडकर और उनकी अनुयायी जनता भी गाँधी का आदर करती थी। मगर, वास्तविक, बुनियादी भिन्न मतवालों, जैसे मुहम्मद अली से लेकर सुहरावर्दी, जिन्ना और चर्चिल, माउंटबेटन तक—गाँधी उन्हें कभी, किसी मामले में हरा नहीं सके। अपने सत्याग्रह या अहिंसा का 'जादू' आदि कहकर गाँधी स्वयं अपने को महिमामंडित करते थे। वास्तव में उन्हें वास्तविक शत्रुओं और कटिबद्ध विरोधियों पर कभी कोई जीत न मिली। खिलाफ़त से लेकर भारत-विभाजन तक राजनीतिक गाँधी के हिस्से में केवल पराजय ही पराजय है। कई बार इस पराजय में होनेवाली हानि की मात्रा स्वयं गाँधी की मनमानी और एकतरफा कदमों से ब्रढ़ती रही। वही मनमानी, जो वे निजी जीवन में प्यारेलाल और सार्वजनिक जीवन में पटेल जैसे समर्थक अनुयायियों के साथ ही कर सकते थे।

बहरहाल, 1938 और 1947 के इन दो विस्तृत प्रसंगों से एक बार फिर यही दिखा कि गाँधी ताउम्र यथावत्, ज़िद्दी, और मतवादी रहे। उन का मतवाद मुख्यतः यही था कि किसी भी विषय पर वह जो चाहें, कह, कर सकते हैं। चाहे वह अहिंसा हो अथवा ब्रह्मचर्य, या कोई और अवधारणा। उसके सिद्धान्त या व्यवहार पर, सम्पूर्ण तथ्य, अनुभव या परिणाम कुछ भी हो, गाँधी को उससे भिन्न या विपरीत कार्य करने से भी 'ईश्वर' को छोड़कर कोई कुछ नहीं कह सकता। ईश्वर ने गाँधीजी को कोई आशाजनक बात कही हो, इसका संकेत अन्तिम दौर के गाँधी वाङ्मय में नहीं मिलता। जैसे कुछ उदाहरण ऊपर भी उद्धृत हैं, गाँधीजी में अपने कार्य और परिणाम के साथ उद्विग्नता, असन्तोष, क्षोभ, खिन्नता आदि बहुतायत में मिलती है। किन्तु उनका स्वयं-केन्द्रित मतवाद यथावत् रहा। ऐसे मतवाद में सीखने के लिए कुछ खोजना टेढ़ी खीर है। आप में यदि क्षमता है तो लेनिन या गाँधी की तरह गज़ब के आत्मविश्वासी, स्वयं पर अन्धविश्वासी हो सकते हैं। वैसी अवस्था में आपको वैसे भी कुछ सीखने की ज़रूरत नहीं। आप सर्वज्ञानी हैं, स्वयं-प्रमाण हैं।

समाकलन

अपनी आत्मकथा में गाँधी अपनी ऋषिकेश यात्रा का वर्णन करते हुए लिखते हैं कि जब उन्हें स्थानीय ट्रस्ट के द्वारा बनाए गए स्थान का नाम 'स्वर्गाश्रम' बताया गया, तो गाँधीजी ने टिप्पणी की कि यह कौन-सा स्वर्गाश्रम है, जहाँ टीन

की टूटी छत वाली झोपड़ियाँ हैं। वर्ष 1946-47 में नोआखली में मनु-गाँधी, सुशीला नायर के प्रसंगों में अपने 'निजी जीवन' के कई व्यवहारों को अपने 'यज्ञ' का अंग बताना गाँधीजी द्वारा उससे भी अधिक अनुपयुक्त नामकरण प्रतीत होता है। स्वर्गाश्रम के चारों ओर वन, उपवन, पर्वत और पवित्र गंगा नदी का अनुपम घेरा तो था। गाँधी के इस मनु प्रसंग वाले बार-बार घोषित 'यज्ञ' में तो इस शब्द के सिवा कुछ भी नहीं मिलता।

वस्तुतः, गाँधी के अधिकांश विचारों पर अधिक सोच-विचार की ज़रूरत ही नहीं है। क्योंकि इन्हें भी लेनिन की ही असंख्य उक्तियों की तरह बाद में अतिरंजित कृत्रिम महत्त्व देकर पेश किया जाता रहा है। जैसे सोवियत लेखक और संस्थान लेनिन के बारे में किया करते थे, वैसे ही हमारे बहुतेरे लेखक, नेता और टिप्पणीकार गाँधी के सम्बन्ध में करते रहे हैं। वास्तविक शोध करने पर पता चलता है कि गाँधी की बहुतेरी बातें बस सतही, तात्कालिक बयान थे, जिस में वक्ता का कोई गम्भीर चिन्तन या अवलोकन भी न था। न व्यवहार या सिद्धान्त से उसमें कोई वास्तविक वज़न पाया जा सका। यह जितना उनके अहिंसा, उतना ही ब्रह्मचर्य-सम्बन्धी विचारों के लिए भी सही है।

इसीलिए, अहिंसा और ब्रह्मचर्य पर गाँधी के वाङ्मय से कोई गहन पाठ्य-सामग्री संकलित करने का प्रयत्न उससे से भी कम फल देता है, जो लेनिन वाङ्मय से 'यूरोप में समाजवादी क्रान्ति' जैसे विषय पर सामग्री एकत्र करने पर मिल सकता है। यह शब्द लेनिन के असंख्य भाषणों, लेखों में बार-बार आते हैं। किन्तु उस पर कोई ज्ञान या अवलोकन नहीं मिलता। बार-बार लेनिन द्वारा दुहराई गई अपनी कुछ परिकल्पनाएँ तथा दावे ही वहाँ अधिक हैं। वैसे ही, गाँधी वाङ्मय में वह दो शब्द असंख्य बार दुहराए जाकर भी छोटी-सी पुस्तिका-भर की भी मौलिक सामग्री नहीं बनाई जा सकती। क्योंकि वह घोषणात्मक दुहराव, दावे और रोज़मर्रे जैसे वाद-विवाद अधिक हैं। गहन चिन्तन उनमें नगण्य ही है। इसी को श्री अरविन्द ने गाँधी में *नो रीज़न एट ऑल* कहा था, कि गाँधी किसी विवेक से नहीं, अपने भावावेग से चलते हैं। श्री अरविन्द के अनुसार उस तरह काम करने में कोई गलती नहीं थी। किन्तु जब गाँधी अपनी बातों, कर्मों को तर्कपूर्ण, सिद्धान्तपूर्ण बनाने की ज़िद करते हैं तो यह निरर्थक प्रयास था, क्योंकि उन में ऐसा सुसंगत तर्क-विवेक था ही नहीं।

यह गाँधी की महानता से इनकार नहीं है। वह निस्सन्देह एक महान व्यक्ति

थे। पर उनकी महानता दूसरी बातों में है। उन बातों में जिन की बहुत कम चर्चा हुई है और जिन का महत्त्व कम आँका गया है। यह बातें दक्षिण अफ्रीका तक के कार्य-काल में, पूर्व-गाँधी में अधिक हैं। जन्मजात सत्य-प्रेम, अप्रतिम सेवा भाव, दुर्बलों की प्रत्यक्ष सहायता का सतत प्रयत्न और सादगी भरे जीवन की प्रवृत्ति। यह सब राजनीतिक या दार्शनिक गुण नहीं हैं। किन्तु इन्हीं गुणों ने, इतिहास की एक विशेष अवधि में, एक विशेष स्थान की परिस्थिति में गाँधी को पूरे ब्रिटिश साम्राज्य में प्रसिद्ध व्यक्ति बना दिया। यह सब दक्षिण अफ्रीका में 1915 तक हो चुका था। किन्तु उसके बाद गाँधी भारत आ गए, और पूर्णतः राजनीति को प्राप्त हुए। उस राजनीति को जिसका न उन्हें अनुभव था, न ज्ञान। पर उनकी बनी-बनाई महानता ने भारतीय राजनीति में उनके हस्तक्षेप को बहुत बड़ा बना दिया। इतना बड़ा जो वांछित परिणाम देने वाला न था। क्योंकि यह क्षेत्र—कटु संघर्ष-भरी राजनीति, गाँधी का क्षेत्र नहीं रहा था। वे गरीबों, दुर्बलों की प्रत्यक्ष सेवा के अनुभवी थे। वह कार्य भारत आने के बाद गाँधी के क्रिया-कलापों से लुप्त सा हो गया। इसके बदले गाँधी राजनीतिक दाँव-पेंच के क्षेत्र में कूद पड़े। स्वभावतः इस क्षेत्र में भी वे अपने सेवा वाले अनुभवों से ही परिणामों का अनुमान लगाते थे। जिसमें विफलता अवश्यंभावी थी। राजनीति के क्षेत्र में राक्षसी शक्तियाँ काम करती हैं, जिनसे सेवा-प्रेम-अनुनय और उदारता का प्रदर्शन कर जीत लेने का गाँधी का अनुमान और दावा, दोनों बुरी तरह चूर-चूर होते रहे। किन्तु इस बीच गाँधी का स्वयं अपनी महानता पर विश्वास उन्हें छलने लगा था। इस तथा अन्य कारणों से भारत में आने के बाद गाँधी के विचारों, व्यवहार और कार्य में अहंकार समेत कुछ नए दोष भी आए दिखाई पड़ते हैं। यह सब उन के राजनीतिक व्यक्तित्व के वज़न से छिपे-से रहे। किन्तु महानता के वास्तविक मूल्यांकन करने में यह सब दिखते हैं। अतः गाँधी कर्म की उपलब्धियों और हानियों का यथावत् आकलन करके ही राजनीतिक और विचारक गाँधी की महानता का रूप तय करना उचित होगा।

उत्तर-गाँधी की महानता जिन बातों में बताई जाती है, उससे मिलती-जुलती बातें दूसरे अनेक भारतीय महापुरुषों में हैं। उनमें कई गाँधी से बड़े ही साबित होते हैं। यह डॉ. लोहिया ने भी अपने विचारपूर्ण लेख 'गाँधीजी के दोष' में लिखा था। अथक कर्म और सक्रियता का गुण भी गाँधी जी में था। यह कोई छोटी सामर्थ्य नहीं। किन्तु गाँधी में किसी विषय पर दार्शनिक या गहन चिन्तन की

तलाश एक निरर्थक-सा प्रयत्न साबित होता है। वस्तुतः राजनीतिक कर्म में भी गाँधी से सीखना सम्भव नहीं है। इतिहास में गाँधी जैसी हस्ती नहीं मिलती, क्योंकि गाँधी अपना पैटर्न स्वयं थे जिस में कोई तार-तर्क नहीं मिलता, इसीलिए शिक्षा भी नहीं मिलती। गाँधी की विशेषताएँ उनके स्वभाव का अंग थीं। और किसी का स्वभाव नकल कर या परिश्रम करके भी नहीं लिया जा सकता। गाँधी की विशेषताएँ ही उनकी गहरी सीमाएँ भी हैं।

सन्दर्भ-स्रोत

1. 'लेटर टु प्यारेलाल', 30 दिसम्बर 1946, द *कलेक्टेड वर्क्स ऑफ महात्मा गाँधी,* वॉल्यूम 93, (नई दिल्ली : पब्लिकेशन्ज़ डिवीज़न, गवर्नमेंट ऑफ इंडिया, 2001), द्वितीय संशोधित संस्करण, पृष्ठ 213, तथा आगे अनेक स्थलों पर एवं प्रसंगों में
2. 'लेटर टु मुन्नालाल जी. शाह', 6 मार्च 1945, द *कलेक्टेड वर्क्स ऑफ महात्मा गाँधी,* वॉल्यूम 86, (नई दिल्ली, 2001) द्वितीय संशोधित संस्करण, पृ. 8
3. वही
4. वही
5. 'नोट टु मुन्नालाल जी. शाह', 6 मार्च 1945, द *कलेक्टेड वर्क्स ऑफ महात्मा गाँधी,* वॉल्यूम 86, (नई दिल्ली, 2001) द्वितीय संशोधित संस्करण, पृ. 10
6. वही
7. वही, पृ. 10-11
8. वही, पृ. 11
9. वही
10. वही
11. 'लेटर टु मुन्नालाल जी. शाह', 7 मार्च 1945, द *कलेक्टेड वर्क्स ऑफ महात्मा गाँधी,* वॉल्यूम 86, (नई दिल्ली, 2001) द्वितीय संशोधित संस्करण, पृ. 13
12. 'लेटर टु कृष्णचन्द्र', 7 मार्च 1945, द *कलेक्टेड वर्क्स ऑफ महात्मा गाँधी,* वॉल्यूम 86, (नई दिल्ली, 2001) द्वितीय संशोधित संस्करण, पृ. 18
13. 'लेटर टु कृष्णचन्द्र', 8 मार्च 1945, द *कलेक्टेड वर्क्स ऑफ महात्मा गाँधी,* वॉल्यूम 86, (नई दिल्ली, 2001) द्वितीय संशोधित संस्करण, पृ. 20
14. 'लेटर टु मुन्नालाल जी. शाह', 6 मार्च 1945, द *कलेक्टेड वर्क्स ऑफ महात्मा गाँधी,* वॉल्यूम 86, (नई दिल्ली, 2001) द्वितीय संशोधित संस्करण, पृ. 8
15. 'लेटर टु जी. डी. बिरला', 9 अप्रैल 1945, द *कलेक्टेड वर्क्स ऑफ महात्मा गाँधी,* वॉल्यूम 86, (नई दिल्ली, 2001) द्वितीय संशोधित संस्करण, पृ. 158
16. वही
17. 'लेटर टु प्यारेलाल', 17 दिसम्बर 1946, द *कलेक्टेड वर्क्स ऑफ महात्मा गाँधी,* वॉल्यूम 93, (नई दिल्ली, 2001) द्वितीय संशोधित संस्करण, पृ. 151-53

18. 'लेटर टु प्यारेलाल', 22 दिसम्बर 1946, *द कलेक्टेड वर्क्स ऑफ महात्मा गाँधी,* वॉल्यूम 93, (नई दिल्ली, 2001) द्वितीय संशोधित संस्करण, पृ. 177
19. वही, पृ. 177-78
20. 'टॉक विद एन. के. बोस', 19 दिसम्बर 1946, *द कलेक्टेड वर्क्स ऑफ महात्मा गाँधी,* वॉल्यूम 93, (नई दिल्ली, 2001) द्वितीय संशोधित संस्करण, पृ. 415
21. वही
22. वही
23. 'लेटर फ्रॉम डॉ. सुशीला नायर टु एन. के. बोस', 22 दिसम्बर 1946, *द कलेक्टेड वर्क्स ऑफ महात्मा गाँधी,* वॉल्यूम 93, (नई दिल्ली, 2001) द्वितीय संशोधित संस्करण, पृ. 416
24. 'लेटर टु प्यारेलाल', 30 दिसम्बर 1946, *द कलेक्टेड वर्क्स ऑफ महात्मा गाँधी,* वॉल्यूम 93, (नई दिल्ली, 2001) द्वितीय संशोधित संस्करण, पृ. 213
25. वही, पृ. 214
26. 'लेटर टु प्यारेलाल', 30 दिसम्बर 1946, *द कलेक्टेड वर्क्स ऑफ महात्मा गाँधी,* वॉल्यूम 93, (नई दिल्ली, 2001) द्वितीय संशोधित संस्करण, पृ. 214
27. 'लेटर टु परशुराम', 2 जनवरी 1947, *द कलेक्टेड वर्क्स ऑफ महात्मा गाँधी,* वॉल्यूम 93, (नई दिल्ली, 2001) द्वितीय संशोधित संस्करण, पृ. 224-25
28. 'लेटर टु प्यारेलाल', 6 जनवरी 1947, *द कलेक्टेड वर्क्स ऑफ महात्मा गाँधी,* वॉल्यूम 93, (नई दिल्ली, 2001) द्वितीय संशोधित संस्करण, पृ. 240-41
29. 'लेटर टु श्रीकृष्णदास जाजू', 8 जनवरी 1947, *द कलेक्टेड वर्क्स ऑफ महात्मा गाँधी,* वॉल्यूम 93, (नई दिल्ली, 2001) द्वितीय संशोधित संस्करण, पृ. 249
30. 'लेटर टु राजेन्द्र प्रसाद', 8 जनवरी 1947, *द कलेक्टेड वर्क्स ऑफ महात्मा गाँधी,* वॉल्यूम 93, (नई दिल्ली, 2001) द्वितीय संशोधित संस्करण, पृ. 251
31. 'लेटर टु रामदास गाँधी', 10 जनवरी 1947, *द कलेक्टेड वर्क्स ऑफ महात्मा गाँधी,* वॉल्यूम 93, (नई दिल्ली, 2001) द्वितीय संशोधित संस्करण, पृ. 259
32. 'नोट्स टु प्यारेलाल', 13 जनवरी 1947, *द कलेक्टेड वर्क्स ऑफ महात्मा गाँधी,* वॉल्यूम 93, (नई दिल्ली, 2001) द्वितीय संशोधित संस्करण, पृ. 272-73
33. 'लेटर टु प्यारेलाल', 18 जनवरी 1947, *द कलेक्टेड वर्क्स ऑफ महात्मा गाँधी,* वॉल्यूम 93, (नई दिल्ली, 2001) द्वितीय संशोधित संस्करण, पृ. 297
34. 'नोट टु मनु गाँधी', 19 जनवरी 1947, *द कलेक्टेड वर्क्स ऑफ महात्मा गाँधी,* वॉल्यूम 93, (नई दिल्ली, 2001) द्वितीय संशोधित संस्करण, पृ. 302
35. 'लेटर टु मणिलाल गाँधी', 1 फरवरी 1947, *द कलेक्टेड वर्क्स ऑफ महात्मा गाँधी,* वॉल्यूम 93, (नई दिल्ली, 2001) द्वितीय संशोधित संस्करण, पृ. 351
36. 'लेटर टु मणिलाल गाँधी', 18 जनवरी 1947, *द कलेक्टेड वर्क्स ऑफ महात्मा गाँधी,* वॉल्यूम 93, (नई दिल्ली, 2001) द्वितीय संशोधित संस्करण, पृ. 352
37. 'स्पीच एट प्रेयर मीटिंग', 1 फरवरी 1947, *द कलेक्टेड वर्क्स ऑफ महात्मा गाँधी,* वॉल्यूम 93, (नई दिल्ली, 2001) द्वितीय संशोधित संस्करण, पृ. 356
38. वही

39. 'टेलीग्राम टु किशोरलाल जी. मश्रुबाला', 2 फरवरी 1947, *द कलेक्टेड वर्क्स ऑफ महात्मा गाँधी,* वॉल्यूम 93, (नई दिल्ली, 2001) द्वितीय संशोधित संस्करण, पृ. 357
40. 'लेटर टु वल्लभभाई पटेल', 1/2 फरवरी 1947, *द कलेक्टेड वर्क्स ऑफ महात्मा गाँधी,* वॉल्यूम 93, (नई दिल्ली, 2001) द्वितीय संशोधित संस्करण, पृ. 356
41. 'लेटर टु प्यारेलाल', 3 फरवरी 1947, *द कलेक्टेड वर्क्स ऑफ महात्मा गाँधी,* वॉल्यूम 93, (नई दिल्ली, 2001) द्वितीय संशोधित संस्करण, पृ. 361-62
42. 'स्पीच एट प्रेयर मीटिंग', 3 फरवरी 1947, *द कलेक्टेड वर्क्स ऑफ महात्मा गाँधी,* वॉल्यूम 93, (नई दिल्ली, 2001) द्वितीय संशोधित संस्करण, पृ. 362-63
43. 'लेटर टु एन. के. बोस', 7 फरवरी 1947, *द कलेक्टेड वर्क्स ऑफ महात्मा गाँधी,* वॉल्यूम 93, (नई दिल्ली, 2001) द्वितीय संशोधित संस्करण, पृ. 380
44. 'लेटर टु अमतुस सलाम', 9 फरवरी 1947, *द कलेक्टेड वर्क्स ऑफ महात्मा गाँधी,* वॉल्यूम 93, (नई दिल्ली, 2001) द्वितीय संशोधित संस्करण, पृ. 387
45. 'टेलीग्राम टु जीवनजी देसाई', 9 फरवरी 1947, *द कलेक्टेड वर्क्स ऑफ महात्मा गाँधी,* वॉल्यूम 93, (नई दिल्ली, 2001) द्वितीय संशोधित संस्करण, पृ. 390
46. 'लेटर टु विनोबा भावे', 10 फरवरी 1947, *द कलेक्टेड वर्क्स ऑफ महात्मा गाँधी,* वॉल्यूम 93, (नई दिल्ली, 2001) द्वितीय संशोधित संस्करण, पृ. 391
47. वही
48. वही
49. 'लेटर टु प्यारेलाल', 12 फरवरी 1947, *द कलेक्टेड वर्क्स ऑफ महात्मा गाँधी,* वॉल्यूम 93, (नई दिल्ली, 2001) द्वितीय संशोधित संस्करण, पृ. 397
50. 'लेटर टु प्यारेलाल', 15 फरवरी 1947, *द कलेक्टेड वर्क्स ऑफ महात्मा गाँधी,* वॉल्यूम 93, (नई दिल्ली, 2001) द्वितीय संशोधित संस्करण, पृ. 405
51. वही
52. वही
53. 'लेटर टु जी. डी. बिरला', 15 फरवरी 1947, *द कलेक्टेड वर्क्स ऑफ महात्मा गाँधी,* वॉल्यूम 93, (नई दिल्ली, 2001) द्वितीय संशोधित संस्करण, पृ. 406
54. वही
55. वही
56. वही, पृ. 406-07
57. 'लेटर टु मणिलाल बी. देसाई', 18 फरवरी 1947, *द कलेक्टेड वर्क्स ऑफ महात्मा गाँधी,* वॉल्यूम 94, (नई दिल्ली, 2001) द्वितीय सं. संस्करण, पृ. 6
58. 'लेटर टु बालकृष्ण भावे', 18 फरवरी 1947, *द कलेक्टेड वर्क्स ऑफ महात्मा गाँधी,* वॉल्यूम 94, (नई दिल्ली, 2001) द्वितीय संशोधित संस्करण, पृ. 7
59. 'लेटर टु मृदुला साराभाई', 19 फरवरी 1947, *द कलेक्टेड वर्क्स ऑफ महात्मा गाँधी,* वॉल्यूम 94, (नई दिल्ली, 2001) द्वितीय संशोधित संस्करण, पृ. 10
60. वही
61. 'लेटर टु प्यारेलाल', 22 फरवरी 1947, *द कलेक्टेड वर्क्स ऑफ महात्मा गाँधी,* वॉल्यूम 94, (नई दिल्ली, 2001) द्वितीय संशोधित संस्करण, पृ. 29

62. 'लेटर टु जे. बी. कृपलानी', 24 फरवरी 1947, *द कलेक्टेड वर्क्स ऑफ महात्मा गाँधी,* वॉल्यूम 94, (नई दिल्ली, 2001) द्वितीय संशोधित. संस्करण, पृ. 34-35
63. 'लेटर टु प्यारेलाल', 24 फरवरी 1947, *द कलेक्टेड वर्क्स ऑफ महात्मा गाँधी,* वॉल्यूम 94, (नई दिल्ली, 2001) द्वितीय संशोधित संस्करण, पृ. 35
64. 'डिस्कसन विद ए. वी. ठक्कर', 24 फरवरी 1947, *द कलेक्टेड वर्क्स ऑफ महात्मा गाँधी,* वॉल्यूम 94, (नई दिल्ली, 2001) द्वितीय संशोधित संस्करण, पृ. 36
65. वही
66. वही, पृ. 36-37
67. वही, पृ. 37
68. 'लेटर टु विनोबा भावे', 10 मार्च 1947, *द कलेक्टेड वर्क्स ऑफ महात्मा गाँधी,* वॉल्यूम 94, (नई दिल्ली, 2001) द्वितीय संशोधित संस्करण, पृ. 92
69. देखें फुटनोट, 'डिस्कसन विद ए. वी. ठक्कर', 24 फरवरी 1947, *द कलेक्टेड वर्क्स ऑफ महात्मा गाँधी,* वॉल्यूम 94, (नई दिल्ली, 2001) द्वितीय संशोधित संस्करण, पृ. 37
70. 'डिस्कसन विद स्वामी आनन्द एंड केदारनाथ', 15-16 फरवरी 1947, *द कलेक्टेड वर्क्स ऑफ महात्मा गाँधी,* वॉल्यूम 94, (नई दिल्ली, 2001) द्वितीय संशोधित संस्करण, पृ. 119
71. वही
72. वही
73. वही, पृ. 119-20
74. वही, पृ. 120
75. वही
76. वही, पृ. 120-21
77. वही, पृ. 121
78. वही
79. वही
80. 'लेटर टु निर्मल कुमार बोस', 17 मार्च 1947, *द कलेक्टेड वर्क्स ऑफ महात्मा गाँधी,* वॉल्यूम 94, (नई दिल्ली, 2001) द्वितीय संशोधित संस्करण, पृ. 132-33
81. वही, पृ. 133
82. वही
83. 'एन. के. बोस'ज़ लेटर टु केदारनाथ एंड अदर्स', पटना, 16 मार्च 1947, *द कलेक्टेड वर्क्स ऑफ महात्मा गाँधी,* वॉल्यूम 94, (नई दिल्ली, 2001) द्वितीय संशोधित संस्करण, पृ. 423-24
84. वही, पृ. 424

❑❑❑